감성총서 18

시는 어떻게 감성을 움직이는가

: 감성의 소통과 재구성

감성총서 18

시는 어떻게 감성을 움직이는가

: 감성의 소통과 재구성

인 쇄 | 2018년 5월 8일
발 행 | 2018년 5월 18일

저 자 | 최혜경
발행인 | 정병석
발행처 | 전남대학교출판문화원

등록 | 1981. 5. 21. 제53호
주소 | 61186 광주광역시 북구 용봉로 77
전화 | (062) 530-0571~2 마케팅 530-0573
팩스 | (062) 530-0579
홈페이지 | http://www.cnup.co.kr
이메일 | cnup0571@hanmail.net

값 14,000원

ISBN 978-89-6849-499-4 (93810)

이 도서의 국립중앙도서관 출판예정도서목록(CIP)은
서지정보유통지원시스템 홈페이지(http://seoji.nl.go.kr)와
국가자료공동목록시스템(http://www.nl.go.kr/kolisnet)에서 이용하실 수 있습니다.
(CIP제어번호 : CIP2018014860)

이 저서는 2008년 정부(교육과학기술부)의 재원으로 한국연구재단의
지원에 의한 것임(NRF-2008-361-A00006).

감성총서 · 18

시는 어떻게 감성을 움직이는가

감성의 소통과 재구성

— 최혜경 저 —

전남대학교출판문화원

서문

인간이 자신의 행복과 존속에 기여할 것을 기대하며 무엇인가를 만들어낼 때, 그 행위는 '생산'의 기능 범주에 있다. 한편, 같은 목적의 행위가 인간의 의식과 형이상학적 네트워크 속에서 이루어질 때, 그것은 '창조'의 의미 범주에 속한다. 현대 사회는 양질의 삶을 위해 던져진 문제 해결의 다트dart들이 '생산'의 표적 판에 과히 편중되어 꽂혀 있는 양상을 보인다. 그리하여 오늘날에는 '생산-유통-축적'되는 물질의 도도한 흐름 앞에 인간의 가치와 존엄성을 서열화하거나 도외시하는 문제가 노정되고 있다.

즉, 무엇을 생산하는 데 앞서 고려되어야 할 창조 의식과 성찰적 사유가 가치절하 되거나 생략되고 목적 지향적 생산과 물질의 집적 행위가 사회문화의 동력으로 자리하게 된 것이다. 이에 따라 삶의 행복은 물질의 벡터 량처럼 측정되거나 객관적으로 평가될 수 있는 것처럼 여겨지게 되었다. 그 물질 역시 시급하거나 출처를 확보한 소비를 위해 가동된 생산 컨베이어 위가 아니라 자본 시장의 기획에 따라 패턴화된 소모와 결핍 사이를 종횡 무진한다. 이러한 현상은 다양한 개인이 만들어온 다종의 정체성을 패권적 경제 질서의 단일한 체에 걸러내어 자기 파괴적 인식을 확산하는 데 이르고 있다.

그러나 과연, 주체의 탄난 이전에 선험적으로 주어지는 행복이, 또는 주체의 감성이나 인식에 바탕을 두지 않은 행복의 지표가 가당한 것일까? 그렇지 않다. 행복에 관여되는 여건이 인간의 사회적 위치와 역할 관계에 따라 타율적으로 발생할 지라도 행복을 느끼거나 행복의 여부를 판단하는 직접적 권력은 명백히 감성을 소유한 몸의 주체에게 있다. 사회 구조와 문화적 인식이 행복을 쟁취하는 전방의 공격선이라면, 인간의 감성과 자아의 인식은 행복을 방어하는 요새이자 마지노선이다.

비선형적으로 나타나는 자연 현상 속에서도 불규칙한 질서가 존재하지만 획일적 구조화에 익숙한 인간의 인식 체계 속에서 이것은 혼란 또는 혼돈의 양상으로 비치게 된다. 카오스 이론은 이 같은 자연의 예측 불허성, 즉 인간의 사고와 감각 능력에 의해 포착된 현상에 대하여 개념적 정의와 원리가 미未정립된 상태를 지시한다. 자연의 구성이 본연적인 무작위성이 아니라 인지적으로 응당 예측 불가한 일종의 원리로서 혼돈성을 가지는 것이라면, 자연의 섭리에서 출발한 인간의 삶 역시 '구조화되지 않지만 구조적인' 생멸의 원리를 지니고 있을 것이다.

복잡 미묘한 인간의 감성을 구조적으로 이해하고 그것의 원리를 정초하는 작업은 행복으로부터 소외된 인간으로 하여금, 인간의 보편적 영역을 재발견함으로써 자구적으로 복권할 수 있을 것이라는 변화의 기대를 갖게 한다. 행복이 인간의 통합적 감성에 의해 무잡한 방식으로 수용되며 감성적 존재의 양상 역시 변화무쌍하다는 점은 다른 한편, 인간의 자아가 그 불안정성과 함께 변화 가능성을 지니고 있음을 시사하기도 한다. 감성연구의 과정에, 도구적 이성과 목적 지향적 가치관에 의해 감성의 영역마저 재 영토화 될 수 있다는 우려도 있지만 그것은 앞의 기대에 후행後行해 왔다.

이 책의 서술은 사회적 유기체인 인간이 지니는 형이상학적 소통 능력으로서 감성이 인류의 어떠한 문화 양태에서 발생했고 또 그것을 어떻게 (재)구성해왔는지에 대해 묻고 답하는 과정이다. 이것은 타고난 채 이미 익숙해져 있어서 미처 자각하지 못했거나 무작위성으로 인식했기 때문에 알아차리려는 시도를 하지 않았던 인류 존속의 비밀을 다시 낯설게 바라보려는 시도이다. 또는 반대로, 인식되어 해결되거나 포착되어 증명되지 못한 채 숱한 예외를 양산했던 문제들에 대해 인간 내부의 창조 영역에서 발견되는 낯선 지표들을 적용하여 새로운 이해를 구하는 것이기도 하다.

아마도 그 비밀이 낯설어지는 시선은 생식과 본능, 의식과 심리, 물질과 자본, 사회문화의 구조 등 우리가 천착해왔던 학문의 영역과 크게 다르지 않은 범주를 향해 놓이되, 매개하는 렌즈를 달리 할 때 얻어질 것이다. 이 책에서는 특히, 시 텍스트의 창을 매개로 이루어지는 감성의 소통과 그로 인해 재구성되는 감성구조의 맥락에 그 시선을 둔다. 이에, 제 1부에서는 시를 통해 자아와 타자의 감성이 서로 소통하는 과정으로서 시 커뮤니케이션의 사례와 그 속에서 발견되는 감성 소통의 시적 원리 또는 효용성에 대해 이야기한다.

제 2부에서는 정서를 통해 삶의 문제를 해결하려는 낯선 시도로서 시 치유 과정에 시선을 둔다. 시 치유에서는 시 텍스트의 의미구조를 분석하거나 심미적으로 향유하기보다 자아의 감성을 재구성하는 매개적 동인으로 시적 정서를 사용한다. 이와 관련하여 2부에서는 정서의 효율적 수용을 위해 설계된 시 사용 프로그램으로서 시 치유 과정이 개인의 변별적인 삶에 더욱 밀접하면서도 실효적으로 적용되기 위해 고려되어야 할 전제 혹은 기준들에 관해 이야기한다.

제 3부에서는 인간의 삶을 동기화하는 정서의 에너지와 시 텍스트의 순환적 상호 작용에 시선을 둔다. 여기서 말하는 시의 정서적

환원은 한 삶의 감성적 고찰을 통해 시 텍스트가 지니게 된 심상과 정서적 의미가 새로운 감성 구조 속에서 재현되면서 또 다른 삶의 동기와 감성적 변이를 생성하게 되는 과정을 말한다. 이 3부에서는 감성의 재구성에 관여하게 되는 시 텍스트의 구조적 원리나 특성을 바탕으로 시를 독해하고 시 텍스트의 실용을 위한 구안을 함께 제시해본다.

이상의 논의들은 궁극적으로, 인간의 보편적 소통 능력을 회복하고 다양체로 공존하는 사회를 지향하고 있다. 이러한 사회는 정서와 외부적 정보의 결합 원리로서 인간의 감성 구조를 이해하고 물질, 이념, 구조 등의 제한으로부터 벗어나 개인과 사회의 감성적 공생에 수긍하는 다종의 행복 공동체를 그 형상으로 삼는다. 시대의 주안점이 신, 기계, 자본, 정보와 기호에서 다시 인간의 몸으로 돌아간다면, 그래서 존엄한 생명의 가치와 상생의 행복이 저마다 자율적이면서도 이어져 관계되는 '느낌'에 의해 확보될 수 있다면, 그것은 가히 정서 혁명the Emotion-based Revolution이라 할 수 있지 않을까.

단, 감성에 의해 사회의 제반 한계로부터 인간의 행복을 독립시키려는 이 같은 관점은 사회의 구조적, 사상적, 물리적 오류나 한계를 고찰하고 반성하며 수정하려는 시도들과 결부될 때만이 유효할 것이라는 점에 유념해야 한다. 감성적 공생의 관점은 역사적 반추나 사회적 공론화, 정치적 참여 등 실체에 기반을 둔 적극적 사회 작용을 위해 정동의 강화 효과를 일으키는 관념적 도구로 사용될 수 있다. 하지만 그 사회의 실체로 상호작용하는 개인들의 정체성을 통찰하지 않으면서 편향적으로 개인의 내면원리에만 천착한다면 오히려 개인과 사회를 동시에 파괴하는 기형적 감성을 배태할 우려가 있다.

폐쇄적 자아의 독단적이고 불균형한 감성 구조에 의해 일시적 착

오로 만들어지는 행복감이나, 사회를 파편적으로 바라보는 데서 비롯된 이기심이나 우월감의 충일, 구조적 변화를 만들어내는 동력 상실에서 오는 냉소적 무력감, 무관심, 우울감 등이 그러하다. 특정한 유대감성의 바깥 정서를 이해하거나 수렴하는 등, 부차적 연대의 수고를 행하지 않으면서 비난이나 혐오 등 폭력적 정서를 적극적으로 발산하여 연대의 질서를 강화하는 것으로 오인하고 그 보상으로 소속감과 자아 효능감을 얻는 것 역시 기형적 감성 발현의 예이다.

이 같은 연구의 기대지평과 경계할 지점들을 함께 고려하면서 지난 몇 년 동안 일구어 온 연구 성과와 사유의 흔적들을 한 권의 책으로 구성하였다. 이 중에는 국내 발표와 학술지 게재를 통해 학술적 소통과 보완을 거친 논문들도 다수 포함되어 있다.* 학술적 소통의 현장과 삶의 도처에서 얻고 발견한 수많은 문제의식과 제언이 이 책의 지면을 빌려 다시 또 다른 관점과 사유의 과정으로 이어질 수 있게 되어 다행스럽다. 사람과 사회에 공명하는 연구적 응답이 세상

---

* 제1부 〈표상과 감성의 발현〉은 '「연희 형태에서의 圓形 표상과 감성의 발현–〈강강술래〉를 중심으로」, 『남도문화연구』 제20권, 남도문화연구소, 2011.', 〈감성의 발화 보완성〉은 '「감성의 발화 보완성 및 시낭송의 소통적 효용」, 『인문과학연구』 제44권, 인문과학연구소, 2015.', 〈둔감의 사회와 시〉는 '「鈍感의 사회와 민감성 회복의 시 독해–정소파 시조의 정조 구성 전략을 중심으로」, 『감성연구』 제9호, 호남학연구원, 2014.', 제2부 〈상징 의미의 스펙트럼〉은 '「상징 의미를 활용한 시 해석의 치유적 상관성」, 『문학치료연구』 제33권, 한국문학치료학회, 2014.', 〈공명 기제의 치유적 작동 구조〉는 '「트라우마적 정서 치유를 위한 시 텍스트 공명 기제의 효율적 활용 방안」, 『문학치료연구』 제29권, 한국문학치료학회, 2013.', 〈정서적 상황 요건〉은 '「치유적 시 텍스트의 판독을 위한 정서적 상황 요건」, 『문학치료연구』 제19권, 한국문학치료학회, 2011.', 제3부 〈시의 정서 분석과 실용적 활용〉은 '「정서적 치유를 위한 시의 실용적 활용」, 『문학치료연구』 제22권, 한국문학치료학회, 2012.'에 실린 본 저자의 논문을 인용 또는 수정하여 수록한 것이다.

과 연구공동체로부터 받은 지혜와 조력에 보답하는 것이라 여긴다.

이 책이 나오기까지 연구의 성장 과정에 함께 해 주신 많은 선생님들, 그들과 상호작용한 수많은 경험들이 곧 나의 학술적 내면을 이루고 있다. 특히 삶의 철학을 공유하며 감성 연구의 토대와 집단지성의 성과를 함께 만들어 온 전남대학교 호남학연구원의 연구공동체, 시뿐만이 아니라 시의 연구도 인간의 삶을 빛내는 아름다운 방법이 될 수 있음을 가르쳐주신 은사님과 현대시연구회, 번다한 원고 교열과 출간 과정에 섬세한 도움을 주신 전남대학교출판문화원, 그리고 내 삶과 연구의 출발점이자 목적지인 가족들 앞에 크고 깊은 감사의 마음을 전한다.

2018년 광주의 오월

살아남은 자로
희망을 고뇌할 수 있도록
분노와 눈물을 남겨준
수많은 죽음을 기억하며

최혜경

제1부

시 커뮤니케이션, 감성을 열다

표상과 감성의 발현

‖ 감성적 소통의 도구

삶의 집합적 구성 원리와 양태에 대한 숙고 의식을 상실해가는 현대인의 산발적 삶을 긍정적으로 화합시켜나갈 감성적 도구의 예들은 무엇인가? 본고의 고찰은 이러한 연구 포부의 일문으로 기능하고자 하는 희망으로 시작한다. 그러한 고찰에 이어 온고지신, 우리 문화의 가치 있는 재조명에 기여할 수 있는 도구의 비근한 적용 공간을 발견하는 것 역시 같은 연구 과제의 맥락에 있다.

이러한 맥락의 시원은 인간의 집단적 목적의식과 이를 위한 감성 주조의 원리를 가진 여러 행위형태에 있을 것이다. 그 중, 참여집합의 즉시적 정서 반응을 유도하는 목적성을 가진 행위형태로서의 '연희'는 개인의 정서 변화 혹은 쾌락적 향유에 목적을 두는 개별적 행위들과 구별된다. 집단적인 대상과 즉시적 변화를 가시적으로 확인할 수 있는 현장성, 연행 과정에 직접적으로 개입하여 연희 효과를 변화시킬 수 있는 참여성, 그리고 이러한 과정과 특성이 궁극적으로 이바지하는 행위의 집단적 목적성은 연희형태들이 소유하는 요건이자 자질로 나타난다.

인간의 정서 주조 및 변화의 기능을 가지고 작동할 수 있는 매체는 문학, 음악, 영화, 행위 예술 등 다양하다. 그 중, 말과 동작을 통해 여러 사람을 대상으로 하는 재주와 항연을 표현하는 연희는 여타의 정서 주조 매체와 달리 현장의 집단적 대상과 가시적으로 교류하는 정서를 특징으로 한다. 가령, 문학 텍스트의 독서 행위는 텍스트 기호가 환기하는 독자 자아의 감각과 의미의 조합을 통해 개별적이고 잠재적인 감상 효과를 만들어낸다.

그런데 탈춤이나 풍물굿 등 집단적 대상을 전제로 연행되는 연희 형태에서는 감상을 통한 의미 조합이 개인별만이 아닌 연행 단위별로 달리 나타날 수 있다. 같은 연극을 보고 난 후 관객들의 정서적 수용 효과는 연행 현장의 분위기나 관객-배우 간의 소통 정도 등에 따라 회차별 혹은 지역별로 다르게 평가되기도 한다.

각각의 연희 행위의 장이 특정한 목적을 달성하며 연행된다면 여기에는 집단적 정서와 감성을 주조하는 내용과 형식이 작용하고 있을 것이다. 가령, 탈춤과 풍물굿, 강강술래에서는 연희의 관중이자 참여자인 대상 군이 원무 혹은 원형의 좌중을 보이는 양상이 공통적으로 나타난다. 이 때, 원은 연희 형태에서 기능하는 일종으로 도구로서, 복합적이고 고차원적인 감성 생성의 매체가 아닌 형이상학적이고 근원적 표상 의미로 내재된 기능성을 가진 것이라 볼 수 있다.

이 원이 표상하는 의미와 형태적 기능이 연희 과정 속에 주된 영향력을 발휘하는 경우[1], 그러한 연희 형태를 '원형圓形 연희'로 지칭할 수 있다. 정서 주조의 도구로서 원과 인간의 정서 혹은 감성 간 작동 관계에 대한 고찰은 다른 도형과 색채, 음향 등 다양한 정서의

1 이러한 경우란 해, 달, 별 등 자연을 형상화한 원시무용 형태나 농악, 강강술래, 노래굿 등 원진이나 원무를 중심으로 하는 모든 연희의 사례를 망라하는 것이다.

모티브로부터 복합적 생성 매체까지 연구 초점과 성과를 확장할 수 있는 가능성을 짐작하게 한다.

따라서 본고에서 주목하고자 하는 점은 연희형태들이 집단적 목적성을 가지고 현장의 대상 군群과 즉시적 혹은 가시적 소통을 하는 가운데 나타나는 정서 주조의 도구 및 작동 원리이다. 그 중에서도 집단적이고 긍정적인 감성 주조의 일차적 구성 매제로 나타나는 원의 표상 의미와 그 표현 양상이 도출하는 정서 운용의 원리를 밝혀 보는 것이 본고의 목적이라 하겠다.

이를 위해 집단적 목적성을 가진 행위이자 호남 감성을 주조하는 지역 연희 형태의 예로 해남·진도의 〈강강술래〉를 들어 살펴보고자 한다. 〈강강술래〉는 전통 연희형태 중 이러한 집단적인 기원 의식으로 나타난 원시무용의 한 비근한 예이다. "호남 지역 연희 형태의 원류로 볼 수 있는 백제시대 무용의 양상은 백제무악, 농경민속무용, 불교가면무용으로 나타나며, 그 중 농경민속무용인 농악, 강강술래, 탁무 등은 집단적 의례이자 대동춤으로 연희되었던 형태"[2]로 분류된다. 예로 든 두 지역의 연희 형태는 호남지역 농경민속무용의 흐름을 담은 문화적 양태이자 현재까지 다양한 성격과 규모의 집단으로 전수되는 문화재의 예로서, 집단적 연희 형태의 현재적인 정서 주조

2 김향금, 「백제시대 문헌적 배경을 통한 무용의 양상」, 『경남체육연구』 제4권 1호, 창원대학교 체육과학연구소, 1999, 90~91쪽. 참고. 김향금은 백제시대의 농경민속무용을 가리켜 '창조적인 놀이'라는 제3의 문화를 만드는 행위로 본다. 이는 백제인들의 무용관이기도 한데, 농악무는 율동을 타고 노동과 종교, 예술을 연결하여 공동체적 단합 에너지를 창출하는 연결 작용을 한다는 것이다. 이러한 관점은 생존과 식량에 주된 관심이 있었던 고대인들의 생활을 반영함과 동시에 집단적 정서를 통합하거나 운용하는 데 이들 연희 형태가 일종의 도구적 매체로 사용되었음을 보여준다.

의 원리를 고찰하는 데 필요한 적절한 사례로 볼 수 있다.[3]

다음은 호남 지역의 〈강강술래〉에 나타난 연행 방식과 구조, 그리고 연희 목적과 체현 과정을 살펴보는 과정에서 집단적 정서 운용의 필요성과 정서 주조의 도구 혹은 매제들의 쓰임을 확인하는 과정이다. 본고는 그 도구 및 매제의 하위 층위 중에서도 주로 원의 표상 의미를 통해 집단적 정서 운용에 관여하는 원의 의미 작동 양상을 고찰하고자 하였다. 따라서 원의 표상의미가 인간의 의식적 행위에 합목적적으로 쓰이는 도구적 매제로 나타나는 양상을 구체적 분석 결과와 함께 의미 표상 혹은 감성 발현의 방식으로 정리하기로 한다.

‖ 원형 연희의 기원과 기능

조형적 관점에서 보았을 때, 원은 폐쇄된 공간이자 정적 형태이다. "시작과 끝이 상호 흡수되어 연속적인 흐름으로 이어지는 원은 폐곡선으로 폐쇄된 공간을 가진다. 또한 구심력과 원심력이 긴장된 상태로 유지되는 균형 있는 형태로, 무한한 움직임의 순환과 회전의 특성을 가진 동적 형태인 동시에 특정한 방향성을 갖지 않는 정적 형태이기도 하다. 어떤 방향으로도 기울지 않는 중심 대칭의 원은 그 자체로 무한한 공간감과 완전함을 느끼게 하여 곡선의 부드러움

3 오늘날 민속놀이로서 강강술래가 주로 성행되고 있는 지역으로는 전남 해안 지방의 진도군, 해남군, 무안군, 단도군, 강진군, 보성군 일대가 지목되고 있다. 그 중에서도 전라남도 진도지방과 해남 우수영은 이순신 장군의 의병술과 관련하여 강강술래의 본고장인 것으로 알려지고 있으며, 중요무형문화재 제8호로 지정되어 있다. 임명주, 「강강술래의 미학적 가치에 관한 연구」, 『무용학회논문집』 제19집, 대한무용학회, 1996, 86쪽.

과 단순성을 보여 준다"[4].

그런데 원이 집단적 연희 형태 속에서 움직임의 원리와 상징적 의미로 내재되는 경우에는 무한한 동적 개방성을 가지고 집단적 정서 변화에 기능하기도 한다. 바로 〈강강술래〉에서 원의 형태적 활용 양상과 내재된 상징 의미를 분석함으로써 그러한 예를 발견할 수 있다. 따라서 이 절에서는 먼저 원형 연희의 기원에 대해 알아보고 그 대표적 사례로서 〈강강술래〉의 형태적 기능과 상징적 의미에 대해 살펴보고자 한다.

고대로부터 원형은 "형태상 나타나는 본질 즉 시작도 없고 끝도 없다는 속성으로 인해, 건축을 포함한 예술, 철학, 문학 등 학문의 제 분야에서 영원성이나 완성성, 전체성 등의 이상의 개념을 설명하는 데 적절한 도형으로 자주 인용"[5]되어 왔다. 가령, 폴 프란츠는 원을 자아개념의 상징으로 정의하였으며 플라톤은 정신을 원에 비유하여 설명하였다. "플라톤에 의하면 원은 정신의 개인적인 자아세계와 비개인적인 비非자아 세계까지도 포함하여 하나로 합쳐지기 전의 정신세계의 상징으로 나타나 있다. 또한 아니엘라 야페는 원을 마음의 전체를 표현하는 것으로서 그것은 항상 삶의 유일지상의 측면인 삶의 궁극적인 전체성을 가리키고 있다"고 하였다.[6] 융에 의해서도 원은 "의식과 무의식 사이의 어느 한 곳으로 치우치지 않는 즉, 의식과 무의식이 적절히 균형을 이룬 정신 전체를 의미"[7]한다. 이처

4 김춘일, 박남일 편역, 『조형의 기초와 분석』, 미진사, 1991, 13쪽.

5 남호현, 「우주론적 의미의 서양 원형계 건축공간 분석」, 『자연과학론: 순천대학교논문집』 제17권, 순천대학교, 1998, 118쪽.

6 Carl Gustav Jung, 이윤기 역, 『인간과 상징』, 열린책들, 1996, 240쪽.

7 Aniela Jaffe, 이희숙 역, 『미술과 상징』, 열화당, 1979, 35쪽.

럼 "원은 인간과 자연의 관계를 포괄하면서 다각적이고 다면적인 마음의 전체성을 상징하는데 이는 항상 생명력을 지닌 것에 대한 완전성을 의미"[8]한다.

이러한 다면적이고 집단적인 원의 표상 의미가 실체적 행위 속에서 기능적 형태로 나타나는 한 예가 바로 연희형태로서의 춤이다. 본디 춤은 '우주의 리듬, 우주 창조의 에너지, 신의 창조 행위를 모방하는 것, 힘과 감정의 강화'를 의도하는데, 그 중에서도 원무圓舞는 '원의 가운데 성스러운 공간을 만들고 태양의 운행을 모방한 움직임'[9]으로 알려져 있다. 원형을 이루는 군무는 원시시대의 무용을 소급하여 나타난다.

가령, 원시인들의 생명에 대한 경외감이 기원 의식의 형태로 나타난 예로 "아기를 번갈아 안으면서 추는 원무, 가족들이 아이를 받아들인다는 의미로 행렬을 만들며 추는 춤의 형태"가 있다. 또한 원시무용은 집단적 몰입과 성취의 목적을 달성하는 데 원의 형태를 활용하기도 하였다. 원시무용은 "그 형태가 집단적이며, 원형이나 행렬로 이루어진다. 동작과 리듬은 반복적으로 진행되어, 때로는 최면적인 특성을 나타내기도 한다.

이러한 과정에서 엑스터시가 불러일으켜지게 되는데, 리듬에 맞춘 동작을 통해 육체적인 한계를 뛰어넘어 정신과 영혼이 하나가 되는 단계에 이르게 하는 것이다. 이때 인간의 잠재의식이 자유로워지는 경험을 하게 된다. 반복적인 리듬에 맞춰 춤을 추는 원시무용은 신비한 체험으로서의 엑스터시를 가져다주게 되는 것"[10]이다.

---

8 권오신, 「원을 통한 윤회의 표현」, 이화여자대학교 대학원 석사학위논문, 2003, 9쪽.

9 진 쿠퍼, 이윤기 역, 『그림으로 보는 세계문화상징사전』, 까치, 1996, 98쪽.

우리나라의 원시 무용 형태 역시 원시인류의 보편적인 무용형태와 의식적 특성에서 비롯된 하나의 양상으로 소급해볼 수 있다. 가령, 보편적인 원시무용에서 우리나라의 집단 연희로 수렴되는 특성들의 예로, "부족 구성원 전체가 참여하는 집단 무용적 성격"이나 "표현하고자 하는 대상의 형상화를 통하여 의사를 전달하고 같은 목적으로 단합된 의지의 춤"[11]을 추는 것, 생존과 생활 자체를 위해 하늘과 별, 달과 같은 자연을 신격화하는 것, 수렵을 위한 제의로서 동물을 형상화하는 몸짓이 나타나는 것 등을 들 수 있다.

〈강강술래〉는 이러한 한국원시무용의 집단 연희적 특성이 원의 형태와 의미를 표상하며 나타나는 원형 군무의 예이다. 또한, '손과 팔을 엇갈려 잡고 추는 윤무輪舞는 남성과 여성, 하늘과 땅을 결합시켜 주는 것을 상징'[12]한다. 〈강강술래〉는 원무이자 윤무의 형태로 진행되며, 원의 상징적 의미들을 공유하는 집단의 목적성과 이를 위한 구성원들의 결합적 연희 방법을 갖춘, 일종의 공동체 문화 장치로 기능한다.[13]

---

10 나경아, 「'원시주의' 무용에 나타난 상징양상」, 『무용학회논문집』 제33권, 대한무용학회, 2002, 71~72쪽.

11 이병옥, 「원시한국무용의 유형과 특징 연구」, 『용인대학교논문집』 제10권, 용인대학교, 1994, 624쪽.

12 진 쿠퍼, 앞의 글, 같은 쪽.

13 본고에서는 집단적 목적성을 포함한 도구적 연희형태로서의 강강술래가 참여집단 감성 주조의 매제로 작동하는 기능적 과정에 초점을 둔다. 즉, 원과 다른 조형적 요소들의 변별적 기능성이나, 원의 보편적 상징의미를 벗어나는 도구적 기능의 예 등에 관한 후속 연구의 가능성을 위해 먼저 전통연희로서 강강술래의 원의 표현 양상이 도출하는 정서 운용의 원리와 그 타당성을 점검하는 과정이다. 전통적 강강술래에서 원은 사회문화적으로 적층된 인류의 본능이나 학습되어온 참여집단 내 표상의미 혹은 개별적 스키마를 바탕으로 감성과 행위를 도출한다. 따라서, 본고의 강강술래에서 원의 상징적 의미는 집단

이러한 원형 군무로서 강강술래는 몇 가지 관점의 기원과 어원을 가진다. 고대 농경사회의 수확의례로 나타난 농민의 원무에서 유래되었다는 제의설, 삼한시대 이후 민족유희나 놀이유형에서 파생되었다는 유희설, 토속적인 원무가 전승되어 오다가 이순신 장군에 의해 군사적인 목적으로 채택된 것이라는 군사적목적설, 벽사적 여성제의와 관련된 순례적 행렬무용으로서 온갖 부정을 몰아내는 풍속으로 보는 벽사적 제의설, 인류의 시작과 더불어 자연적 민중 원무에서 시작되었다는 자연발생적 유희설 등이 그것이다. 각 관점은 서로 접목된 것으로 나타나 설득력을 높이기도 하는데 다음과 같은 군사적 목적설과 유희설의 접목설이 그 예이다. 즉, 옛 농경사회의 파종과 수확 때의 축제에서 노래를 부르고 춤추던 놀이 형태가 분화되어 오다가 임진왜란 때 이순신 장군이 강강술래 놀이를 하나의 전술로 활용하면서 이후 여성들의 놀이로 굳어졌다고 보는 것이다.[14]

또한 〈강강술래〉는 '강강 오랑캐가 물을 건너온다', '힘내어 빨리 오라', '주의를 경계하라', '둥글게 둥글게 돌자' 등 한자표기양상에 따라 다양하게 해석되는 어원을 가지고 있다. '강강'을 주위 원이라는 뜻의 호남지역 방언, '술래'를 '돈다'는 뜻으로 해석하여 어린이의 술래잡기 놀이나 주위를 도는 행위와 연관하여 보는 관점도 있다.

이처럼 다양하고 오랜 역사적 배경을 가진 〈강강술래〉는 춤과 노래, 사설, 놀이가 함께 어우러진 원시 종합예술체이다. "단순하면서도 단조롭지 않은 율동과 기층적인 정서를 담고 있는 사설, 그리고

적 통합, 정신의 합일, 이상 구현 등 통시적 연구결과 속에서 밝혀지는 보편적 의미들을 전제로 한다.

14 임명주, 앞의 글, 85~86쪽. 참고.

유장하면서도 흥에 겨운 노랫가락이 삼위일체를 이룬 〈강강술래〉는 고대인들에 향유되었던 모든 놀이문화의 최고 형태라 규정할 수 있다. 즉 원시 종합예술체가 영위되었던 부족국가시대의 잔존양상을 가장 깊이 이해할 수 있는 놀이인 것"[15]이다.

이러한 〈강강술래〉는 엑스터시의 발현 형태로서 참여자의 집단 신명이 발산 또는 고조되는 과정을 보이는 대표적인 원무 형태의 전통 춤이라 할 수 있다. 우선 〈강강술래〉의 진행 과정에서 〈긴 강강술래〉, 〈중 강강술래〉, 〈자진 강강술래〉와 〈남생아 놀아라〉 등 거의 모든 형태 구성이 원형과 원의 변형으로 이루어져 있다. 주목할 점은, 노래와 함께 춤을 시작하며 참여자를 동원할 때와 이들의 신명을 발산시키는 각 유희놀이 단위를 연결할 때, 그리고 고조된 신명을 풀어내며 〈강강술래〉의 마무리를 할 때 각각 원무 혹은 원진이 쓰인다는 것이다.[16] 〈강강술래〉에서 원형은 군무를 성립시키는 데 기본적이고 핵심적으로 작용할 뿐 아니라 연희의 목적 달성에 기여하는 신명의 발흥을 유도한다.

모종의 요소가 가장 기본적이며 자주 쓰이는 경우, 그러한 필요성과 활용의 효율성은 그 요소의 중요도와 비례하는 것으로 보인다. 원형의 중요도는 세계 무용사에서도 확인할 수 있는 바, "원형이란

15 서해숙, 「〈강강술래〉의 연구」, 전남대학교 대학원 석사논문, 1996, 11쪽.

16 물론, 현재 경연대회와 공연을 위해 만들어지는 강강술래의 경우, 여타 예술매체 공연의 경우들과 마찬가지로 진의 형성과 마무리에 획일적으로 원진을 사용하거나 어떠한 도식적 형태로 구획되어 연행되는 것만은 아니다. 그러나 변형되고 의도된 강강술래의 연행 형태 속에서도 원형의 군무는 특정한 기능성을 가진다. 소위 '만들어진 과정'에서 강강술래 원형 군무의 기능성은 '연결, 통합, 발흥 등' 이외에 '형상화, 공간 활용의 최적화, 관객을 고려한 가시적 구성 등'의 요소를 더하는 것으로 보인다.

결국 하나의 대상을 둘러싸는 것이며 그것은 그것을 소유하는 것이고 그것과 일체가 되는 것이며 그것을 얽어매거나 또는 쫓아내버리는 것으로, 이는 초기 원시문화의 공간개념이 원형을 이루는 이유이고 춤에서도 역시 원형이 가장 초기적인 공간형태라는 점"[17]을 짐작할 수 있다. "원무적 요소는 우리 전통무용에서 거의 공통적"[18]으로 나타나고 있는데, 이는 〈강강술래〉와 유사한 원형무인 〈쾌지나 칭칭나네〉, 농악의 〈멍석말이〉, 놋다리밟기의 〈둥둥데미〉, 〈실감기〉 등에서 확인할 수 있다. 특히 "농악은 거의 모든 형태가 원형적이며 해남 우수영에서는 〈둥덩에 타령〉이라 하여 〈강강술래〉와 비슷한 원무가 있으며, 남원의 삼동굿놀 역시 그 놀이가 원진이 대부분"[19]이라고 하는 바, 역시 원무 형태의 춤임을 알 수 있다.

그러나 〈강강술래〉의 춤사위가 단지 원형무로만 이루어진 것은 아니며, "진행에 따라 여러 가지 대형과 그 동작 형태의 변화가 오히려 다양함을 보인다. 먼저 원형은 〈긴 강강술래〉, 〈중 강강술래〉, 〈자진 강강술래〉, 〈남생아 놀아라〉 또는 〈지장장〉이나 〈개고리 타령〉 등의 대형이다. 이것은 〈강강술래〉의 가장 기본적인 대형으로 〈강강술래〉의 진행에서는 다른 대형으로 일시적으로 변화되었다가 다시 원형으로 되돌아가는 것이 많다."[20] 원형 이외의 형태로는 나선형, 열형, 꼬리따기형 등이 나타난다. 이것은 동적 움직임에 따라 변형되는 것인데 "기계적이고 규칙적인 기하학적 형태가 아니라 장단

17 Curt Sachs, 김매자 역, 『세계무용사』, 풀빛출판사, 1983, 163쪽.

18 한금란, 「〈강강술래〉의 춤 연구」, 이화여자대학교 대학원 석사논문, 1984, 44쪽.

19 위의 글, 38쪽.

20 같은 글, 37쪽.

과 장단 사이에서 자유롭게 추어지는 춤이기 때문에 자연스러운 율동적 자세"[21]로 나타난다. 이것은 자연에 순응하며 생활 속 행위들을 형상화하는 민속춤의 속성에 기인하는 것으로 볼 수 있다.

‖ 원형 연희에서 원의 상징 의미

오랜 시원을 가진 전통적 민속무용인 〈강강술래〉는 원형의 형태적 특성과 원의 전형적이고 상징적인 의미가 작동하여 특정한 기능으로 도출되는 원형 연희의 일종이다. 〈강강술래〉에서 원의 내재적 의미는 '생명력, 풍요, 공동체적 일체감, 이상향, 전일성全一性, 이상향 등' 주로 집단적 감성과 성취에 연계되는 것으로 나타난다. 이러한 전형적인 원의 의미들은 〈강강술래〉 안에서 연희 목적에 부합하는 기능성을 가지고 특성화되는데 그 의미화 양상은 다음과 같이 요목화할 수 있다.

첫째, 〈강강술래〉는 보름달을 함의하는 원으로써 풍요를 기원하는 유감주술의 형태라는 것이다. 〈강강술래〉는 정월 대보름이나 팔월 한가위 등 주로 달 밝은 밤에 추었던 춤이다. "원시시대부터 인간의 모임은 달을 중심으로 많이 이루어져왔고 우리나라에서도 정월 대보름이나 추석 등 보름달이 가지는 뜻은 매우 강했다. 그리고 이것은 농경을 기본으로 했던 우리 문화의 농경 신앙적인 면에서 만월일녀성일대지滿月一女性一大地로 이어지는 풍요의 띠와 함께 민간신앙적인 생명력 상징의 의미를 가진다고도 볼 수 있는 것"이다. 즉, 〈강강술래〉는 "풍요와 재생을 의미하는 만월을 모방한 원형무로서

---

21 김선옥, 「〈강강술래〉에 나타난 이미지 표현 연구」, 이화여자대학교 대학원 석사논문, 1994, 14쪽.

농경제의의 하나"[22]라 하겠다.

〈강강술래〉의 원무놀이는 "손을 연이어 잡고 좌우로 움직이면서 몸을 앞으로 내달 듯 원을 그리면서 발동작, 손동작의 율동을 함께 한다. 이때 〈강강술래〉가 그리는 원모양은 보름달을 함의하고, 이 행위 자체는 풍요를 위한 의례행위이다. 놀이에 참가하는 모든 부녀자들이 원을 그리며 춤추면서 풍요를 가져다주는 지신, 농신, 곡신을 맞이"[23]하는데, 이 때 원은 그것을 형성하는 참여자들이 공통적으로 표상하는 풍요의 의미체로 나타난다.

둘째, 〈강강술래〉는 생산성을 함의하며, 다수 참여를 유도하는 원무 형태의 놀이를 통해 집단 공동체적 목적을 이행하는 도구로 쓰인다. 향토적 민속연희형태가 대개 그 지역을 이루는 구성원들의 소망과 삶의 양태를 반영하며 공동체적 목적성과 도구성을 가졌던 맥락과 함께 〈강강술래〉 역시 집단성을 띠는 춤으로 연희되며 발전되었다. 이러한 집단성은 목적성을 가진 사회적 도구로서 〈강강술래〉의 특징을 보여준다. 즉, 도구적 목적으로 "집단 공동체적 춤을 통해 그 지역 공동체의 일체감을 형성함과 동시에 내일의 노동을 위한 활력소가 될 수 있는 사회적 기능"[24]을 가진다고 볼 수 있다.

〈강강술래〉는 다수의 구성원이 참여할 수 있는 원형 또는 원형으

22 한금란, 앞의 글, 59~60쪽.

23 서해숙, 앞의 글, 22쪽. 이때 풍요를 가져다주는 생산신을 맞이하는 것은 그 신과 결합하여 어울려 노는 결실로서 풍요로운 생산을 보장받고자 하는 염원을 춤, 노래, 놀이로 즐기는 것이다. 그리하여 풍요로움을 안겨주었던 신을 다시 잦은 〈강강술래〉, 중〈강강술래〉, 긴〈강강술래〉를 하면서 배웅하여 돌려보내는데, 서해숙은 이 과정을 '맞이굿-원무놀이/결합굿, 생산굿-여흥놀이/배송굿-원무놀이'로 도식화하고 있다.(같은 글, 1996, 25~27쪽. 참고.)

24 위의 글, 62쪽.

로 회귀되는 변형으로 진행됨으로써 집단적 참여를 유도하는 형태적 구성을 지닌다. 또한 내용 구성면에서도 친화적이며 유희적인 놀이로 이루어져 있고, 이는 집단적 주제와 의식이 내재된 것으로 나타난다. 예를 들어 "고사리꺾자, 청어 엮고 풀기, 덕석 몰고 풀기, 쥔쥐새끼놀이들은 생업활동과 관련된 놀이를 형상화한 것으로, 쉽게 접하는 동식물과 농업활동에 관련된 모의적 놀이들"로서, "생산 활동이나 생업의 특정양식을 모의적으로 재현함으로써 놀이의 주체는 기대하는 목적을 달성"[25]하였다. 즉 〈강강술래〉가 풍요로운 생산을 집단적으로 모의하는 사회적 도구로서의 의미를 획득하게 되는 것이다.

셋째, 〈강강술래〉는 사설의 내용을 통하여 삶의 이상향 성취를 상징하는 보름달에 대한 소망을 표출하거나 원무 형태 속에 이루어지는 오락적 춤을 통해 참여자의 취흥을 고조시키고 정서를 정화하거나 확대한다. 〈강강술래〉는 "춤과 노래와 오락의 총체적 무용"으로 일컬어진다. 구체적으로, 동물의 우스꽝스러운 움직임이나 생김새를 흉내 내는 〈남생아 놀아라〉나 경쟁적 놀이가 나타나는 〈쥔쥐새끼놀이〉의 꼬리따기, 가마타기, 기와밟기 등에서 〈강강술래〉의 오락적 기능을 확인할 수 있다. 특히 〈강강술래〉의 주된 놀이인 원무놀이는 취흥을 즐기는 여러 놀이들로 이어진다. 여러 여흥놀이들은 "원무와 나선무 형태의 다리밟기와 겨루기 요소들을 갖춘 놀이들로 놀이 전체의 구성은 나름대로 일관성과 논리성을 가지고" 이루어지며, 이들은 "단순한 내용의 사설들을 단순한 가락으로 제창하면서 반복하는데, 그 내용은 직설적인 표현"[26]으로 나타난다. 이러한 직설

25 같은 글, 25~27쪽.

적 사설을 통해 참여자의 생활 속에 묻혀 있던 이야기가 표출되거나 삶의 공통적 방식을 참여 구성원들이 표면적으로 공유할 수 있게 된다. 억압되거나 자각되지 못했던 이야기들의 표면적 발화는 〈강강술래〉에서 유희적이고 오락적 놀이를 통해 이루어지며, 이는 참여자의 신명 고조 등 감성적 발현으로 이어진다.

넷째, 〈강강술래〉에서 원형은 서로의 행동을 확인할 수 있는 형태적 요소이자 공동체적 일체감을 형성할 수 있는 내용적 기제를 담는 외현적 표상이다. 가령, "남생아 놀아라 놀이, 기와밟기, 도굿대 당기기, 문열어라 놀이, 가마등 놀이 등 여흥놀이는 성행위들을 모방한 주술모의적인 놀이로서, 원무놀이에서 맞이한 곡신, 지신, 농신을 생산과 풍요를 목적으로 결합하는 굿놀이"[27]로 볼 수 있다. 또한 〈강강술래〉에서 "달을 원무형태로 형상화하여 노래하면서 춤을 추는 것은 달과 같은 충만함을 갈구하는 것으로, 일종의 신앙적 심의가 담겨 있는 의례행위"[28]라 할 수 있다.

이러한 제의적 혹은 주술종교적인 특징은 생산적이고 공통적인 관심사를 소망하고 이를 집단적으로 공유하는 과정에서 여러 심의를 한 곳에 집중시켜 일을 성사해야 하는 여러 경우로부터 발전했을 것이다. 그러한 경우란 풍요를 기원하는 농경제의적인 성격을 뛰어넘는 것으로서, 모병募兵이나 두레, 마을 공동체에 관련된 대소사 등 군집 내 질서를 위한 행위의 집산체로 볼 수 있다.

이처럼 〈강강술래〉의 특징 속에 함의되어 활용되는 원형의 상징적 의미는 "원이 인간과 자연 전체의 관계를 포함하여 정신의 전

---

26 같은 글, 23쪽.
27 같은 글, 24쪽.
28 같은 글, 71쪽.

일성을 표현"[29]한다는 것을 전제로 한다. 융이 말한 바, "원은 정신의 상징"[30]으로서, 〈강강술래〉에서는 원형이 서로의 행동을 확인할 수 있는 형태적 요소이자 공동체적 일체감을 형성할 수 있는 내용적 기제를 함의하고 있다.

이와 동시에, 〈강강술래〉는 현장의 목적성을 전제하는 집단적 참여를 통해 원의 상징적 의미와 형태적 기능의 표상 관계를 공유하는 기능적 연희 양식으로 볼 수 있다. 다음 장에서는 〈강강술래〉의 대표적 구성 매제인 원형이, 원의 의미와 형태 간 표상 과정에 작용하는 개인의 정서 운용, 집단 신명과 같은 참여자의 감성 발현을 위해 쓰이는 구체적 양상을 살펴보기로 한다.

‖ 강강술래와 원

앞서 원의 상징적 의미가 〈강강술래〉 안에서 형태적으로 기능하고 〈강강술래〉의 특성 속에 모종의 의미 양상으로 나타난다는 점에 대해 살펴보았다. 집단적 연희로서의 〈강강술래〉의 목적은 그것이 '풍요를 기원하는 농경제의, 공동체의 단결을 통한 일체감 형성 매체, 노동의 활력소로서 취흥과 오락의 연희, 집단적 심의를 집중시키기 위한 사회문화적 도구'로 기능하는 데 있다.

이러한 목적을 이행하기 위한 과정에서 춤에 참여하는 이들의 정서가 변화하거나 통합되는 양상이 나타날 수 있는데, 이는 정서가 행위 유발 혹은 변화에 작용하는 원인 에너지로 기능하고 있기

---

29 Carl Gustav Jung, 이부영 외 공역, 『인간과 무의식의 상징』, 집문당, 1983, 248쪽.

30 위의 책, 256쪽.

때문이다. 특히 〈강강술래〉에서 원의 형태적 기능과 상징적 의미는 참여자의 집단적 정서를 운용하는 핵심적 원리로 작용한다. 이 장에서는 원형 연희의 상징적 의미가 참여자의 집단적 감성 발현에 관여하는 양상에 대해 그 의미 표상 방식과 감성적 특성을 중심으로 살펴보기로 한다.

원은 〈강강술래〉의 과정에서 합일화를 추구하려는 참여자의 집단적 정서에 형태적 특성을 통해 관여하는 기능적 양상을 보일 뿐 아니라 참여자의 인지 구조 속에서 동질화의 상징적 의미로 표상되어 그들의 정서에 관여하기도 한다. 이는 곧 참여자 개인의 억압된 무의식이나 발화되지 못한 이야기, 자각하지 못한 정서적 상황 인식 등에 변화를 야기한다. 신체적 활동의 공유를 통한 친밀감 형성, 반복적 운동을 통한 호르몬 변화, 원형을 매개로 한 집중성 강화, 공통적 춤과 사설을 통한 집단 참여와 집단 신명의 흐름 등이 개인을 집단으로, 마음의 변화를 신체 행동으로 이어지게 하는 것이다.

〈강강술래〉에서 이러한 변화 과정은 다양한 '감성적 발현'[31]을 동반하는데, 참여 집단에 있어 감성의 발현 양상은 원의 의미 표상을 통해 강화 혹은 극대화되는 양상을 보인다. 궁극적으로 원의 의미

---

31 조태성은 '인간의 마음에 어떤 반향을 일으키게 하는 힘'을 감성으로 보고, '주체의 마음에서 어떤 감정들 혹은 감성적인 것들의 습합이나 배제를 만들어내기 위해 작동하는 행위'를 감성의 발현이라 한 바 있다.(조태성, 「감성의 발현과 그 방식, 파장 혹은 스펙트럼」, 『감성연구』 창간호, 전남대 호남학연구원, 2010, 37~39쪽. 참고.) 이와 같은 관점에서, 〈강강술래〉에서 집단이 경험하는 신명은 개인의 복잡다기한 구체적 행위들로 연결되는 과정에서 작동할 수 있는 정서적 에너지이자 집단적 감성으로 볼 수 있다. 모종의 행위로 이어지며 집단적 목적에 표면적 혹은 잠재적으로 기여하는 정서적 변화 양상은 〈강강술래〉에서 몇 가지 계기를 통해 나타나는데, 본고에서는 그러한 계기들을 집단적 감성 발현의 예로 보고 있다.

표상은 감성의 발현 과정에 기여하는 도구적 방식으로 사용되며, 그 양상은 크게 두 가지로 다음과 같이 나누어 볼 수 있다.

첫째, 만월 형상화를 통해 참여를 전제하는 구성원들로 하여금 원의 보편적 상징 의미에 동의하게 함으로써 원의 의미 표상을 전수하거나 강화하는 양상이다. 만월은 달의 충만함과 함께 여성의 다복함, 풍요, 재생, 생명력 등을 상징한다. 또한 원은 세계의 조화와 순환, 평등, 화합 등 공동체 질서에 필요한 이상적 개념들을 나타내기도 한다. 달 밝은 밤에 만월을 형상화하며 달을 향해 기복하는 춤과 노래, 사설은 우리 선조들의 서정적 감수성을 나타내는 예술적 결과물임과 동시에 세대와 계층을 아우르는 문화적 전수 장치이기도 하다.

신명을 통해 긍정적 정서 향유를 경험한 참여자들은 〈강강술래〉의 종합적 연희 양상에 전제된 삶의 방식과 춤의 형태, 세태를 반영한 정서적 입장과 자연물에 대한 상징 의미 등을 수용하게 된다. 이것은 참여를 통한 자발적이고 기초적인 문화 학습의 효과로 볼 수 있으며 그 결과, 세분화된 인식과 행위를 유발할 수 있는 정서적 공감대를 형성하는 차원으로 이해할 수 있다.

둘째, 물론 이러한 사설은 원무형태 속에 나타나는 유희놀이와 함께 제시된다. 즉, 다양한 사설을 제시함으로써 공동체적 관심사 공유, 혹은 집단적 오락유희 등과 같은 목적 이행의 효율성을 극대화하는 양상이다. 이때 사설은 원과 관여된 상징 의미들을 직접 나타내기도 하지만, 주로 원무 형태의 놀이 속에서 다음과 같은 효과들을 도출하는 도구적 요소로 기능한다.

먼저, 같은 가사의 반복을 통해 유희놀이 혹은 춤의 진행에 대한 집중성을 강화한다. 〈강강술래〉의 노래는 선소리꾼이 사설을 메기면 참여자 전원이 동일한 후렴으로 받는 소리를 하면서 진행된다. 후렴구는 '강강술래'나 '강강수월래'로 부르며 선창은 참여자 누구나 돌아가며 부를 수 있다. 또한 메기는 소리는 그 내용과 반복의 정도, 부르는 방식 등이 자율적이므로 참여자들은 선소리꾼에 대한 집중의 정도를 더하게 된다. 후렴구의 반복은 원의 형태적 기능에서의 반복성과 마찬가지로 함께 구령과 입을 맞춰 부르는 흥겨움을 더하면서 신명 고조에 기여한다.

그리고 사설은 형상화 내용을 구체화시킴으로써 상징성을 강화한다. 예를 들어, "'남생아 놀아라'에서 남생이는 가뭄과 홍수를 막아주고 액신을 몰아내며 마을의 강녕과 가내의 화목, 무병장수를 가져다주는 것으로 천수를 산다는 성수聖獸를 나타낸다. 또한 '고사리 꺾기'에서 고사리는 신성한 제물이자, 아무리 꺾어도 이른 봄이면 자생하는 생명력 강한 식물로서 자손의 번영과 다산을 은유하고 있다. '개고리 타령'에서 개고리는 겨울잠을 자고 봄에 거듭나는 동물이자 영생력을 갖춘 동물을 상징"[32]한다. 이러한 상징적 의미들은 유희놀이 과정에서 모의적 동작으로 나타나기도 하지만, '남생아 놀아라 촐래촐래가 잘 논다/고사리대사리껑자 지리산 고사리 꺾어다가 우리 아비 반찬하세/개고리개골창 방죽 안에 개왕개골 개고리를 찾을라면 양쪽 어깨를 딸딸 걷고 미나리 방죽을 더듬세' 등 비교적 간명한 가사와 함께 구체화되고 있다.

사설이 춤의 형상화 내용을 구체화하는 것은 내재된 상징적 의미뿐 아니라 직접 연행하는 행위에도 적용된다. 가령, 원무로 진행되

---

32 최화정, 「〈강강술래〉의 무대화에 관한 고찰」, 청주대학교 일반대학원 석사논문, 1997, 19~20쪽.

는 〈긴 강강술래〉, 〈중 강강술래〉에서 사설은 "술래술래 강강술래 강강술래/ 발맞춰서 뛰어가세 강강술래/ 곁에사람 보기좋고 강강술래/ 먼데사람 듣기좋게 강강술래/ 억신억신 뛰어가세 강강술래"[33]나 "달아달아 밝은달아 강강술래/ 이태백이 놀던달아 강강술래/ 저기저기 저달속에 강강술래/ 계수나무 박혔으니 강강술래/ 은도꾸로 찍어내어 강강술래 /금도꾸로 다듬어서 강강술래"[34]에서 볼 수 있듯이 행위를 촉진하는 구령으로 기능하거나, 이미 형태적으로 구성된 만월 형상을 의미화하며 강조하는 가사로 쓰이고 있다.

마지막으로, 삶의 모습과 희로애락을 담은 사설을 통해 정서를 표출하고 집단 구성원 간 취흥과 의사 소통성을 강화한다. 〈강강술래〉의 사설에는 "남녀 간의 사랑, 님에 대한 그리움, 이별에 대한 아픔, 님을 기다리는 마음 등의 연정적인 감정과 생활고, 시집살이의 고달픔, 어머니에 대한 그리움 등의 생활감정, 그리고 인생무상을 표현하는 내용"[35] 등이 드러난다. 원무로 진행되는 〈긴 강강술래〉와 〈자진 강강술래〉에서는 이러한 내용이 '서정적 정서와 한, 슬픔을 표출'한다. 그러나 이어지는 유희놀이, 즉 〈고사리꺾기〉, 〈청어엮기〉, 〈기와밟기〉 등에서는 나선형 혹은 열형, S자형과 같은 원무의 변형 속에서 "효 사상을 드러내거나 풍어를 축원하고 주술적 성격을 드러내는 사설"[36]을 통해 신명을 축적하는 양상으로 변화한다. 사설을 통

---

33 진도지방 〈강강술래〉 중, 긴〈강강술래〉와 중〈강강술래〉에 쓰이는 내용의 일부. 심우성, 『한국의 민속놀이』, 대광문화사, 1980, 86쪽.

34 해남지방 〈강강술래〉 중, 긴〈강강술래〉, 중〈강강술래〉, 자진〈강강술래〉에 쓰이는 내용의 일부. 위의 책, 90쪽.

35 서해숙, 앞의 글, 44~58쪽.

36 임명주, 앞의 글, 92쪽.

한 정서의 변화 과정은 결국 '내고, 달고, 맺고, 푸는' 신명의 상승 원리에 따른 진행과 연관한 것으로 〈강강술래〉의 참여 구성원들에게 취흥의 정도를 강화하는 일맥에 있다.

또한 "〈강강술래〉는 일정한 가사가 없으며 놀이의 분위기에 따라 가사 선택이 자유롭고 상황에 따라 적응이 편리"[37]하다는 점이 특징적이다. 이는 참여 구성원의 성격과 처한 상황, 상호적 관계 양상과 시기별 목적 등에 따라 토로 및 표출하게 되는 사설의 내용이 달라질 수 있음을 나타낸다. 또한 유동적이고 자율적인 사설의 내용 표현은 사설을 매개로 한 〈강강술래〉가 일종의 구성원 간 대화 공간으로 기능하게 됨을 의미한다. 부녀자들 세대 사이 혹은 개인과 개인, 개인과 사회 사이 등에 발화되지 않았던 이야기들을 표출, 공유, 공감하는 것은 묵은 감정을 해소하는 정기적인 의례이자 의사소통을 통한 정서 순화의 기회였다. 그리고 그것은 신명을 통한 공동화 혹은 동질화를 위한 감성의 집단적 습합인 것이다.

‖ 강강술래의 감성적 특성

앞서, 〈강강술래〉에서 집단이 경험하는 신명이 개인의 구체적 행위 변화로 이어질 수 있는 정서적 에너지이자 집단적 감성이 되며, 원의 표상 의미가 참여자의 정서 변화를 야기하는 핵심적 계기로 작동함을 살펴보았다. 이때, 참여 집단이 구성하는 원의 표상 의미가 〈강강술래〉의 집단적 목적에 기여하는 내부적 원리로 개인의 심리적 역동성 안에서 작동했다면 원의 형태적 특성은 〈강강술래〉의 외부적이고 표면적인 기능 요인으로 작용한다. 원이 가진 특성이 〈강

37 오승지, 앞의 글, 397쪽.

강술래〉의 행위적 기반과 진행 과정에 작동하여 참여 집단의 감성적 변화로 이어지는 과정은 원의 의미 작용과 같은 감성 발현의 예로 볼 수 있다. 원형 연희로서 〈강강술래〉의 형태적 요소로서 원의 기능적 자질에 관련한 감성적 발현의 과정과 양상을 다음과 같이 설명할 수 있다.

첫째, 원의 반복성이 참여자에게 집단 신명을 유발하면서 신명의 고조가 정서의 정화나 변화로 이어진다. 신명은 "영적인 감정 상태만을 의미하는 것이 아니라 직관의 집중에 의한 사물의 통찰력이나 지적환희"[38]를 표현하기도 한다. 참여자는 원형으로 손을 맞잡고 걷거나 뛰는 반복적 활동에 사설을 통한 지적 공감대를 결합함으로써 점차 내적 심리상태를 외부적으로 발현하는 경험을 하게 된다. "근육의 자연스러운 활동으로서 춤은 추는 사람이나 보는 사람에게 모두 기쁨을 주며, 그 규칙적으로 반복되는 움직임이 인간의 신체에 도취적 작용"[39]을 가하여 집단적 환희나 희열에 이르게 하는 것이다. 여기서 집단적 환희라 함은 공통적 사안에 관여되는 행동을 공유하는 데서 비롯되는 친교적이며 화합적인 기쁨을 의미한다. 즉, 반복적 원무는 신명을 통해 참여자들의 기분이 하나로 섞이게 되면서 자신을 개방하는 데 필요한 용기를 얻게 되는 과정으로 볼 수 있다.

신명의 고조는 참여자들에게 모종의 '치유 효과'[40]를 갖게도 하는

---

38 김열규, 『한국인의 신명』, 주류, 1982, 13쪽.

39 Paul Spencer, *Society and the Dance*, Cambridge University Press, 1985, p.17.

40 이와 관련하여 〈강강술래〉 참여 집단에 관한 치유 과정을 연구한 논문을 참고할 수 있다. 김미숙, 오수성, 한규석, 「〈강강술래〉의 예술치유 현상에 관한 질적 연구」, 『한국심리학회지』 제27권, 한국심리학회, 2008, 757~781쪽.

데, 억압된 내면 의식의 개방과 흥의 표출은 긴장되었던 에너지를 개인의 성장에 기여하는 전제가 된다. 또한 "신명의 기능에는 정신 현상학적 측면에서 황홀과 초월의 상태로 소거의 작용을 하는 심리적인 것과, 삶과 직결된 공통의 목적을 위한 통일된 의식 속에서 일체감과 집단적 힘을 얻게 하는 사회적인 것"[41]이 있는데, 개인적 에너지의 해방은 집단 신명을 통해 관심사의 변화를 야기할 수 있다.

즉, 집단적 신명을 경험한 참여자들이 구성원 간의 일체감과 통일된 의식을 수용함으로써 공통적 사안에 대한 제시에 민감하게 반응할 수 있게 된다는 것이다. 이는 부락 단위 혹은 공동체적 군집 단위로 이루어졌던 〈강강술래〉뿐 아니라 생면부지의 구성원들이 전통연희를 경험하게 되는 문화·예술적 행사 속에서도 경험할 수 있는 것으로서, 이에 대한 근거 일례로 '집단 신명'에 대한 경험과 정서적 후과에 대한 연구[42]를 들 수 있다.

둘째, 원의 개방성과 참여성을 통해 집단구성원을 범계열적으로 확대할 수 있다. 이는 참여자 내·외부의 양 관점에서 모두 가시적인 수와 힘의 확대를 가늠할 수 있게 한다. 원형은 다수가 참여할 수

41 유미희, 「한국춤에 나타난 신명에 대한 연구-민속춤을 중심으로」, 이화여자대학교대학원 석사논문, 1989, 13~14쪽.

42 〈강강술래〉의 직접성, 집단성, 상징성, 평등성, 예술성은 참여자의 심리역동의 질을 다르게 변화시키는 요인이 된다. 특히 원무로서 〈강강술래〉의 특성은 참여자로 하여금 전체적인 존재로서 자기지향을 가능하게 하는 원인이 되는데, 〈강강술래〉 과정에서 참여자들은 '집단 신명'을 경험한다. 이는 신남, 즐거움, 행복함, 시원함, 뿌듯함 등과 정서적 토대가 비슷함을 알 수 있었다. 한국인은 자기 정서를 경험하지만 이를 표현하는 데 어려움을 가지는데, 〈강강술래〉와 같은 신체 활동이 중심이 된 집단적 난장은 한국인의 충분한 정서 경험과 표출을 도울 수 있다. 〈강강술래〉는 흥의 만족과 목표, 표현, 소통을 위한 춤으로서, 한국인의 맺힌 한을 풀어내는 데 도움이 된다는 것을 알 수 있다. 김미숙, 오수성, 한규석, 앞의 글, 776쪽.

있는 가장 효율적인 대형이자, 한 방향으로 반복된 회전을 하는 경우 구심점을 향해 여러 시선을 집중할 수 있는 형태이다. 참여자의 수가 늘어나더라도 형태가 변하지 않고 다층적인 연희를 공유할 수 있다는 점은 다수의 정서에 공통적으로 관여할 수 있는 형태적 도구의 요건으로 볼 수 있다. 앞서 말한 원의 반복성에 따른 신명의 고조 역시 원의 형태적 요건에 기인하는 속도의 자유조절에서 가능한 것이다. 즉, 공간 점유에 크게 영향 받지 않는 원형무에서 "이완에서 긴장으로, 정적인 것에서 동적인 것으로 가는 신명의 원리"[43]가 가능한 것이다.

셋째, 원의 평등성이 참여자로 하여금 공동체적 질서를 지향하는 사회적 구성원으로 변모하는 데 기여한다. 〈강강술래〉에서 원은 "상호관계에 있어서 춤추는 사람 모두가 동등한 조건 하에서 공동체적인 일체감을 형성하여 집단을 완전히 통합시키는 특성"[44]을 갖는다. 〈강강술래〉의 원형 속에 자리한 각각의 구성원은 시작과 끝이 구분되지 않으며 사회적 위계질서와 관련된 분류에 영향 받지 않는다. 고래 〈강강술래〉의 참여 부녀자에 있어서 결혼의 유무에 따른 복장의 차이나 판굿에서 악기의 변별적 구성에 따른 원진 구성의 예는 이와 변별되어야 한다. 이처럼 원은 "구성원 모두가 동등한 조건으로 평등한 관계임을 상징하는 것으로 〈강강술래〉를 통하여 쉽게 공동체의 구성원이 될 수 있는 중요한 틀을 제공"[45]하는 것으로 볼 수

---

43 이윤선, 「디지털 시대의 〈강강술래〉에 대한 민속학적 소고」, 『한국민요학』 제15권, 한국민요학회, 2004, 339쪽.

44 최동현, 『춤의 본질』, 신아출판사, 1988, 163쪽.

45 오승지, 「상징성을 내재한 〈강강술래〉의 특이성에 관한 연구」, 『움직임의 철학』 제10권 제2호, 한국체육철학회, 2002, 397쪽.

있다.

넷째, 원의 변화성이 죽음과 재생이라는 순환의식, 생산의 가능성 등을 상징하며 참여자의 역동적 정서를 구성한다. 〈강강술래〉의 춤은 기본적으로 원무로 진행되고 나선형, 열형 등 원무에서 변형되고 원무로 회귀하는 과정으로 이루어진다. 본디 〈강강술래〉는 "인간이 자기존재의 한계성, 일회성을 지양하고 영원히 살기 위한 소원을 달에 담아 달을 지상에서 모방하여 달빛 아래서 좌선회하는 죽음과 재생의 춤"[46]이라 할 수 있다. 달이 가진 재생력과 풍요의 상징이 만월을 모의한 커다란 원형을 구성하게 한 것이다.

처음 긴〈강강술래〉에서 시작하는 원무는 〈고사리 꺾기〉, 〈개고리 타령〉, 〈기와 밟기〉 등 유희놀이에서 원무의 변형인 다양한 대형을 구성하며 변화한다. 이 변화의 과정은 생활 속 활동들을 모방한 형상화이거나 장수, 풍요, 생산 등의 상징적 의미를 담고 나타난다. 가령, "'청어엮기'는 남도해안에서 많이 잡히던 청어를 엮는 행위를 모방하는 풍어 기원의 모의 놀이이며, '기와밟기'는 지배층과 피지배층 간의 갈등을 표현"[47]한 주술적 모의 놀이로 볼 수 있다.

선소리꾼의 사설 변화와 함께 원무 형태도 변화하면서 각각의 춤과 활동으로 나타나는 놀이들을 동반하는데, 이들은 유희적 성격이 강하며 "춤의 박자나 진행은 선소리꾼의 노래와 선두자의 지휘에 따라 자유롭게 변화"[48]될 수 있다. 이러한 원의 가변성과 원형무의 실제적 변화성은 참여자에게 자율성과 역동성을 부여하며 결과적으로 신명과 홍을 고조시키는 효과를 유도한다.

---

46 유비희, 앞의 글, 26쪽.

47 오승지, 앞의 글, 395쪽.

48 위의 글, 397쪽.

‖ 원의 정서 운용 원리

지금까지, 원의 형태적 특성 및 상징적 의미가 〈강강술래〉에서 작용하는 기능적 양상을 살펴보고, 이것이 〈강강술래〉의 참여 구성원의 정서에 관여하는 집단적 양상을 정서 운용의 원리로 정리해보았다.

먼저, 〈강강술래〉는 군무의 동원 계기와 시작, 참여자의 신명 연결 단위, 그리고 마무리에 군무 성립의 핵심적 원리이자 연희의 목적 달성에 기여하는 대표적 형태로 원진 혹은 원무를 사용한다. 이때 원의 내재적 의미는 '생명력, 풍요, 공동체적 일체감, 이상향, 전일성全一性, 이상향 등' 주로 집단적 감성과 성취에 연계되는 것으로 나타난다. 즉, 〈강강술래〉에서는 원형이 서로의 행동을 확인할 수 있는 형태적 요소이자 공동체적 일체감을 형성할 수 있는 내용적 기제로 나타남을 알 수 있었다.

〈강강술래〉는 현장의 목적성을 전제하는 집단적 참여를 통해 원의 상징적 의미와 형태적 기능의 표상 관계를 공유하는 기능적 연희 양식으로 볼 수 있다. 〈강강술래〉의 연희 목적을 '풍요를 기원하는 농경제의, 공동체의 단결을 통한 일체감 형성 매체, 노동의 활력소로서 취흥과 오락의 연희, 집단적 심의를 집중시키기 위한 사회문화적 도구'로 보았을 때, 이러한 목적을 이행하기 위한 과정에서 춤에 참여하는 이들의 정서가 변화하거나 통합되는 양상이 나타날 수 있다. 〈강강술래〉에서 원의 형태적 기능과 상징적 의미는 참여자의 이러한 집단적 정서를 운용하는 핵심적 원리로 다음과 같이 작용한다.

원은 참여자의 인지 구조 속에서 동질화의 상징적 의미로 표상되어 감성의 발현을 극대화하는 도구적 방식으로 사용되거나, 형태적 특성으로써 〈강강술래〉의 과정에서 합일화를 추구하려는 참여자의 집단적 정서에 관여하는 기능적 양상을 보인다. 의미화 표상은 첫째, 만월 형상화를 통해 참여를 전제하는 구성원들로 하여금 원의 보편적 상징 의미에 동의하게 함으로써 원의 의미 표상을 전수하거나 강화하는 양상, 둘째, 다양한 사설을 제시함으로써 공동체적 관심사 공유, 혹은 집단적 오락유희 등과 같은 목적 이행의 효율성을 극대화하는 양상으로 요약할 수 있다.

참여 집단이 구성하거나 공유하는 원의 표상 의미가 〈강강술래〉의 집단적 목적에 기여하는 내부적 원리로 개인의 심리적 역동성 안에서 작동했다면 원의 형태적 특성은 〈강강술래〉의 외부적이고 표면적인 기능 요인으로서 다음과 같이 작용하였다. 첫째, 원의 반복성이 참여자에게 집단 신명을 유발하면서 신명의 고조가 정서의 정화나 변화로 이어지며, 둘째, 원의 개방성과 참여성으로써 집단구성원을 범계열적으로 확대한다. 할 수 있다. 셋째, 원의 평등성이 참여자로 하여금 공동체적 질서를 지향하는 사회적 구성원으로 변모하는 데 기여하며, 넷째, 원의 변화성이 죽음과 재생이라는 순환의식, 생산의 가능성 등을 상징하며 참여자의 역동적 정서를 구성한다. 즉, 원이 가진 특성이 〈강강술래〉의 행위적 기반과 진행 과정에 작동하여 참여 집단의 감성적 변화로 이어지는 과정을 원의 의미 작용과 같은 감성 발현의 예로 볼 수 있었다.

물론 〈강강술래〉에서 원무 이외에도 나선형, 열형 등의 형태가 각각 공동체의 유대감을 형성하고 남성을 상징하는 등 원 이외의 기능적이며 상징적인 요소들을 무시할 수는 없다. 그러나 참여 구성원과 정서적 상응 효과의 정도에 착안하였을 때, 〈강강술래〉에서 원형은 집단적 참여와 공유, 그리고 집중을 위한 가장 효율적 형태로 목적 이행을 위해 기능하는 도구적 매제라 할 수 있다. 연희는 직접적 참여를 통해 시선과 관심을 집중하고 목적의식을 공유하며 집단성을 강화하는 놀이 형태이자, 공동체적 문제의식을 제기하고 해소할 수 있는 사회·문화·예술적 장치이다. 여기서 참여 집단의 정서는 사안에 대한 관심, 집중, 참여, 공감, 의지 등 문제 해결의 전 과정에 행위를 유발하는 기제로 작용하며 정서의 시작과 끝은 구성원의 집단적 신명을 향한다.

요약하건대, 〈강강술래〉에서 원의 형태적 기능과 상징적 의미는 참여 구성원의 신명을 중심으로 집단적 응집성과 친밀성을 강화하며 공동체적 목적 이행에 기여하는 도구적 매제로 작용한다. 이는 원 이외의 도형, 텍스트, 음원音源, 색채, 각종 기호 등 감성의 여러 도구적 매제, 그리고 이들이 작동하는 즉시적 혹은 잠정적 발현 양상 등으로 연구 범위가 확장될 가능성을 제시한다. 가령, 원형의 공동체적 상징 의미와 대별되는 층위들, 그리고 강강술래를 비롯한 여러 연희 형태들에서 원의 보편적 상징성과 유의미한 변별성을 가진 사례들에 대한 비교·고찰을 이후 연구 과제로 상정할 수 있다.

감성의 발화 보완성

‖ 불통과 비존재의 문제

어머니의 자궁 밖으로 나오며 생존을 시작하는 인간은 태어남의 순간부터 타자의 존재와 매개되는 숙명을 지닌다. 그리고 타인의 시선과 어루만짐, 음성과 표정의 피드백 속에서 자신의 외형과 내면적 정체를 파악해간다. 개인이라는 존재는 자아의 외부로부터 유입되는 자극원을 통해 끊임없이 자신의 존재감을 재구성한다. 즉, 인간의 존재감은 개인이 자아와 대면하는 만남, 그 성찰적 경험을 통해 얻어지는 것이라 할 수 있다.

이러한 경험은 특히 생애의 초기에는 개인의 단독적인 시도로 이루어지기 어렵다. 그리하여 미성숙한 인간은 다른 시선을 지닌 타자와 그들의 언어를 지향한다. 이러한 지향과 추구는 타자의 시선과 언급에 매몰되어 자기 사고의 확장을 차단하는 경향과는 다르다. 이것은 존재를 파악하기 위한 자아의 끊임없는 시도가 타자의 관점을 교류하기 위한 지점에서 이루어질 때 성장과 성숙의 시간이 가능하다는 의미이다.

나인의 존재에 대한 지향, 인식의 재구성을 위한 열린 관점을 가리킬 때 흔히 '소통'이라는 단어를 사용하곤 한다. 이 글은 이 소통의 필요성이 지닌 비중만큼 무거운 불통不通의 문제성에 시선을 두고 있다. 또한, 불통의 경험에서 비롯되는 문제적 상황을 해소하기 위한 정서적 소통 방안의 모색을 목적으로 둔 입론의 성격을 지닌다.

인간은 타자와의 담론 속에서 주체로서의 의식을 발견하곤 한다. 그런데 자신의 존재감을 규명하는 과업은 독백과 같은 스스로를 위한 언어만으로는 완성되기 어렵다. "언어로써 내가 누구인지를 말한다는 것은 자기언급의 불완전성 때문에 불가능하"[49]기 때문이다.

> 말하는 존재인 인간은 자신에 대한 이야기에 이르면 논리적 무모순성을 유지할 수 없다. 이것은 언어의 구조상 필연적이다. 말하는 존재 자체가 분명히 존재한다는 사실은 언어 바깥의 어떤 것에 의해 지탱되어야 한다. 그 지탱은 말하는 존재의 바깥에서만 구할 수 있다.(…) 타자의 담론 속에서 그 대상으로서 존재를 누리고 있던 나의 실재는 타자의 담론을 통해 발견되어야 한다.(…)타자의 담론을 듣지 않는 존재는 모든 실효성, 즉 현실성을 잃어버린다.[50]

'말하는 존재인 인간'의 '이야기', 즉 자신의 존재의식을 규명하는 작업에서 인간은 자기 자신에 대한 증명의 단계에 이르면 타자의 관점과 담론을 요구할 수밖에 없다는 점에서 본질적으로 약점을 지닌다. 물론 역사 속에서는 타자의 담론이 불필요하거나 자기언급의 불완전성이 무력화될 만큼의 현실적 감화력을 지닌 절대적 존재들이 있어왔다.

그러나 우리는 그들의 이야기를 신화적 서술로 재구성하고, 또 다

49 신구 가즈시게, 김병준 역, 『라캉의 정신분석』, 은행나무, 2007, 121쪽.
50 위의 책, 123~124쪽.

른 타자의 관점으로 그 서술에 대한 담론과 평가를 제기해왔다. 즉, 절대적 또는 신화적 존재 역시 광대한 시공간 속 타자의 의식과 발화에 의해 규명되어 왔다. 진리에 대한 그들의 선언이 수용 가능한 정체로 발현되거나 잠정적 진리로 머물게 되는 것 역시 타자의 존재와 가치평가를 필요로 하는 일이다.

이처럼 타자와의 담론 형성은 자아의 주체 의식 형성에 기여한다. 반면, 타자의 부재 또는 타자와의 불통不通이 유지되는 경우에는 자아의 존재감을 해치거나 비존재 의식이 확산될 수 있다. 타자의 존재가 물리적으로 부재한 것으로 인식되거나, 의도적 소외로 인하여 타자의 담론을 확인할 수 없거나, 타자와의 소통 구조가 불합리하여 담론 형성이 무가치해지고 지속적으로 오인을 불러일으키는 경우가 그러하다.

이러한 불통의 심각성은 소통과 존재감에 대한 욕구가 자아의 내면에 억압된 형태로 잠재되면서 예측할 수 없는 상황과 무작위적 사회관계 속에서 문제적 형태로 나타난다는 데 있다. 그 양상은 우발적이고 강렬하며 폭력적인 형태이거나 때론 치밀하게 은닉되고 사태의 인과관계를 알아차릴 수 없을 정도로 기형적인 의식 상태를 드러내기도 한다.

가령, 사회로부터 스스로를 고립시킨 채 살아가는 은둔형 외톨이의 경우, '대인공포증, 피해망상증, 강박 증상, 불면증, 퇴행, 가정 폭력, 박탈의식, 자살기도' 등의 증상을 동반할 뿐 아니라, 청년실업사태를 장기화시켜 심각한 인적자원 손해와 국가생산력 저하의 원인이 될 수 있다.[51] 또한, 국제결혼이주자를 중심으로 한 다문화 가족

51 허경운, 「은둔형 외톨이의 사회문제와 분석에 관한 연구: 전화상담, 사이버상

의 경우, 다문화사회로의 성공적 이행에 실패할 때 '사회적 응집력의 약화, 이민자들의 소수집단 전락, 타문화에 대한 배타적인 태도와 사회적 갈등 심화, 외국인 배우자에 대한 가정 내 폭력 증대, 다문화 가족 내 의사소통 단절, 다문화 가족 자녀의 사회적응 실패, 다문화 가족의 사회적 빈곤층 전락과 집단적 문제 야기, 소수 인종 집단의 소외감 심화' 등의 사회적 위험이 예상되기도 한다.[52] 유영철(2004년), 강호순(2009년) 등의 연쇄살인범이나 오원춘(2012년), 용인 엽기 살인범(2013년) 등 정신병질psychopathy 또는 반사회적 성격 장애 양상을 보이는 범죄자의 경우, '거짓말, 충동성, 공격성, 무책임성, 죄책감 결여' 등의 문제적 행동 특성을 보일뿐 아니라 과도한 가학성, 높은 재범률로 심각한 문제를 초래한다.[53]

이들의 '높은 정신병질 성향은 어린 시절에 부모로부터 관심을 받지 못한 것이나 학대를 당한 것과 높은 관련이 있는 것'으로 연구된 바 있다.[54] 은둔형 외톨이의 경우, '회피적 성격 장애나 대화가 단절된 폐쇄적 가정환경, 학교와 사회생활 적응 실패, 인터넷의 빠른 보급과 게임 중독' 등이 주요 원인으로 지목되었다.[55] 다문화사회로의 진입과 정착 과정을 어렵게 만드는 원인에서 역시 '민족국가 구성원에 대한 혼란이나 인종 간 사회적 마찰 외에도 가족 내 구성원 간의 무관심과 정서적 유대관계의 약화, 언어장벽으로 인한 가정 내의 의

담사례 중심으로」, 동국대학교 석사학위논문, 2005, 38~40쪽.

52 오만석, 「다문화가정 자녀교육의 현실과 과제: 여섯 가정을 중심으로」, 『다문화교육연구』 제4권 1호, 한국다문화교육학회, 2011, 46쪽.

53 박지선, 조준택, 「내용분석을 통해 본 사이코패스 관련 언론 보도 실태 및 추세」, 『한국경찰연구』 제12권 4호, 한국경찰연구학회, 2013, 176~180쪽.

54 위의 글, 179쪽.

55 허경운, 앞의 글, 13~28쪽.

사소통 기능 약화' 등 타자와의 소통 부재 양상이 주목되고 있다.[56] 결국, 개인의 자기 이해와 완성을 조력하는 타자와의 실제적인 언어 소통이나 인지적 또는 정서적 상호작용의 단절에서 집단과 사회로 확산되는 심각한 현실적 문제가 파생되고 있는 것이다.

이러한 문제는 일면, 존재감 확립을 위한 욕구에 기인하여 개인과 자아, 타자, 사회 사이에 발생하는 불통의 억압감을 해소하기 위해 시도하는 각 개인의 자구적 행위로 보일 수 있다. 그러나 이들의 시도를 다층적 존재나 상대적 가치를 구성하는 자율성의 측면으로 인정하기는 어렵다. 가령, 은둔형 외톨이의 고립은 대안을 선택할 수 없는 자의 타율적 행위에 가까우며, 따라서 사회적 차단이 이들에게 전달하는 감정은 행복감보다 일시적 안전감에 가깝다.

지속적 불통을 경험하는 이들에게는 타자가 실제로 부재하거나 혹은 불필요한 것으로 여겨지는 것이 곧 개인의 고립과 단절, 분산화와 무력화의 의미로 인식될 수 있다. 이들의 문제적 행위 배경에는 자존감의 욕구를 충족할 수 있는 여건과 집적되어 있어야 할 소통 경험이 불충분하다. 이는 곧, 현재가 가정과 학교, 사회에서 이행될 수 있는 기존의 소통 채널에 대한 확산과 대안적 소통 통로의 모색과 실현이 필요한 지점임을 가리킨다.

‖ 송수신 경로 차단과 비언어적 요소

개인은 자의식 또는 자아 개념을 형성하는 과정이 메시지의 송수신 과정에서 얻어지는 인지적 내용이나 감응 내역을 통해 이루어지거나 이와 무관하지 않음을 확인하면서 자신이 소속된 문화적 특질

56 오만석, 앞의 글, 45쪽.

을 이해하게 된다. 즉, 개인의 문화적, 사회·계층적, 생리적 특질 등을 반영하는 특수한 정보들이 어떠한 보편적 대상으로부터 유사하게 발견되는지 관찰하면서 메시지 송수신 과정을 지속하고 그 범위를 확장하는 것이다. 이러한 실행은 '성장' 또는 '발달'의 과정이자, 세계의 철학적 속성을 이해하고 자아의 안정을 추구하려는 성찰적 행위로서의 속성을 지닌다.

결국, 주체로서의 의식을 발견하는 과정은 자신이 속한 문화적 층위 속에서 자신의 좌표적 특질을 이해하고 상호작용적 소통 관계 속에서 삶의 방향과 목표를 설정하기 위한 다종의 정보를 획득하는 일련의 실행이라 할 수 있다. 이러한 가정은 인간이 철학적으로 독립된 가능성을 지닌 존재임과 동시에, 문화적 관계 속에서 자신의 특질과 위치를 끊임없이 반추하며 정립의 과정에 이를 수밖에 없는 불완전한 속성을 지녔음을 인정한 결과이다.

최성환은 레비나스Emmanuel Levinas의 존재론적 사유를 빌려, 인간은 "존재 유지의 욕구보다 더 앞서서 무한자에게로 초월하고자 하는 욕망"을 지니고 있으며 이러한 "형이상학적 욕망을 통해 인간에게는 진정한 자신을 회복하는 길, 즉 연대의 가능성"이 주어지게 됨을, 그리고 "타자의 얼굴과의 관계를 통하여 비로소 근본적으로 나의 주체성이 구성"되는 것임을 언급하고 있다.[57] 여기서 주목할 점은 타자와의 '연대' 혹은 '타자의 얼굴과의 관계'가 자의식의 확립과 완성으로 귀결되고 순환되는 고리에 있다. 이것은 흔히 '사회성'으로 일컬어지는 '상황적 고려의 유무'나 '이타성의 당위'가 설명될 수 있는 이유이

57 문화콘텐츠기술연구원 다문화콘텐츠연구사업단, 『다문화주의의 이론과 실제』, 경진, 2010, 24쪽.

기도 하다.

반추 또는 반영할 수 있는 대상을 유실하는 것은 개인을 자아의 한정된 표상 구조 속에 지속적으로 머물게 하는 결과를 가져온다. 이는 결코 확정될 수 없는 가설이나 완성될 수 없는 자아의 존재 의식과 같다. 결국, 자의식의 확립을 위한 소통은 집단 속에서 자신의 가설을 검증하고 인식된 결과의 일부를 끊임없이 버리거나 교섭을 통하여 정보 대체를 이어가는 변화의 과정이라 할 수 있다. 이와 관련하여, 데이먼Louise Damen이 말한 '문화 간 커뮤니케이션'[58]의 과정적 원리로부터 동의의 근거를 얻을 수 있다.

> 문화 간 커뮤니케이션은 다양한 문화적 배경을 지닌 사람들이 함께 상호작용하는 상황으로, 다른 문화를 가진 개인들의 관계뿐 아니라 다른 문화를 가진 그룹간의 관계도 포함된다.(…) 문화 간 커뮤니케이션은 데이먼의 문화 이해의 과정에서 언급되었듯이 이해understanding와 인식awareness의 과정을 거쳐 수용acceptance하고 동화assimilation되는 과정으로 발전하여 궁극적으로 성공적인 문화 간 커뮤니케이션에 도달하게 된다.[59]

위의 문화 간 커뮤니케이션 과정은 개인과 그룹이 서로의 만남과 소통적 실현 행위 속에서 발견하게 되는 타문화적 정보와, 그것의 차이에 대한 인식이 결국 개인이 속한 문화의 특질을 이해하고 자아와 타자를 새롭게 수용하게 되는 근거로 작용하게 됨을 나타낸다.

---

58 Louise Damen, "Culture learning: the fifth dimension in the language classroom", *Reading, Mass*, Addison-Wesley Pub. co., 1987, pp.375~396.

59 이승재, 「문화 간 커뮤니케이션과 문화 간 선험적 학습에 관한 연구」, 『커뮤니케이션학연구』 제19권 3호, 한국커뮤니케이션학회, 2011, 100쪽.

여기서 커뮤니케이션 과정을 거친 수용 단계로의 진입은, 바꾸어 말해, 주체로서의 의식을 확립하는 과정이 메시지 송수신 구조와 같은 의식의 반추 시스템을 필요로 함을 의미한다. 그 시스템은 다음과 같이 정리할 수 있다.

먼저 개인은 메시지의 발생 및 구성, 송신 대상의 설정과 매체 확립, 송신 행위 및 단절 문제 처리, 수신 과정에서의 메시지 분석과 의미화의 단계를 거쳐 일단의 정보를 확립한다. 이때, 정리된 정보는 강화되어 자아의 특질과 세계관을 형성하거나, 조절되는 과정을 거쳐 다음 메시지 송수신 과정에 반영된다. 이러한 의식 형성 구조에 비추어볼 때, 주체적 존재 의식 획득을 위한 소통 행위의 관건은 다양한 규모와 층위의 이문화적 특질에 대해 정보를 수집하고 각각의 문화 층위에 속한 송수신 주체가 그것을 협력적 방향으로 수용하는 데 있다고 볼 수 있다.

여기서 주목할 점은 정보 수집을 위한 적극적 접근 태도와 정보 수용 및 재구조화 과정에서의 상호 협력적 방향 설정이다. 다시 말해, 소통 과정에서 성공적 메시지 구성을 위해서는 송수신 주체가 커뮤니케이션의 목표를 협력적으로 설정하고 이를 성취하기 위해 메시지를 구성, 해독하는 태도가 하나의 관건이 된다. 상대적으로 집단역학에서는 진화심리학의 입장을 빌려, 배제나 격리와 같은 배타적 인식 또는 개인주의적 천착이 상호 협력적 인식과 공동체적 행동 패턴에 비해 부정적으로 받아들여지거나 비선호되는 현상에 대해 다음과 같이 말하고 있다.

> 진화심리학자들은 일정한 패턴을 보이는 사회적 및 심리적 성향 역시 적응적인 행동은 증가하고 부적응적인 행동은 사라지는 진화 과정

> 을 통하여 나오게 된다고 가정한다.(…)혼자 있기보다는 집단으로 생활하려는 인간의 선호는 개인들이 생존의 문제를 해결하는 것을 유리하게 해주도록 장기간에 걸쳐 진화한 심리적, 생리적 기제에 의해 유지될 가능성이 있다.(…)유전적으로 집단에 가입하려는 성향을 지니게 된 그 개인들('가입자들')이 사회적 접촉을 피하는 사람들('고립자들')보다 살아남아 후손을 만들 확률이 훨씬 더 커지기 때문에, 세대가 거듭됨에 따라 고립 추구를 조장하는 유전자는 그 유전자 풀에서 제거되었고, 집단 가입을 장려하는 유전자는 번성하였다. 그 결과 군집성은 인간의 생물학적 성분의 일부로서 번성하게 되었다.[60]

위와 같은 진화론적 주장은 인간의 집단지향에 대한 이유를 설득하는 데 있어, 유전적 기초 검증의 어려움이나 집단 합류에 대한 다양한 결정 요인 등 여러 쟁점의 여지를 포함하고 있다. 그럼에도 불구하고, 이러한 논의의 기반에 자리한 인간의 군집성이라는 현상과 그것이 제공하는 현실적 기여에 대해 부정하기는 어렵다.

한편, 집단역학의 관점에서는 인간의 집단지향성과 관련하여 "인간은 본래 사회적 동물이다"라는 아리스토텔레스의 주장과 관련된 소속 욕구와, 이러한 욕구가 좌절될 때 관찰되는 배제의 고통을 들어 그 당위성에 대해 논의한다. 추방, 사회적 거부와 같은 배제는 실제로 학대받지 않더라도 그와 같은 격리의 고통을 경험하며 배제에 대한 복수와 공격으로 이어질 수 있다는 것이다.

그 예로, 1999년 컬럼바인 고등학교의 에릭 해리스Eric Harris, 딜런 클레볼드Dylan Klebold, 2007년 핀란드 요켈라 고등학교의 페카 에릭 아우비넨Pekka-Eric Auvinen, 같은 해 버지니아 공과대학의 조승희 등은

60 Donelson R. Forsyth, 남기덕 외 역, 『집단역학』, 박영사, 2013, 64~66쪽.

각 학교에서 학생들과 교사를 상대로 총기난사나 방화를 자행한 바 있다. 포시스Donelson Forsyth는 이 같은 다중 살인자들의 폭력 행위 뒤에 공통적으로 학교생활, 즉 사회생활로부터 추방당하거나 배제되었다는 의식이 자리한다는 것, 고독자로서의 생활이 복수의 표적 선정과 폭력을 유발하게 되는 회상 요인이 되고 있음을 지적하고 있다.[61]

이 같은 예는 메시지의 1차적 의미화를 거쳐 이것을 반영하여 수정 또는 수렴할 수 있는 반영 대상이나 의미 반추 시스템의 부재할 때 고립된 자아가 폭력적 행위나 고립, 소외, 도태 등의 상황으로 연결됨을 보여주는 현상들이다. 인간의 집단 지향성과 소통 차단이 불러일으키는 폭력성, 적층된 공동체적 문화 질서와 체계 등으로 미루어볼 때, 각 개인이 자아의 완결성을 꾀하거나 정체감의 균형을 이루기 위해서는 다음과 같은 요건들이 관건이 되고 있음을 발견할 수 있다. 그것은 자기반영을 시도할 수 있는 대상의 유무와, 행위에 대한 의미의 반추 또는 반영을 통한 의미화 시도의 성공 여부, 메시지 구성 과정의 상호 협력적 태도 등이다.

이처럼, 송수신 주체의 상호 협력적 태도는 메시지 구성 과정에서 가장 주목할 만한 요인이라 할 수 있다. 이것은 소통의 주체가 놓여 있는 정서적 상황을 긍정적으로 인식하면서 메시지 송수신 구조에 관여된 주체들의 상대적 입장을 서로에게 유익한 정보로 소용되게끔 의도하는 것이다. 소통 행위에서 이러한 태도가 전제되어야 하는 이유는, 타문화에 대한 배타적 인식 또는 부정적 수용 태도가 송수신 주체에게 먼저 감지되는 경우에는 기수집한 정보가 무의미화 될

61 위의 책, 57~62쪽.

뿐 아니라 개인의 스키마를 확장하거나 반영할 수 있는 사고의 영역이 축소되기 때문이다. 다시 말해, 상호 배타적 또는 부정적 태도는 송수신 주체가 합리적으로 메시지에 접근하는 것을 방해할 수 있다.

소통의 단절 여부에 영향을 미치는 또 다른 주요한 요인은 비언어적 요소를 통해 전달되는 감성적 메시지이다. 예를 들어, 특정한 표정이나 눈빛, 제스처, 어조, 억양, (침묵, 말더듬, 한숨 등으로 인한)휴지, 말소리의 크기 등은 특정한 정서적 입장을 대변하는 것으로 감지된다. 그 결과, 인지적 내용에 대한 부정으로 인식되거나 이중적 메시지를 전달하여 또 다른 정서적 반향을 일으킬 수 있다.

이와 관련한 연구로, 한정선은 자세, 몸의 움직임, 서 있는 자세, 용모, 의상, 색, 머리 모양, 얼굴 표정, 눈 표정, 악수, 접촉, 음성 톤, 드는 태도, 자신감, 상대방과의 거리, 숨소리, 침묵, 색깔, 조명, 온도, 공간의 배치 등의 비언어적 요소를 들어 커뮤니케이션 과정에서 비언어적 요소가 전달하는 메시지의 비중을 언급하고 있다. 그는 이러한 요소들을 통해 이루어지는 소통 행위를 가리켜 비언어 커뮤니케이션으로 분류하여 설명하는데, 비언어적 메시지가 소통되기 위해서는 '찰察'(눈썰미)이 가능해야 함을 강조하고 있다.[62] 이때, '찰'을 통한 감지와 해석은 본 논고에서 말하는 '상호 협력적 태도'의 소통 요소와 같은 층위에 있다. '찰'과 '상호 협력적 태도'는 송수신 과정의 메시지에 주목하고 소통에 관여하는 제반 상황을 상호 유익한 것으로 소용되도록 끌어들이는 적극적 태도의 맥락에서 상통하는 것이라 할 수 있다.

62 한정선, 『소통, 진정성이 진정성을 만날 때』, 커뮤니케이션북스, 2013, 160~164쪽.

비언어적 요소에 대한 해석을 수행하지 않거나 해석을 위한 정보가 송수신 주체에게 이중적으로 작용하는 경우에는 본래 송신된 메시지로부터 왜곡된 감성적 메시지가 생성될 수 있다. 이 왜곡된 의미는 다양한 활로로 전개되어 예상할 수 없는 결과로 확장되거나 원천적으로 차단되어 소통의 부재 또는 왜곡된 의미의 연쇄로 이어지게 된다. 우리가 '불통不通' 또는 소통 부재의 현상으로 인식하는 경우는 언어적 측면보다는 감성적 측면에서 대립과 단절감의 지속을 가리키는 경우가 많다. 언어적 의미의 수렴 여부는 불통의 압박감보다는 '몰이해'나 인지적 한계로 인식되는 경향이 있으며 소통의 단절에서 비롯되는 수신자의 절박성을 해소하기가 비교적 용이하기 때문이다.

언어적 측면에서 불통의 문제와 직면하는 수신자는 우회적 경로 또는 차선책을 통해 본래의 메시지를 처리함으로써 지속적인 단절감으로부터 벗어나고자 시도할 수 있다. 그러나 비언어적 측면의 문제에서 메시지에 관련된 정보는 선택 가능한 것이라기보다 수신자의 의도와 관계없이 경험될 수 있다는 혐의를 제공한다. 비언어적 요소를 통한 의미의 송수신 과정은 실제 발화 행위가 이루어지지 않는 순간에도 비선택적으로 지속되며 상호간의 해석 또한 끊임없이 자의적으로 이루어질 수 있다. 비언어적 요소가 행사하는 지속성은 불통하는 상황에 결속된 압박감을 심화하고, 해석의 자의성은 송수신 주체가 불통의 문제를 자율적 역량에 의해 해결할 수 있는 가능성을 감소시킬 것이다.

이러한 난점에도 불구하고 인간의 소통 행위를 일정한 의미화 시스템으로 획일화할 수 없는 것은, 메시지의 송수신 과정이 통신 장비의 소프트웨어나 물리적 기록을 통한 입출력 행위처럼 명징한 결과로 좀처럼 이어지지 않기 때문이다. 그것은 소통 채널의 다양성과도 관련된다.

소통의 채널은 벌로David K. Berlo의 커뮤니케이션 모형 SMCR(Source-Message-Channer-Receiver)[63]에서 고려하는 주요 채널인 인간의 감각기관(시각, 청각, 촉각, 후각, 미각의 오감)을 비롯하여 담화 수행이 가능한 집단 구성체, 언론 및 방송사와 같은 대중 통신 매체, 디지털 시대에 새롭게 등장한 커뮤니케이션 매체SNS 등을 포함한다.

메시지 송수신 과정에 관여하는 이 같은 다양한 채널과 이 과정을 방해하는 '잡음' 여부에 따라 메시지의 의미는 회귀, 차단, 진행 등 각기 다른 방향으로 전개되어 개인의 정서와 행위를 판이한 양상으로 만들 수 있다. 여기서 '잡음'은 송신된 의미를 왜곡하거나 의미 전달을 지연, 차단시키는 방해 요인을 말한다. 타문화에 대한 배타적 태도나 왜곡된 감성 메시지와 같은 언어 외적 요소의 차단적 작용은 언어적 요소에 비해 강력한 잡음 요소에 해당한다고 볼 수 있다.

윤손Eunson에 의하면 메시지가 송수신자에 의해 기호화 또는 해독화 되기 전에 의식적으로 사용하는 '편집'과 무의식적으로 사용하는 '사전 편집'이 채널의 잡음 요소로 작용하게 된다. 그는 '선별적 지각 내지 회상, 인지적 불협화, 사회적 불협화, 적대적 미디어

63 벌로의 저서 『커뮤니케이션의 과정』(1960)에 처음 소개된 SMCR모형은 오늘날에도 교육 분야뿐만 아니라 소프트웨어 엔지니어링 분야에 이르기까지 폭넓게 활용되고 있다. SMCR모형에서는 정보원 즉 발신자가 수신자에게 메시지를 경로Channel를 통해 보내는데, 윤손Eunson은 다양한 정보 경로의 예로 전자우편, 음성우편, 공식직 회의, 비공식적 회의, 제안, 피드백, 포커스 그룹, 브리핑, 원격 음성회의, 원격 화상 회의, 웹사이트, 문제메시지, 위키스, 블로그 등을 제시하기도 하였다. 위의 책, 123~143쪽.

효과' 등의 편집 전략과 '부정, 주제 회피, 침묵, 자체 검열, 사기 저하, 잘못된 인용, 조작' 등의 사전 편집이 나타났을 때 메시지와 피드백이 오가는 송수신 상황은 실패로 끝날 수 있음을 제시하고 있다.[64] 이 같은 메시지의 편집 또는 사전 편집 과정에 개입되는 자아의 내·외부 자극은 기호로서의 언어와 비언어적 요소의 양 측면에서 발생할 수 있다.

가령, 폭언이나 비아냥거림, 침묵이 전달하는 압박감, 어조나 제스처를 통해 송신되는 감정 등 언어, 반半언어, 비언어적 요소의 영향 아래 수신자는 본래의 메시지나 도달해야할 송수신 목표에 집중하기 어려워지며 심지어 이와 분리된 피드백에 착안하게 된다. 그런데, 송수신 과정의 잡음 요소가 지닌 영향력과 불합리성은 특히 비언어적 요소를 통해 쉽게 확장되거나 송수신 주체에게 지속적으로 파급되는 영향력을 지닐 수 있다.

조창연의 연구에서는 비언어 커뮤니케이션이 지닌 영향과 특성을 확인할 수 있는데, 그는 생물체로서 인간의 커뮤니케이션 생성과 발달 과정을 '상호작용', '커뮤니케이션', '의식과 언어'의 세 단계로 나누어 설명한다. 그리고 그 중, 커뮤니케이션의 단계를 자연발생적인 과정과 상징적인 과정으로 나누어 다음과 같이 설명하고 있다.

> '자연발생적 커뮤니케이션'은 비언어적 커뮤니케이션의 특징을 가지며 신호체계나 상징 부호를 포함하지 않는 자연발생적 커뮤니케이션의 행동에서 비롯되는데, 생물학적으로 공유된 상징체계에 토대를 두고 기호보다는 신호에 의해서 움직이며 비명제적이고 감정적이며 비허위적 특징을 지닌다.

---

64 위의 책, 142쪽.

반면에 '상징적 커뮤니케이션'의 단계는 (언어) 기호의 생성과 의식 발생의 특징을 갖는다. 이 단계에서는 지시 대상물과 자의적 관계를 갖는 상징이 나타나며 구조적 결합의 역할은 개체적 차원으로 분화되고 내재화되며, 분화된 조직들 간의 결합이 매체의 외부적 역할에 의존함으로써 생물체의 분화 과정에서 기호 사용과 의식이 나타나게 된다. 이 과정에서 (언어) 기호의 사용은 의식 발생과 밀접한 관련을 갖게 된다. (…) 언어화된 것은 의식 세계에 편입되는 반면에, 언어화되지 않은 것은 무의식의 세계에 남게 된다.[65]

즉, 메시지 소통 상황에서 비언어적 요소는 언어적 요소의 활성화와 병행되어 사용될 뿐 아니라 언어적 요소의 활성의 기반이 된다고 볼 수 있다. 비언어적 요소는 '신호체계나 상징부호'와 같은 언어적 기호로부터 독립되어 있으나 '상징적 커뮤니케이션'의 언어적 구조화(또는 의미화)는 매체나 다른 이들의 피드백과 같은 외부적 요인과 결합하여 이루어지는 의존성을 지니고 있기 때문이다. 이는 언어적 요인이 제한되거나 언어적 커뮤니케이션이 활성화되기 어려운 경우에는 '생물학적으로 공유된 상징체계에 토대'를 두고 있으며 '비허위적'이고 '감정적'인 비언어적 요소의 영향력이 두드러지게 됨을 의미한다.

다시 말해, 언어적 커뮤니케이션이 제한되더라도 '공유된 상징체계'를 통한 의미화와 감정적 신호의 해석 행위는 가능하다. 이로 비추어 보아, 소통의 부재로 발생하는 대립과 단절의 문제는 언어적

65 조창연, 「휴먼커뮤니케이션의 메타퍼 모형 구축을 위한 연구: 대인커뮤니케이션을 중심으로」, 『커뮤니케이션학연구』 제12권 3호, 한국커뮤니케이션학회, 2004, 49~50쪽.

요소가 제한적이면서 비언어적 커뮤니케이션이 지속되는 경우에 확대될 것임을 예상할 수 있다. 이는 메시지를 왜곡시키는 송수신자의 감성이나 비언어적 요소를 통해 수신되는 배타적 메시지와 같은 태도가 주목할 만한 소통 요인이 되는 이유이다.

바꾸어 말해, 상호 협력적 태도와 감성 메시지와 같은 비언어적 요소가 지닌 소통의 영향력은 다음과 같은 시사점을 제공한다고 볼 수 있다. 그것은, 비언어적 요소가 소통의 목적에 부합 또는 이바지하지 않았을 때 만들어지는 부정적 확산성의 크기에 대응하여, 언어적 요소에 의해 제한된 소통 상황을 개선하고 이로 인해 생성된 단절감과 연쇄적 왜곡을 해결할 수 있는 주요한 경로가 될 수 있다는 점이다.

이러한 시사점으로부터 언어적 발화 행위가 차단되었을 때 잡음을 해소하거나 무력화시켜 소통을 가능하게 하는 채널로서 감성적 발화 방식이나 원초적 언어 요소, 송수신 주체의 상호 협력적이고 긍정적인 수렴 태도를 구성하는 매개적 정보원의 필요성이 제기될 수 있다. 다음 장에서는 언어적 요소를 보완하거나 대체하는 의사소통 방안으로서 감성적 발화 방식이 지닌 소통 가능성의 층위를 탐색하고, 대안적 발화 방안으로서 시낭송의 적절성을 논구하기로 한다.

‖ 시 낭송과 감성적 발화의 맥락

비언어 커뮤니케이션 연구에 의하면, 일상 속에 이루어지는 대인 커뮤니케이션에서 정보에 대한 의사소통이 이루어지는 방법 중 가장 많은 비율을 차지하는 순서는 '얼굴 표정(55%), 주변 언어(38%), 언어(7%)'인 것으로 집계되고 있다.[66] 언어적 소통 과정에서 잡음 요소가 발생할 때 소통 단절이 큰 문제로 비화되는 경우는, 송수신 주체 사이에 정보가 차단되는 상황으로 인한 무력감보다 감정적 불화와 오인으로 인한 적대적 또는 회피적 태도가 나타나는 때이다. 그것은 위의 의사소통 매체의 영향력을 고려할 때, 비언어적 요소를 통한 정보가 언어를 통한 의미 정보보다 파격적으로 많기 때문에 선별되지 않은 정보가 무작위적으로 전달되거나, 감정적 정보가 이중적으로 나타나 상호 간에 기망감을 제공할 수 있기 때문이다.

이러한 문제적 상황은 동일 언어 집단보다는 언어적 소통에 제약이 있는 타문화 집단이나 성별, 학력, 나이, 신체적 여건, 스키마 등에 따른 가치관의 차이가 현저한 소통 주체들 사이에서 강화되거나 지속될 수 있다. 이들은 정보 소통의 매개로뿐만 아니라 소통의 잡음을 해소할 수 있는 방법으로 언어적 발화를 활용하기 어려우며, 언어문화를 배경으로 하는 유사성, 즉 심리적 공통감이 부재하여 소통의 차단성을 가중시킬 가능성이 높기 때문이다.

동일한 모국어 집단이라 할지라도 그 사회의 언어적 소통 단절이 지역, 계층, 성별 등에 따른 언어적 비통일성만을 나타내거나 감정적 정보 소통 여부와 무관한 것으로 볼 수는 없다. 동일 언어 집단 내부라 할지라도 다양한 층위의 문화적 지점에서는 이질적 경험이 축적된다. 직업, 성별, 지역, 나이, 학력, 신체적 조건 등 한 사회에서 살아가는 집단의 의식을 여러 갈래로 분화하는 삶의 양태가 지속되어 왔다. 즉, 사회문화적 또는 심리적 이질감과 같은 비언어적 요소의 차이가 언어적 발화 방식을 통한 소통 또는 단절의 양태를 강화하고 있는 것으로 보아야 한다.

66 Nishida Hiroko, 박용구 역, 『이문화간 커뮤니케이션』, 커뮤니케이션북스, 2005, 71쪽.

따라서 동일 모국어 집단에서 나타나는 소통 단절의 경우 역시 비언어적 요소를 통한 소통 방식을 차용할 필요성이 있을 것으로 보인다. 이러한 언어적, 문화적 이질성을 기저에 둔 불통의 해결을 모색하며 오타 히로시太田浩司는 이문화간에 이루어지는 커뮤니케이션과 관련한 7개의 이론을 소개하며 각각의 시사점을 도출하고 있다.

그 중 1)불안·불확실성 제어 이론Anxiety&Uncertainty Management Theory과 2)체면 교섭 이론Face-Negotiation Theory, 3)기대 위반 이론Expection Violation Theory은 언어적 발화의 한계를 극복하기 위한 대안으로서의 감성적 발화 양식을 지지할 수 있을 것으로 보인다. 저자의 언술에 따르면 이들 이론은 각 개인의 행동 양상보다는 "(국가)문화의 특징과, 그것과 깊이 관여되어 있는 자기 개념 등의 심리학적 요인에 주목하고 있는 전통적인 이문화간 커뮤니케이션 이론"으로 분류된다.[67]

이들 이론에서 사용하고 있는 전략들은 각각, 소통의 주체들에게 상호 대면과 관찰을 통한 정보 수집과 불안 소거를 경험하게 하고, 체면 교섭과 내면 이해의 과정을 통해 상호 협력적 분위기를 새로이

---

67 1)의 이론은 상대의 커뮤니케이션 패턴이나 문화에 관한 지식·정보의 결여로 상대의 행동을 예상·설명할 수 없는 것에서 비롯되는 불안 또는 불확실성을 줄여나가기 위해 상대의 행동 관찰, 정보 수집, 상호 회화 등의 전략을 활용한다. 2)의 이론에서는 개인이 요구하는 사회적 존엄으로서 체면을 존중하고, 문제해결이나 인간관계의 유지·발달 등 여러 가지 목적을 달성하기 위해 체면유지facework라는 커뮤니케이션 방법을 사용한다. 3)의 이론에서 '기대'는 어떤 언어집단 혹은 그 하위집단에 공유되고 있는 규범적 행동 양식과 어느 특정 인물의 커뮤니케이션 양식에 관한 지식을 의미하며, '기대 위반'이란 익숙한 기대를 깨뜨리는 '위반'을 허용하여 서로의 관계성에 대해 일정 메시지를 전달하고 상대에 대해 더욱 깊이 알 수 있는 기회로 삼는 방법을 가리킨다. 위의 책, 172~180쪽.

조성하거나 유지하게끔 할 수 있으며, 자신의 경험적 이성을 탈피하면서 타자를 통한 자아의 반추 과정을 시도할 수 있도록 조력할 것으로 기대된다.

이와 관련하여, 시 낭송을 통한 송수신 주체의 커뮤니케이션 경험은 최적화된 소통 맥락을 안정적으로 유지하는 가운데 위의 기대 효과를 실현할 수 있는 대체적 발화 방식이 될 수 있을 것으로 보인다. 의사소통에 관한 뷰켈만David R. Beukelman과 미렌다Pat Mirenda의 연구에 따르면, "일반적으로 구어 의사소통은 문어 의사소통에 비해 좀 더 개인적인 언급"을 많이 사용하며 "쓰기보다 말에서 어휘의 다양성이 더 적게 나타나고 말은 쓰기에 비해 더 짧은 생각 단위, 더 많은 단음절의 친숙한 말, 좀 더 종속적인 생각을 포함하는 경향"이 있다. 또한 그들은 학교와 가정에서 각기 사용하는 말의 비교를 통해 어휘 사용의 양상이 환경과 의사소통 상황에 따라 다르게 나타남을 보고하고 있다.[68]

이러한 내용은, 소통의 분위기를 조성하는 환경과 맥락이 소통 주체들이 사용하는 어휘나 전달하는 정보에 영향을 미칠 수 있으며, 이러한 송수신 자료가 그들의 소통 태도에도 영향을 미칠 수 있음을 예상하게 한다. 물론 발화 방식과 효과의 면에서, 일상 속 구어와 시 낭송은 동일한 층위에 속한다고 볼 수 없다. 시 낭송은 일상 속 구어와 달리, 즉흥적으로 발화되기보다 의도와 계획을 지니고 시연되는 것에 가깝다. 그러나 시 낭송은 구어를 통한 발화 상황이 지닌 정서적 교류, 즉 개인에 따라 자발적으로 구성하는 정서 구성과 전달 효

68 David R. Beukelman, Pat Mirenda, 박현주 역, 『보완대체 의사소통』, 학지사, 2014, 46~47쪽.

과를 지닐 수 있다는 점에서 구어의 장점을 차용할 수 있을 것으로 보인다.

즉, 시 낭송을 통한 커뮤니케이션에 참여하는 경우, 소통 과정에서 상대방을 관찰하고 '기대'되는 정보를 수집할 수 있는 안정적 시공간이 보장되고 문학적 텍스트나 시 낭송 무대 등 상호 간에 개입되는 객관적 여건에 의해 감정적 비약과 왜곡을 지연시킬 수 있는 여지가 발생하게 된다. 또한 시 낭송은 문어의 정제되거나 절제된 감성적 양식과 다양한 어휘 표현 방식을 수용하면서도 구어적 실현과 비언어적 요소의 관찰을 통해 개인의 친밀성과 특성에 접근할 수 있다는 양가적 효용을 지닌다.

다시 말해, 시 낭송 형태의 발화 방식과 정보 전달 과정이 지닌 가장 큰 효용성은 시 낭송이 송수신 주체의 감성적 발화 방식으로 쓰일 수 있다는 데 있다. 여기서 감성적 발화는 송수신 주체의 감성적 영역에 내재된 방대한 정보를 전달하거나 감성적 정보의 무작위적 전달을 조절하는 데 쓰이는 소통 방식을 의미한다. 인간의 표정이나 제스처, 문화적 매체 등을 통한 소통 방식이 감성적 발화의 예가 될 수 있으나, 그 중에서도 시 낭송은 다음과 같은 지점에서 주목할 만한 유용성을 지닌 것으로 보인다.

첫째, 시 낭송은 소통 과정의 송수신 주체인 낭송자가 특정한 소통 맥락과 정보에 대하여 지니고 있는 다양하고 역동적인 태도를 드러내는 데 기여할 수 있다는 점에서 접근성이 강한 실천 방안이라는 점이다. 일반적으로 시를 감상할 때, 동일한 텍스트를 읽는 상이한 독자의 경우나, 혹은 동일한 텍스트에 대한 동일한 독자라 하더라도 지식, 정서, 경험, 가치관 등, 수용 조건의 면에서 상이한 상태에 처해있는 자아의 경우에는 텍스트에 대한 해석과 수용 결과가 각기 다르게 나타나게 된다.

노 철의 연구에 의하면, 시 낭송은 "시 텍스트를 감상하고 그 결과를 수용하는 학습" 과정임과 동시에 "연희성을 함유한 수행" 과정으로 볼 수 있다. 그의 설명에 의하면, "동일한 시 텍스트를 읽을 때 독자에 따라 여러 주체가 형성될 수 있으며, 각 주체는 자신의 읽기 과정에서 주체를 형성하는 과정을 보여주며 자신의 해석을 타자에게 전달"하게 된다.[69]

이러한 낭송의 '연희성'을 고려할 때, 시 낭송은 자신이 스스로 구성한 언어적 발화 이외의 방식, 즉 페르소나persona를 매개로 자신의 감성을 실연實演하여 자신의 정서적 상황과 '소통적 문제'에 대한 입장을 전달하는 방법이 될 수 있다. 여기서 '소통적 문제'는 송수신 과정에서 상호 협력적 태도를 방해하는 왜곡된 혹은 전달이 지연된 정보를 가리키는 것으로, 낭송하는 시 텍스트의 주제는 이러한 문제를 직접 드러내거나 이것에 대한 개인의 서사를 끌어들일 수 있는 관련성을 지녀야 한다.

소통 과정의 스트레스로 인하여 자아의 불안성과 같은 차단 기제가 높을 경우에는 소통 상대에 대한 자신의 태도가 어떠한 것인지 스스로 조망하거나 이를 협력적 태도로 전달하는 안정성이 낮게 나타날 것이다. 이러한 경우에, 시 해석을 통한 주체 형성의 다양성은 시적 화자를 대리인으로 세운 주체의 태도 전달을 가능하게 하면서, 텍스트 해석의 지평을 고려하여 그 이질적 태도를 서로 수긍할 수 있는 것으로 받아들이게끔 도울 것이다.

69 노철, 「시 낭송교육에서 운율과 독자의 상호작용태와 의사소통방식으로서 연희성」, 『한국문학이론과 비평』 제29권, 한국문학이론과비평학회, 2005, 258~261쪽.

둘째, 시 낭송은 감정의 자율성을 존중하여 송수신 주체를 소통 상황에 대한 감성적 주체로 만드는 데 기여하고, 이를 통해 상호 타협적인 태도로 소통 과정에 임할 수 있도록 하는 민주적 방안이라는 점이다. 소통의 잡음으로 작동하는 감정의 질주와 연쇄적 불통을 차단하고 소통 대상에 대한 거리두기를 통해 관찰자의 위치에 자리하는 경험은 소통 상대나 소통 주제에 대한 인식의 재설정을 가능하게 한다. 시 낭송은 참여자로 하여금 소통 대상에 대한 거리두기를 경험하도록 하는 데 적절하다.

시 낭송은 육성이라는 신체적 조건과 무대 또는 낭송회라는 공간적·상황적 조건을 통해 텍스트의 관념화된 의미와 더불어 물리적으로 분리되어 존재하는 상호 소통 주체의 개체성을 확인하게끔 하기 때문이다. 또한, 낭송에 참여하는 소통 주체는 문학적 텍스트를 감상하는 수용자이자 적극적 해석자이며 예술을 시연하는 주체인 동시에 청중과 관객의 역할을 수행한다. 각각의 역할은 일상의 자아 또는 내밀하고 친밀한 자아보다 양질의 문화를 구성하는 일원으로서 책무를 지닌 자아의 위상에 가깝다. 일상적 대면 과정에서 왜곡되거나 자각되지 못한 채 확산되는 감정에 의해 소통의 차단을 경험하였던 주체의 경우, 밀착된 일상적 감정의 시야로부터 물러나 낭송 주체 또는 소통 대상을 객관적 평가와 관찰의 대상으로 바라볼 수 있게 된다.

기든스Anthony Giddens는 그의 저서를 통해 문화 충돌이 발생시킬 수 있는 폭력을 대신할 대안으로 '대화 민주주의'를 제시하고, 이를 위해서는 '감정의 민주주의'가 병행되어야 함을 언급한다.[70] 그가

70 Anthony Giddens, Ulrich Beck, Scott Lash, 임현진·정일준 역, 『성찰적 근대화』,

말한 '감정의 민주주의'는 "탈전통적 자율성"과 "자신의 이해관계를 표명할 수 있는 능력과 (공적인)대화를 통해 이해대립을 해결할 수 있는 가능성"에 기초한 것으로 간주되고 있다.[71] 즉, 성공적인 소통을 위해서는 소통의 주체가 상호 존중되고 각자의 발언 또는 발화의 정보가 상대적으로 가치 있는 것으로 받아들여지는 '대화 민주주의'가 필요하며, 이를 위해서는 자신의 감정과 이해를 넘어서는 절대적 권력 관계로부터 자율성을 획득하는 과정이 선행되어야 할 것이다.

셋째, 시 낭송은 음악, 회화, 조형, 연극 등 인접한 문화적 매체를 통해 확산되거나 반대로 그것을 통해 접근될 수 있는 경험 가능성이 높으며, 이로 인해 소통 주체들로 하여금 감성적 융화나 보완적 발화 매체의 부가적인 확보를 이룰 수 있게 할 수 있는 문화적 방안이라는 점이다. 박남철은 시 낭송에 관한 그의 연구에서, 시 낭송의 문화적 기능으로 '문화적 욕구 해소, 인접 문화와의 교섭, 문학 독자의 창출'을 거론한다. 시 낭송은 "시를 '읽는 것'으로부터 '듣는 것'으로 전환"시켜 청중들로 하여금 정서적 충일감과 정서 순화를 경험하게끔 하고, "음악, 무용, 연주, 영상물 등과 같은 인접 예술의 활용", 즉 "시에 대한 해석에 참여할 다른 예술의 해석 경험 동반"을 통해 시적 요소를 북돋울 수 있으며, 낭송이라는 퍼포먼스를 통해 시독자의 저변을 확산시킬 수 있다는 것이다.[72]

시 낭송은 다른 예술적 매체를 통한 해석과 수용의 경험에 비해,

한울, 2010, 160~161쪽.

71 위의 책, 283쪽.

72 박남철, 「시낭송의 문화적 기능」, 『한국언어문화』 제21권, 한국언어문화학회, 2002, 188쪽.

낭송자 또는 청중의 직접적 개입의 정도와 개인의 예술적 창안 형태가 자의식의 반추에 미치는 영향력이 높게 나타난다. 그것은 예술적 매체를 통해 자신의 정서와 유관한 대리 화자를 발견하는 경우와, 자신의 정서가 반영된 예술적 결과물을 직접 만들어내는 데 성공하고 이에 대한 피드백을 현장에서 제공받는 경우에 느끼는 성취감의 차이에서 연유할 것이다. 시 낭송이 자아의 정서를 직접 개입시키는 과정은 참여자로 하여금 기성 문화 상품으로부터 전이되거나 추체험하는 정서보다 생동하며 전유하는 감성을 느끼게 한다. 감성의 송신자에게 전유된 정서의 충일감을, 수신자에게 완결된 표현의 생동감을 제공하는 발화의 과정에서는 상호 간 정서적 정보가 불확실한 경우에 비해 감성적 융화가 용이하다.

또한 문화적 매체가 지닌 원형과 상징의 관계는 이질적 문화 혹은 그 속에 자리한 공통적 상징체계를 이해하도록 도울 수 있다. 불통의 불편함 또는 불안함은 소통 과정의 대립과 불만을 증명한다기보다 문화적 스키마의 차이와 이를 연결하는 보편적 또는 공통적 관점이 존재할 수 있음을 보여주는 것으로 생각되어야 한다. 다시 말해, 불통의 불안은 소통의 각 주체에게 정체된 자아로부터 탈피하여 타자와의 마주보기를 통한 자아 표상의 완결 지점으로 나타갈 수 있는 기회로 인식되어야 한다. 이러한 주장이 현실과 유리된 이상적 태도의 강변으로 보일 수 있으나, 불안 혹은 고착의 파괴는 상대적 유용성을 지닌다.

불안은 그것을 경험하는 주체가 설정하는 목적과 방향에 따라 재구성의 기회와 탐색의 가능성을 끌어들인다. 반대로, 언어적 발화 공동체 안의 안정과 문화적 충일감은 자기 탐색 또는 반영의 기회를 차단하고 문화적 상호작용을 통한 자아의 완결을 지연시킬 수 있다.

언어적 발화는 상대를 이해하거나 정보를 전달하기 위해 사용하는 수많은 또는 방대한 방식 중의 일부이며 그것의 정확성이나 효용성 역시 다른 발화 방식에 비해 근소하다. 언어적 문화의 공통성에 기반한 소통 체계와 그것을 통해 반영된 의미의 결과를 절대적 공감이나 가치에 근사한 것으로 여기는 것은 오류 혹은 오만에 이를 수 있다. 비어즈비스카Anna Wierzbicka의 다음 언술은 그러한 소통의 태도를 경계해야 하는 이유를 설명하는 것으로 볼 수 있다.

> 인간에게 있어서 문화, 언어, 동물 또는 돌과 같은 어떤 것들을 완전히 문화 외적 관점으로 연구한다는 것은 불가능한 일이다.(…) 우리는 어떤 최초의 개념들에 의존해야만 한다. 왜냐하면 우리는 어떤 완벽한 개념적 진공상태에서 우리의 탐구를 시작할 수 없기 때문이다. (…) 의미에 대한 보편적인 측면과 문화 특정적인 측면, 둘 다를 탐구하려고 시도할 때, 우리는 우리 자신의 문화에서 제공되거나 또는 우리 자신의 학문적 전통에서 제공된 개념을 문화로부터 자유로운 분석적 기구처럼 사용하는 것을 경계해야 한다. 인간으로서 우리는 모든 문화의 바깥에서 존재할 수 없다.[73]

이 같은 관점은 개념의 본질에 접근하기 위하여 필요한 태도의 면에서만 요구되는 것은 아니다. 시 낭송이나 인접 예술을 통해 개인 또는 '우리'가 존재하는 문화의 '바깥'에서 찾아지는 자기 이해의 정보를 탐색하는 것은 세상에 존재하는 유무형의 정보와 자극을 감지해낼 수 있는 인간의 감관 표상을 회복하는 과정이 될 수 있을 것으로 기대된다.

---

73 Anna Wierzbicka, 이정애 외 역, 『다문화 의사소통론』, 역락, 2013, 64쪽.

지금까지 감성적 소통을 가능하게 하는 여러 가지 발화 형태 중에서도 시 낭송이 지니는 몇 가지 유용성을 지적하고 그것의 타당성을 논구하였다. 이러한 유용성은 참여자의 개성과 기획연출자의 의도에 따라 변화될 개연성이 크다. 즉, 운율, 고유한 제스처, 의도된 제스처, 표정, 억양, 어조, 목소리, 외모 등 개인의 고유한 성향에 의해 달리 나타날 수 있는 정보는 재연 양상을 각기 다르게 하여 송수신자의 불안 소거에 일회적으로 작용하거나 때로 불확실성을 가중시킬 수 있을 것이다. 한편, 시 낭송자의 태도에 부합되지 않은 정서를 지닌 참여자는 다른 참여자들 간에 이루어져야 할 '체면 교섭'을 방해할 수 있으며, '기대 위반'에 대한 기대가 오히려 기대의 확정으로 귀결되는 경우도 발생할 수 있을 것이다.

홍금자는 시 낭송자의 자세로 '시에 대한 애정, 시와 시인의 정신에 대한 이해, 암송 준비, 문학적 기본 지식, 시에 생명에 주는 음성, 정확한 표준어의 발음, 자연스럽게 연마된 발성 등'의 요건을 제시하고 있다.[74] 그러나 일상적 소통 참여자가 본격적으로 이 같은 시 낭송의 자질을 갖추게 되는 경우는 드물 뿐만 아니라, 대안적 발화로서 시 낭송이 시연되는 경우에는 이를 기획·연출하며 송수신자의 문제적 소통 상황을 중재할 수 있는 전문가의 배치와 조력이 필요하다.

이와 같은 한계와 보완 지점에도 불구하고, 언어적 발화가 지닌 불통의 노정을 벗어날 수 있는 감성 송수신 방안으로서 시 낭송이 지닌 공감적 소통의 가능성은 적실한 것으로 보인다. 인간의 행동반경을 결정하고 실천을 추동하는 특정한 감정은 원천적으로 부정적

---

74 홍금자, 『시낭송의 즐거움』, 등대지기, 2013, 53~54쪽.

이거나 긍정적인 것으로 평가하기 어렵다. 그러나 폭력적 분노, 우울, 슬픔, 무력감이나 맹목적tunnel vision 사랑에 이르기까지, 인간의 행위를 지속적으로 좌우하거나 정체시키는 감정은 실천과 변화를 '볼모'로 잡아 가두는 '위험한 감정'이라 할 수 있다. 시 낭송은 감성적 송수신 대상을 집합적으로 확보하면서, 이를 통해 감성적 범위의 정보를 반추하는 실천적 경험을 개인으로부터 범문화적으로 확산시킬 수 있다는 점에서 역시 유용성을 확인할 수 있겠다.

‖ 대안적 발화의 탐색

산업화 과정의 눈부신 발전을 겪은 국가들이 그러하듯이, 한국 사회의 근대화 과정 속에서도 정보와 기술의 생산량 또는 그것의 유통 정도에 기대어 한 시대를 함께 살아가는 구성체와 구성원들의 편리와 행복을 가늠하던 때가 있었다. 그러나 작금의 과제는 물질의 분배와 교류 이상의 것, 삶에 대한 가치관이나 경험에 대한 정서, 감각적 정보, 문화적 감성 등 물질로서의 삶을 어떻게 표상하고 향유하는지에 대한 관념적 소통에 집중되고 있는 것으로 보인다.

이것은 단연, 정보기술IT의 발전을 통한 사회적 네트워크 시스템SNS의 발달과 대중화, 커뮤니케이션 통로에 대한 관심과 확대가 도출해낸 결과일 것이다. 소위, 언표의 지적 공신력을 확보한 전문가적 집단이 아니더라도 유무형의 사회적 네트워크를 통해 개인과 집단의 의견을 적극 표명하는 양상이나, 웹 공간에 마련한 현실의 또 다른 아카이브를 통해 각 개인의 삶을 공유하면서 그것에 대해 반영된 타인의 정보로부터 자신의 삶을 평가하거나 보완하는 일상들은 그러한 결과의 실제이다.

이 글은 이 시대가 집중하는 소통적 욕구와 소통의 단절 사이에 발생하는 문제에 주목하였다. 즉, 불통의 경험에 대한 문제 인식으로부터 출발하여, 차단된 소통 관계의 메커니즘적 원인을 분석하고 대안적 발화 방안을 모색하고자 하였다. 본문에서는 인간의 소통적 욕구가 자기완성, 즉, 자아의 관념을 반영하고 수정 또는 완성하는 데 기여할 수 있는 타자의 존재에 대한 추구에서 비롯되는 것이며, 소통의 단절 또는 지연은 억압되고 잠재된 내성적內省的 문제로서 의미 왜곡을 발생시킬 수 있음을 이야기하였다.

특히, 정보와 관념의 1차적인 왜곡은 정보의 수용 처리와 문제 해결을 지향하는 자아의 심적 방향성에 의해 심화되거나 확산될 수 있는데, 그것은 언어적 소통 방식 이외에 소통 주체가 사용하게 되는 채널의 종류가 언어적 소통 방식 이외에도 다양하게 편재하기 때문이었다. 그 중, 표정, 제스처와 같은 비언어적 요소는 언어적 발화를 통해 전달되는 양보다 방대한 감성적 정보를 전달하는데, 이러한 정보는 언어적 소통의 단절과 무관하게 지속적으로 왜곡되거나 이중적으로 구성된 의미를 전달할 수 있다.

본고는 이러한 감성적 발화의 소통 층위가 지닌 기능의 중요성과 대안적 발화 가능성에 주목하여 시 낭송을 통한 감성적 발화 가능성과 효용성을 타진하였다. 그리고 시 낭송은 일종의 종합적 매체 활동으로 보고 '접근성, 민주성, 문화성'이라는 세 가지 지점에서 소통의 특이성과 유용성을 지님을 논구하였다. 그 결과, 시 낭송이 상호 소통 주체 사이에 감성적으로 고착된 왜곡된 정보를 해체하고 송수신 주체에 대한 타협적 인식과 상호 조력적인 의미 전달 구도를 조성하는 데 기여하는 방식이 될 수 있을 것으로 전망하였다.

이러한 전망에는 이후의 실제적인 시 낭송 시연과 관찰 및 임상적인 고찰의 데이터가 필요하다. 뿐만 아니라, 언어적 발화 방식의 잡음 요소별로 송수신 주체의 소통 상황을 분류하는 것, 그리고 각 상황별 정서에 부합하는 시 텍스트 선정과 낭송 시연을 통해 감성적 발화의 태도 변화 또는 전이 양상을 분석하고 영향 관계를 추출하는 것, 시 낭송과 연계되는 문화적 매체의 영향을 점검하여 대안적 발화의 영역을 확대하는 것, 몸을 매개로 하는 발화 행위 현상을 추적하여 이문화간 소통의 스펙트럼을 확대할 수 있는 근원적 소통 방식을 탐색하는 것 등에 대한 연구 과제와 천착이 이어져야 할 것으로 보인다.

둔감의 사회와 시

‖ 새로운 거래, 감성의 생산과 소비

자연에서 얻는 물질과 산업의 존속을 통한 생산물, 인간의 노동력이 거래되던 시대에는 적어도 삶의 복잡성이 인간의 형이상학적 세계관을 과도하게 잠식하지 않았다. 비록 명료한 마감 지점을 지정하기 어렵다 해도, 물질의 정체와 거래가 가시화되고 노동의 가치가 다시 생산의 기반으로 환원되는 시대는 이제 오늘날의 정체성에 걸맞지 않는다. 오늘날의 거래는 소비자와 대중에게 그것의 정체를 은닉한다. 소비자는 무엇이 거래되는지 모르며, 자신이 소비하는 대상의 상당 부분을 차츰 외부에 의존하게 되리라는 사실에 관심을 두지 않는다. 그리고 오늘날의 자본과 생산자는 주체적 소비자를 경계한다.

이것은 오늘날의 새로운 거래가 노동과 생산, 사회 제도 기반 시설의 존속 유지를 위한 실질적 행위 대신에 형이상학적 향유 대상을 중심으로 이루어지고 있기 때문이다. 그 대상들이란 삶의 만족감을 질적으로 발전시킬 수 있는 것들로서, 그것은 반드시 필요하다고는 느껴지지 않거나 소유의 유무 상태를 자각하기가 어렵다. 가령, 다음과 같은 내용은 우리의 삶 속에서 스스로 갖추어가야 할 인격적 자질이나 이상적 덕목 등으로 여겨진다. 물질적 거래의 시대에서는 형이상학적인 대상이 주체적 인간 사이에서 거래될 수 있는 항목으로 보이지 않았기 때문이다.

- 현재의 삶을 가치 있거나 즐겁고 행복하한 것으로 느끼게 하는 감정적 자극의 구성체
- 우리의 삶을 위협하는 재해, 질병, 근심으로부터 안전감을 보장해줄 수 있는 의식적 설계
- 미래의 삶이 자신의 주도와 계획에 따라 혁신적으로 발전할 수 있다는 교육적 믿음
- 투자 가치를 인정할 수 있는 학술적 근거 등

대부분의 인간은 자신의 철학과 세계관, 선택적 의지, 사고 판단의 근거 확립, 선호 대상의 변별 등 인식과 사고가 이루어지는 형이상학적 공간을 다른 이들의 무엇으로 침해받기 원하지 않는다. 그렇기 때문에 형이상학적 대상의 거래는 소비자의 인식 범위에 들어서지 않도록 은밀하게, 거래되지 않은 것처럼 거래되도록 의도된다.

더욱이, 현대인은 삶을 지속하기 위해 全방위적 실무를 이행할 필요가 없다. 오히려 집약적인 범위에서 전문적인 정보와 수행 능력을 확보할 때 그의 에토스와 로고스를 인정받는다. 오늘날은 농공상인과 정치, 법률, 경제, 경영, 교육, 철학 등의 분야 종사자들이 도시와 국가의 시스템 속에 얽혀 수요와 공급의 블록을 완성할 때 사회의 분업과 공조가 안정 국면을 나타내는 것으로 본다. 따라서 현대인은 자신의 위상에 요구되는 역할을 정치하게 수행하는 것 이외의 삶의 요건 역시 자신이 스스로 마련해야 한다는 의무감으로부

터 자유롭다.

오늘날의 이러한 의식적 전개가 형이상학적 대상의 거래를 유발해왔다. 한편, 거래의 편리성은 소비자로 하여금 폭넓은 생산성을 소멸시키고 향유의 필요성과 의존도를 강화한다. 거래를 통한 삶의 진화는 명확한 양면성을 지니는 것이다. 가령, 된장, 고추장, 간장, 김치와 같이 우리나라를 대표하는 전통적 음식들은 해마다 각 가정에서 자급자족하는 가운데 그러한 전통성을 지녀왔다. 오늘날 역시 전통 음식과 결부된 식생활은 지속되고 요구된다. 그럼에도 불구하고 전통 음식의 생산 토대와 기술, 정보와 수행 능력은 상당부분 축소되었거나 심지어 소멸 가능성을 내포한다. 그것의 배경에는 전통 음식의 거래 사실과 거래의 편리성을 수용하는 생산자의 소비자 측 전환이 자리한다.

거래 대상으로부터 소비자의 생산성을 소외시키는 것에 더하여 형이상학적 대상의 거래가 지니는 또 다른 부정성은, 감정 또는 감성을 표면화하고 문제의 본질을 배경시하는 '문제 은닉'에 있다. 소비 주체로 하여금 무엇이 거래의 문제이며 소비자가 어떠한 손해와 퇴보를 감수하고 있는지 의식하지 못하도록 주의를 돌리거나, 수행하는 거래가 당면한 문제를 충분히 감수할 만한 편의와 합리성을 지닌 것으로 '느끼도록' 하는 것이다.

이 과정에서 사용되는 것이 감정 또는 감성적 메커니즘을 활용한 마케팅 방안들이다. 감정은 오늘날의 주거래 대상이 되거나 거래를 촉진하는 매개물로 쓰이며 '감정 자본'이라는 위상을 확립하고 있다. 에바 일루즈는 사회와 산업의 한 영역으로서 감정이 구축하는 경계와, 유통될 수 있는 상품으로서의 경쟁력을 다음과 같이 지적하고 있다.

감정 장이란, 사회생활의 한 영역, 곧 국가, 학계, 각종 문화산업, 국가와 대학이 인가한 전문가 집단, 대규모 의약 및 대중문화 시장 등이 이리저리 교차함으로써 창출되는 모종의 작용·담론 영역을 가리키며, 그 나름의 규칙과 대상과 경계를 갖고 있다. (…) 각종 사회적·제도적 작용주체들이 자아실현, 건강, 병리를 정의하기 위해 경쟁함에 따라, 감정건강은 여러 사회적·경제적 거점들로 구성되는 하나의 장field에서 생산, 유통, 재활용되는 새로운 상품이 되었다.[75]

非물질로서 감정의 거래는 주목할 만한 파급력과 동시에 소비자의 경계 의식을 불러일으킨다. 그 이유는 감정이 물질과 자본, 유기체와 행위를 움직이는 가장 오래되고 본질적인 동인이기 때문이다. 감정은 개인의 성향을 구성하여 이후의 소비 행로를 구성하거나 성향에 밀착되어 사고와 행위를 고정화할 수 있다. 또한 감정 거래의 생산자는 개인의 감정과 공감을 통한 문화 형태의 확산을 통해 거대하고 지속적인 소비 자본을 확보할 수 있다.

(감정) 장을 형성하는 힘은 아비투스 메커니즘, 곧 "작인들의 내면으로부터 작동되는 구조화 메터니즘"이다. 감정 장이 작동하는 방식은 크게 두 가지다. 병리의 영역을 구축·확대하는 것과 감정건강의 영역을 상품화하는 것이 하나이고, 이른바 감정능력이라는 새로운 형태의 사회능력에 대한 접근권을 규제하는 것이 또 하나다. 곧 문화 장이 문화능력에 의해 구조화되는 것과 마찬가지로, 감정 장은 감정 능력-심리학자들이 정의·판촉하는 감정양식을 보여줄 수 있는 능력-에 의해 규제된다. (…) 감정자본이 아비투스를 동원하는 정도는 전통적인 문화자

75 Eva Illouz, 김정아 역, 『감정 자본주의: 자본은 감정을 어떻게 활용하는가』, 돌베개, 2010, 125~126쪽.

본보다도 강하다. 곧 감정자본은 아비투스에서 가장 덜 반성적인 측면들을 동원한다. 다시 말해 감정자본이란 "오래 지속되는 몸/마음의 성향"으로 존재하며, 구체화된 형태의 문화자본 중에서도 가장 "구체화"된 형태이다.[76]

감정 자본을 거래하는 주체이자 생산자의 대표적인 예는 감정능력을 학술적으로 규정 또는 정의하거나 그것이 발현되는 맥락을 구성하고 집약적인 범위에 기술적으로 접근할 수 있는 수행 능력을 인정받은 전문가들을 들 수 있다. 그들은 학술적이거나 경험적인 특정한 범위에 집적되어 있는 정보를 재구성하거나 재생산하여 모종의 현상에 반영하는 일을 직업으로 삼고 사회적 인증을 확보하고 있다. 이들의 형이상학적 대상의 거래에서 감정 자본은 매개가 되거나 거래 물질 자체가 된다. 학자, 의사, 교사, 보험설계사, 변호사, 노무사, 심리상담사, 작곡·작사가 등의 직업은 지적 또는 감성적 자산, 즉 형이상학적 소비 대상을 거래하는 생산 주체의 구체적 예이다.

이 새로운 거래를 통해 누구나 갖추기를 희망하는 인격적 자질, 추앙하는 덕목으로서의 형이상학적 목록은 아무나 접근할 수 없는 전문적 범위의 고급 생산물로 다시 만들어진다. 그리고 소비자는 그 생산물에 대한 소외와 분리를 경험하게 된다. 이것은 더 나은 자질과 행복감을 위해 자발적으로 선택하는 교육의 기회와는 다르다. 거래가 편리성과 동시에 분명한 부정성을 지니고 있음을 의식하는 가운데 선택적으로 이루어지는 경우, 문제는 발생하지 않거나 무효하다.

---

76 위의 책, 126~127쪽.

그러나 감정 자본의 거래는 주체적인 감정 판단과 조절 능력에 대한 의구심을 양산하거나 전문가의 처방과는 다른 감정적 인식에 대한 불안감이 증식할 수 있는 원인을 제공한다. 거래의 본질이 인식을 바탕으로 한 주체적 선택이 아니라, 내부적 결핍과 수행 능력의 소외로부터 시작되는 불가피한 접근에 있기 때문이다.

현대는 다양한 소통 전략을 소유하고 상황과 여건에 맞게 각각의 전략을 적용 또는 전용할 수 있는 이가 사회적 안정감을 축적할 수 있는 시대이다. 물질의 거래가 중심으로 이루어지던 시대에는 다양한 소통 전략이 병존하고 있었다. 그러나 형이상학적 대상의 거래는 소통 전략의 인식과 전유가 곧 자본이 된다. 그리고 이러한 사실에 대한 자각과 공유는 생산자에 의해 의도적으로 차단된다. 이때 이 차단 행위는 생산 주체들의 선하거나 그렇지 않은 윤리적 의도 또는 공동체 의식의 유무와 관계되지 않는다. 이러한 요소들은 거래를 성립시키는 행위와는 거리가 멀다. 차단은 다분히 거래를 통한 이윤 창출과 시장 구조 유지를 위한 관점 아래 발생한다.

오늘날의 생산 주체들은 동일한 범위에서 생산과 소비를 병행하지 않는다. 그들은 일정한 국부적 범위에서 생산과 창조, 상상을 전유하는 편향적이고 잠정적인 생산 주체일 뿐이다. 전문성의 소통은 자본을 매개로 한 거래를 통해 이루어진다. 그리고 자본 사회 구조는 소비자로 하여금 일부 재화의 생산에만 치중하도록 설계되어 있다. 그들은 일정한 범위에서 생산적 주체로 기능할지 모르지만 거대 자본의 생산 주체의 관점에서 그들은 모두 생산물을 소비하는 소비자이자 자본을 재생산하는 노동자이다. 이것이 오늘날의 새로운 거래이자, 새로운 소외의 국면이다.

이 글은 이러한 현대인의 새로운 소외에 대응하기 위한 전략을 사회와 개인의 측면에서 탐색하고자 한다. Ⅱ장에서는 소외의 국면을 변환하기 위한 사회적 기제를 추론하고, Ⅲ장에서는 그러한 변환 기제를 수용하거나 발견할 수 있는 문학적 숙련의 과정을 제시할 것이다. 이것은 곧 감성 창출의 구조에 착안한 시 분석의 과정이 될 것이다. 분석 텍스트인 정소파의 시는 정형화된 시조 틀의 다양한 변용을 시도하면서도 절제되고 숙고된 시어를 통해 오히려 압축된 정서와 의미에 집중하게 하는 특징을 지닌다.

정소파의 시에는 정제된 아름다운 이미지들과 다양한 정서적 인식이 가득하다. 한편, 전통적이고 향토적인 심미성은 강하게 드러나면서도 시어가 채택하는 의미 구조는 확연하게 나타나있지 않다. 그만큼 독자는 그의 시를 읽어내기 위해 다양한 의미 구성 방식을 시도해야 한다. 이러한 특징들로 볼 때 정소파의 시는 정서적 탐독이 이루어질 수 있는 단련의 매체로 선택하기에 적절할 것으로 보인다.

‖ 사회의 변환 기제: 통찰, 민감성

거래 의존의 문제는 그것을 통해 차츰 자구적 삶의 영역으로부터 소외되는 범위가 증가하고 사회 발전과 모순적으로 삶의 자율적 운영 능력이 퇴화되는 양상을 보인다는 점이다. 주체적 인식과 선택 고려가 부재한 거래는 거래 대상에 대한 접근 소외, 즉 감각과 감성의 퇴화, 향유 경험의 축소, 사회적 정체성의 소실을 가져올 수 있다.

오늘날의 사회를 흔히 불통不通의 사회라 칭하고 각 인간관계 속에서는 원인을 판단하기 어려운 분울憤鬱이 축적된다. 타인의 사고와 감정에 둔감鈍感하게 되는 것은 형이상학적 거래에 대한 미인식이 낳은 퇴화적 양상일 수 있다. 타인의 표정이 뜻하는 감정 파악과 각 감정을 분류하는 것에 대한 어려움, 충동 또는 분노에 대한 조절 장애, 각종 중독과 정신적 도피 양상, 충격적이며 비윤리적 사태에 대한 무감의 대응 등이 오늘날 접하게 되는 그러한 양상의 예들이다. 이는 개인의 수련과 공동체의 조력 체계 속에서 사유와 감정 인식의 세련이 이루어지던 전통적 사회에 비해 오늘날, 전문가 집단의 거래 의존도가 높아진 세태의 부정적 결과라 할 수 있다.

이러한 문제적 현상에 대응하기 위한 방책은 거래 주체로서의 자율성을 강화할 수 있는 인간의 내적 구성 요소에서 찾아야 할 것이다. 즉, 오늘날 소외되는 소비자들에게 필요한 것은 바로 그들의 주체적 생산력을 잠식하는 사회적 구조와 소비 맥락을 인식하는 통찰력과 민감성 회복을 통한 주도적 거래이다. 감정 자본을 비롯한 형이상학적 거래 대상의 소비자들은 그것의 판도를 설계한 사회 구조의 거대 담론을 알아차리는 것으로 그것에 대항하거나 대응할 수 있다. 인지와 분석을 통한 이해와 수렴의 과정이 없을 때 어떠한 현상은 일종의 신화로 읽혀지게 된다. 신화의 지배 아래 소비자는 자율적 주체가 되기 어렵다.

먼저, 거래 구조의 몰이해로부터 벗어나기 위한 통찰의 과정은 가령, 다음과 같은 질문을 통해 경험할 수 있다.

> 나를 비롯한 지구상의 모든 인간이 새로운 행성으로 이주한 첫 날이라고 하자. 처음 본 자연, 생물, 자원들이 내가 살아가는 데 필요한 조건으로 제시된다. 이 조건을 어떻게 내 삶에 적용할 것인가? 나, 그리고 우리는 어떻게 살아갈 것인가? 필요한 것은 눈앞에 펼쳐진 모든 것들에 대한 행위뿐만이 아니다. 그것들에 대한 접근과 시도, 지식과 이해, 그리고 향유가 필요하다. 이것을 나 혼자 할 것인가? 우리 모두가 할 것인가? 이러한 생각과 공유, 그리고 시도는 모두에게 해당되는가?

새로운 행성에 대한 이해와 지식은 없더라도, 우리는 나와 인간들에 대한 경험과 이해를 가지고 있다. 아마도 새 행성 속, 주변에 대한 탐색과 시도, 이해는 모든 인간들에게 동시적으로 일어나지 않을 것이다. 쉬워 보이거나, 익숙해 보이거나, 양이 많거나, 호기심을 자극하는 것에 먼저 접근이 일어날 것이다. 그리고 누군가는 새로운 행성에서 처음 발견한 무엇에 대해 그 쓰임새나 효능을 처음 알아낼 것이다. 대상에 대한 행위적 선점, 혹은 지식과 이해에 대한 선점, 바로 이 '선점'이 조건 적용의 첫 단계가 된다.

새 행성에서 처음 발견한 '무엇-A'는 그것의 용도를 처음 알아낸 이에게 이해적으로 선점되었다. 그러나 그에게 A가 물리적으로 선점되지 않았다면, 물리적으로 선점한 이와 이해적으로 선점한 이 사이에는 첫 번째 대립이 일어난다. 최초의 이해적 선점자와 물리적 선점자가 동일한 경우는 가능하지만, 그 향유가 제 삼자를 통해 이루어지거나 스스로 향유하는 과정에서 용도 이해는 곧 확산될 것이다. 첫 번째 대립을 통해 선점은 곧 '독점'의 단계로 이행된다. 물리적 선점자가 용도 이해를 구하는 경우와, 이해적 선점자가 물리적 획득을 거두는 경우가 가능하므로 이 때의 '독점'은 절대적 독점이 아닌, '최단 시간의 최대 수확'을 의미한다. 각각의 선점자들은 되도록 짧은 시간 안에 최대한의 물리적 혹은 이해적 수확을 거두어야 새로운 행성에서 성공적으로 살아남을 수 있을 것이다.

A의 독점 단계에서 최대 성과를 거둔 사람들에게는 A를 통한 삶의 향유에 우선권과 여유가 제공될 것이다. 무엇A, 무엇B, 무엇C…를 거듭할수록 선점과 독점 단계에서 최대 성과가 쌓인 이들에게 새 행성에서의 가치교환율은 높아진다. 선점과 독점을 행하지 못했거나, 행할 필요를 느끼지 못하거나, 행하지 않았던 이들에게 용도의

이해와 물리적 획득의 기회가 제공되면서 A, B, C…의 사용이 대중화될수록 선점과 독점 단계의 성과자들에게는 이미 더욱 많은 우선권과 재부가 제공된다. 그들은 D, E, F…에 대한 선점과 독점을 시도할 수 있으며 이 과정에서 소외된 이들은 선점과 독점 과정에 있는 자들이 제공하는 요구와 대가에 응할 수 있다. 선점자들이 D, E, F…의 과정으로 떠난 후, 혹은 떠나기 전, A, B, C…의 가치는 낮아져 있으며 A, B, C…는 미처 향유하지 못한 이들에게 모종의 대가를 받고 향유하게끔 유도하는 '경쟁'의 단계로 이동한다. '경쟁'의 단계에 이 무엇들은 이미 가치 없거나 불필요한 것일 수 있다. 이 무엇들을 미처 향유하지 못한 이들이 '누구나 향유하는 것'을 향유하는 단계에 뒤늦게 편입하는 안도감을 느끼는 '경쟁'의 단계는, 선점자들이 '가치 없을지 모르는 무엇'을 선점하거나 독점하여 '가치 있는 것처럼' 만드는 '선점'의 단계와 언제나 중첩된다.

새로운 행성에서 어떤 새로운 무엇들을 향유하게 되는 단계를 '선점→독점→경쟁'의 순서로 본다면 각 단계를 실행하는 이들의 분포는 선점을 꼭짓점으로 하는 피라미드형으로 나타날 것이다. 그러나 그 무엇들을 직접 접근, 시도하지 않거나 향유하지 않는 이들은, 이들의 피라미드형 바깥에서 이들이 통시적으로 구성해가는 새로운 행성의 양상에 이차적으로 편입하게 된다. 이는 명확히 '향유'가 아닌 '향유로의 편입'이다.

피라미드 꼭짓점의 최종점은 집합의 최소단위로서 1인이 된다. 혹은 1에서 시작되는 최소한의 집합에서 새로운 행성의 의미 부여가 시작되는 것이다. 피라미드 가장 아래 축 혹은 피라미드 바깥의 집합에 있어서, 꼭짓점은 새 행성의 신화이사 세상을 소유하는 거대담론이 된다. 꼭짓점의 집합에 가까운 이들에게 새 행성의 삶은 본디 그곳의 삶이 그러한 것처럼, 조화롭고 불변하는 것이어야 한다. 그러나 이것을 인지한 이들에게, 유동하지 않은 채 불합리함을 조화로운 것으로 만들어내는 신화는 '깨져야 하는 것'이 된다.

신화에 대한 도전, 거대 담론으로서의 거래 구조 통찰에 대한 강력한 동기부여는 바르트의 논의에서도 구할 수 있다.

> 이제 우리는 신화의 기호학적인 정의를 부르주아 사회 안에서 완성할 수 있다. 신화는 탈정치화된 빠롤인 것이다. (…) 한마디로 말해서, 신화는 조작된 것이라는 성질을 제거한 것이다. (…) 만약 신화가 탈정치화된 빠롤이라면, 적어도 한 가지 빠롤이 신화와 대립할 수 있다. 그것은 바로 정치적인 것으로 남아있는 빠롤이다.[77]

소비 주체는 거래 구조의 조작성을 인지함으로써 신화에 저항할 수 있다. 바르트에게 현대는 가장 강력한 신화의 시대이자, 신화를 인지한 이들이 견고한 신화의 세계에 미세한 균열을 가하는 대립의 시대다. 이곳의 균열은 '인지한 이들'이 실패가 전제된 비극적 도전을 거듭하는 무모함으로부터 발생한다. 이러한 대립 속에서 바르트의 좌표는 표류를 계속한다. 그는 신화를 부정하려고 시도하지만, 그의 시도는 신화를 부정하는 신화가 되지 않거나 되지 못한다.

오히려 바르트는 '신화란 무엇인가'보다, 현재 우리가 살고 있는 행성의 삶이 어찌된 영문 속에 자리하는지를 묻는다. 선점과 독점이 겹겹이 쌓여 너무도 두꺼운 역사의 지반을 구성한 인간에게 신화에 대한 인지, 인식, 통찰이란 버겁고 무의미한 일이 될 수 있을 것이다.

---

77 Roland Barthes, 정현 역, 『신화론』, 현대미학사, 1995, 70~74쪽.

그러나 최소한 자기 삶의 좌표 인식을 시도했다는 점에서 그의 삶은 '모른다'와 '모른다는 것을 알고 있다' 이상으로 진전했을 것이다. 생활 속 의식을 구성하고 제약하는 거대담론으로서의 신화에 맞서는 방법 중 하나로 그의 통찰은 이념적, 사회경제적 모순을 지반으로 건립한 사회를 살아가는 우리가 빌려 쓸 만한 전술이다.

거래 담론의 거래 구조에 대응하는 또 다른 방안은 민감성 회복을 통한 경험 기대의 확대이다. n개의 감각이 상실되거나 둔화되는 경우, 인간이 얻을 수 없는 경험의 수나 경험을 통한 결과 값의 변수는 $(n)^n$ 개만큼 증가할 수 있다. 반대로, n개의 감각 또는 n%의 수용 능력을 회복하는 것은 그만큼의 경험과 정보 획득의 가능성이 증대하는 것으로 볼 수 있다. 경험과 정보량, 상황과 자극을 인지하고 처리하는 능력은 인간의 적응력과 자생력을 향상시키고 경쟁력 있는 존재로 성장시키는 데 이바지해왔다. 결국, 정보와 자극의 수용 방식이 개별적으로 또는 국부적 규모의 집단에 따라 다원화되는 경우에는 문화적 선호도가 다양한 분포를 이루게 되므로 독점적 판매 구도를 예방하고 소비자의 자율성을 확보할 수 있게 된다.

민감성 회복은 삶의 향유 의식을 질적으로 고양하게 되는 부가적인 효과도 기대할 수 있다. 개인의 행복을 가늠하는 기준이 외부적 또는 물질적 층위에 설정될 때 행복에 대한 측정 수치는 물질량의 표집에 따라 바뀌게 된다. 지표가 부재한 측정은 불안정한 양상을 보일 수밖에 없으며 이것은 행복의 본질에 부합되지 않는다. 따라서 행복은 측정되기보다 감수感受되어야 한다. 느끼는 행위는 단연 주관적 기준을 가진다. 감수의 방식이 다양해지고 감수 대상의 범위가 확대되면 외부적이고 물질적인 조건이 특정한 지표에서 벗어나더라도 상대적 행복을 경험할 수 있게 된다.

민감성을 회복하는 방법은 우선, 기존의 외부 자극들을 차단하고 그것에 대한 의존율을 낮추는 것이다. 이는 자신의 지각 또는 감수 행위에 있어 자신의 내적 동기와 자율적 수행 능력을 발동하기 위한 것이다. 언론 보도에 대한 사실성 판단과 논리적 평가, 예술품이나 판매 상품에 대한 미적 또는 효율적 가치 평가, 주거 방식이나 교육 체계에 대한 선호도 또는 적절성 평가 등이 전문가 집단이나 정보 생산자에게 의해 먼저 진행되어 수용되는 방식은 편의적 사고와 더불어 지각 능력의 소외를 가져올 수 있다. 이러한 외부 자극들을 차단하고, 감각을 통해 가장 먼저 정보를 접하고 사고를 통해 정보를 처리하는 개인의 유기체적 기관을 발동시켜야 하는 것이다.

민감성을 회복하는 또 다른 방법은 다양한 정서적 수용 기준을 지니고 있거나 민감한 수용 기준을 통해 세계를 작품 속에 반영하는 문학예술 텍스트를 활용하는 것이다. 특히 시 텍스트는 정서적 수용 양상에 따라 의미가 주조되고 시적 소재가 특성화되는 장르로서, 이에 유용하게 쓰일 수 있다. 시 텍스트를 감상하거나 수용하게 되는 독자는 텍스트에 담긴 풍부한 정조를 접할 수 있을 뿐만 아니라 시적 화자의 정서 구성 전략을 관찰할 수 있다. 이는 다양한 감수 방식에 대한 모방과 상상적 적용을 통한 창조의 가능성을 지닌다.

시적 화자의 정서적 구성 전략과 시 텍스에 담긴 민감성의 세계를 접하는 방식을 흔히 '감상'이라고 한다. 일반적인 시 감상의 초점은 텍스트의 의미 구조나 시어의 기호 체계, 또는 시적 화자의 자아 특성과 같은 텍스트 문면에 자리한다. 그런데 민감성 회복을 위한 감상의 과정은 텍스트에 의해 독자가 모종의 감상 과정을 수행하게 되는 것이 아니라 분명한 목적을 지니고 의도적으로 시도하는 독해에 가깝다. 즉, 여기서 필요한 감상의 초점은 독자를 텍스트 수용 과정의 주체로 보는 관점에 있다. 감상의 과정에서 독자는 독자가 발견할 수 있는 텍스트의 정조와 그러한 정서의 색채가 어떠한 텍스트 전략 속에 독자에게 전달되고 있는지를 발견하는 분명한 목적을 지닌다. 이러한 발견의 반복은 정서를 읽어내는 일종의 단련 과정이 될 수 있을 것이다.

다음 장에서는 독자가 다양한 정조와 감수 방식을 관찰하고 정서의 분화와 민감성 확대를 경험할 수 있는 시 독해의 실제를 제시하고 있다.

‖ 공감 훈련: 시 독해와 감성의 세련

하나의 텍스트를 감상하는 방식과 시 해석의 결과는 독자의 스키마, 의미화 과정, 감성적 수용 체계 등에 따라 다종의 것으로 나타나게 된다. 뿐만 아니라, 시 수용의 시기와 시적 정서가 환기하는 개인의 정서, 감상의 반복 횟수 등을 고려한다면 한 명의 독자에게서 나타나게 되는 해석 역시 일관적이지 않은 양상을 보일 것이다.

텍스트의 수용 과정에서 주체적 독자는 흔히 스키마 환기, 심미적 공감, 의미화 과정 등을 경험한다. 그리고 그것이 창출하는 의식의 자유로움과 자율적 상상의 세계로부터 감상의 묘미를 발견하게 된다. 시 수용 과정의 다양성은 텍스트에 내재된 의미 구조보다 이러한 다종의 자율적 감상 체계로부터 발생하는 것이다. 때문에 하나의 시 텍스트에 대한 의미 구조가 방만한 영역에 이르지 않고 해석의 방향 역시 몇 가지 사례로 수렴되더라도 텍스트 감상의 경험적 사례는 시와 공간을 달리한 풍부함을 지닐 수 있게 된다.

한편, 형이상학적 대상의 거래를 통한 편이로부터 감수 능력의 소외를 경험하게 되는 소비자로서의 독자는 개인에게 부여된 다종의 수용 방식을 망각하거나 자율적 적용에 불편함을 느낄 수 있다. 의존적 독자는 텍스트 수용 과정에 앞서 텍스트에 내재된 의미 구조를 제공받기를 원한다. 그들에게 하나의 시어는 하나의 문법적 질서와 해석 의미를 지니고 있으며 하나의 텍스트는 본질적 의미와 의도를 지닌 채 생산된 기성품과 같다. 이러한 관점에서 독자의 고유한 수용 체계는 발동되기 어려우며 감상의 과정은 무의미하거나 불안한 탐색이 되기 쉽다.

이처럼 텍스트 앞의 불안한 독자에게 필요한 것은 텍스트가 지닌 문법적 체계나 의미 구조에 앞서 독자의 내면에 재현되는 형이상학적 대상에 집중하는 과정이다. 그것은 텍스트가 제공하는 정서와 이미지, 그리고 이에 결부된 기억과 자신의 입장 등을 우선시하며 자신의 고유하고 자율적인 수용 방식을 탐색하는 것이다. 그것은 1)의미 구조를 분석하는 텍스트 해석보다 2)텍스트 향유를 통한 자율적 독해 과정이라 할 수 있다. 가령, 1)과 2)의 감상 방식은 각각 다음과 같은 방법적 갈래를 지닐 수 있다.

1) 텍스트 의미 구조 분석 방식

: 시어의 명시적/함축적 의미 분석과 텍스트 의미망 도출, 행/연의 구조적 특징과 텍스트 의미 관계 분석, 시적 화자의 어조와 시적 정조 분석 등

2) 감성적 수용 체계 활용 방식

: 연상하기, 상상하기, 질문하기, 회상하기, 정서적 반응하기, 입장 정리하기 등

위의 1)의 해석 방식은 독자의 고유한 독해 방식이나 정서적 수용 능력에 관계되기보다는 텍스트 의미를 해독하는 전문가적 탐색 방

식에 가깝다. 이러한 방식으로 텍스트에 접근하는 것은 다소 제한적인 독자에게 유용하거나 가능할 것이다. 이러한 제한적 접근성이 시 감상 또는 향유에 있어서 감성적 생산 주체와 소비자를 양분하는 배경이 되어왔다. 이는 향유 또는 생산 주체인 독자를 소비 객체로 전락시키고 텍스트 향유의 필요성을 둔화하는 결과로 이어져왔다. 시는 난해하고 특수하며 인간의 개별적 감성을 통해 자율적으로 향유하기 어려운 대상이라는 오인을 일으킨 것이다.

시의 본질적 특성이나 소통적 가치를 고려할 때 그것이 절대적 오인이 아니라 필요한 요건이라 할지라도 시 해석의 접근 방식은 다양해질 필요가 있다. 시 향유는 상대적 가치와 자율성을 지니고 이루어져야 하며 그것이 감성의 생산과 소비라는 형이상학적 거래 구조로부터 인간을 자유롭게 할 수 있을 것이기 때문이다.

보다 다양한 독자의 감성적 수용 체계를 발동시키며 자율적 해석 과정에 이르는 방식은 위 2)의 세부적 방법을 적용하는 것에서 나타날 수 있다. 이 경우, 독자의 시 감상 과정은 다음과 같이 나타날 수 있다.

비취빛 물든
하늘,
어스름
땅거미를–

어디메 떨리어 온
샛하얀 꽃잎인가.

푸름 속

아로새긴 무늬,
수 놓은 듯 곱구나.

으늑한 골짜기로
태고로이 트인
하늘.

부르면 대답할 듯
낭랑한 메아리도

예쁘장 고운
목소리, 안겨
오는 그 소리.

깨진 채 버린
목숨 사무치는
슬픔일랑…

적시울 하늘 자락
이슬 방울 듣는 그것

띄우면, 흐르는 대로
절로 크는–
원이여.

–「슬픈 조각달」[78] 전문

78 정소파, 『달여울의 소리무늬: 정소파 시조집』, 태학사, 2000, 11~12쪽.

정소파의 시는 시조의 절제된 형식미를 지니고 있으면서도 그 제한된 음보율 속에 시상의 전개가 자유롭게 나타난다. 예를 들어, 위의 시는 3장 6구의 3연시 형태를 빌리고 있다. 그의 텍스트가 간결하고 정제된 느낌을 전달하는 것은 이러한 제한된 형태 속에 자리하기 위한 이미지와 정조가 조화로운 심미감을 위해 가려지고 선택되었기 때문일 것이다.

위 텍스트 속의 이미지는 '비취빛'에서 '어스름'으로, 새하얀 '꽃잎'의 색채로, 다시 '푸름'과 '원(달)'이 속한 하늘의 어둠으로 분할되면서, 동시에 어우러진다. 시선은 하늘에서 땅으로, 땅 위 산 속의 가녀린 꽃잎에서 골짜기를 타고 올라 다시 하늘과 메아리 울리는 허공으로 이동한다. 시선이 이동하는 폭은 광활하며 이 움직임은 역동적이지 않지만 분명한 선을 그리며 춤을 추듯 나타난다. 이는 마치 한국 전통 보자기의 기하학적 패턴과 색채가 나타내는 어울림과 정갈함의 느낌과 유사하다. 즉, 전체적인 구성이 한 가지 주제를 전달하기 위해 특정한 구도와 중심적 이미지를 사용하고 있지 않다. 이는 위 시에서 나타나는 양상만이 아니라 정소파의 시 텍스트를 관통하는 미감의 이유이기도 하다.

이러한 텍스트 속 분할된 정보들은 독자에게 의미망을 분석하는 근거로 사용될 필요가 없다. 전달되는 색채감과 시선의 움직임은 종연에 이르러 '원(하늘)→이슬 방울→원(달)'의 이미지로 통합된다. 그리고 이것은 '띄우면, 흐르는 대로/절로 크는/원'으로서 시적 화자를 떠올리거나 독자가 자신의 삶을 회고하는 계기가 되는 것으로 충분하다. 즉, 이러한 텍스트는 독자가 자신과 대면하거나 상념에 잠길 수 있도록 하는 배경을 제공할 수 있다. 비취빛을 지나 하늘이 어둡게 물들어가고 둥근 달이 뜰 때까지 적막한 밤길을 걷지 않더라도 시를 읽는 독자는 그러한 정서를 수용할 수 있게 된다.

시적 화자가 하나의 사태에 천착하고 그 정밀한 정조를 전달하기 위해 치밀한 구성을 빌리는 텍스트 형태에서는 그 은닉된 의미와 정서를 밝히고 공감하는 독해가 독자에게 탄복과 쾌감을 전달한다. 그런데 정소파의 시에서는 각각의 이미지와 각각의 사건에 대한 정조가 분할되어 나타난다. 이러한 낱개의 것들은 시적 화자의 존재와 관점, 그리고 하나의 시 텍스트에 나타나는 통일된 정서 아래 다시 조합되어 드러난다. 따라서 독자는 치밀한 텍스트의 구조에 관여하지 않더라도 정제된 아름다움을 향유할 수 있게 되는 것이다.

> 지수어 춤을 춘다.
> 하늘하늘 나부끼는…
> 가비야운 선녀 깃옷,
>
> 훨이 훨이 날오는 듯
>
> 기인 팔
> 하늘을 안아
> 휘휘
> 감아 떠오른다.
>
> 하이얀 버선발로
> 메 넘어 들을 건너
> 가쁜 숨 뿜는 입김.
>
> 눈보라에 감춘 눈썹.

아득히
먼 하늘 가녘
돌아드는 발 맵시.

옮기는 자취 마다
쌓여 깔린 흰 솜 융단
바뀌는 하늘 땅이

딴 누리로 열리는 데.

내치는
긴 팔은 마냥
흰 나비떼 날갤레라.

– 「첫눈 원무곡」[79] 전문

위의 시에서 화자는 세상에 내리는 첫눈을 선녀가 춤을 추는 모습으로 바라본다. 선녀의 어깨짓과 내쉬는 숨, 발 맵시와 두 팔의 움직임은 고스란히 하늘과 땅에 흩날리는 눈의 형상으로 드러난다. 선녀의 왈츠는 산과 들을 건너 '가쁜 숨을 뿜'을 정도로 지속되지만 그것은 힘겨움이나 분주함보다는 장대한 자연의 배경과 아름다움의 영향력을 전달하고 있다. '흰 솜 융단'이 깔린 하늘과 땅은 매 순간 새로운 세상을 만들어 보이고 시적 화자는 아름다움과 경이로움에 탄복한다.

독자는 이러한 시적 형상을 면밀하게 관찰하면서 화자의 탄복적

79 위의 책, 37~38쪽.

인 정서에 공감할 수 있다. 그러나 그러한 관찰과 공감이 이루어지지 않더라도 산발적 이미지 또는 정서는 시 감상의 충분한 계기가 될 수 있다. 예를 들어, '선녀', '첫눈', '춤', '눈보라', '버선발' 등의 시어는 '연상하기'의 과정을 통해 독자가 회상하는 스토리의 화두가 될 수 있다. 이러한 화두는 다시, '선녀(여성)+첫눈', '선녀+춤', '선녀+버선발'과 같은 자유로운 결합과 연상 또는 상상하기의 과정을 통해 각각, '첫눈 오는 날/크리스마스/약속/성년식', '콩쥐팥쥐/신데렐라 이야기', '유리구두 이야기/어머니(할머니)의 버선/마중' 등의 키워드에 얽힌 스토리로 확장될 수 있다.

이렇게 확장되는 스토리들은 그에 대한 자신의 입장이나 정서적 반응을 확인하고 인지하게 되는 데 도움을 준다. 독자는 회상한 내용에 대해 아련하거나 기분 좋은 느낌을 지니고 다시 텍스트로 돌아와 다음 행간을 읽어나갈 수 있다. 또는, 뜻하지 않게 떠올리게 된 추억 속에서 자신의 변화된 모습을 발견하면서 과거의 사건과 결부된 정서를 수정할 수도 있다.

이렇듯 감성적 수용 체계를 발동하는 방식의 시 읽기 방식은 독자로 하여금 시 텍스트가 지닌 모든 정보가 제공하는 사색과 성찰의 과정을 향유하게끔 만든다. 이 향유의 과정은 정서적 수용 과정을 민감하게 하기 위해 텍스트의 내용적 또는 형식적 요소를 사용하거나 활용하는 것에 가깝다. 시의 감상 과정이 낱개의 이미지 또는 낱낱의 정서에 착안하여 자신의 경험과 정서를 탐색하거나 그 정제된 아름다움 자체를 관망하는 것으로 나타날 수 있기 때문이다.

> 죽지 끝 하늘 감아
> 치솟아 재줄 하듯

바다 속 방울 뛰어
한점 섬, 소리섬이

일렁여 굽이는 나울, 받고 치고
겨룬다.

– 「소리섬」[80] 일부

위의 시는 하나의 스토리보다는 하나의 장면을 포획하고자 하는 시도이다. 위 시는 텍스트의 형태를 띠고 있으나 반복적으로 영사되는 필름처럼 쓰이고 있다. '소리섬'은 바다 속에 떠 있는 하나의 점에 불과할 만큼 미미하다. 반면에, 파도는 치솟아 하늘을 감았다가 바다 속에 잠기거나 일렁이는 거친 행로를 재주부리듯 할 정도로 강력하다. 그러나 파도로부터 한 점 물방울이 튄 것처럼 턱없이 작고 약한 존재 '소리섬'은 거대한 파도 속에 대결을 하듯 묵묵히 버티고 선 모습이다.

'소리섬'으로부터 이 놀랍고도 강인한 생명력을 발견해낸다면 독자는 정서의 전이를 경험하거나 고난의 삶을 독려할 만한 지혜를 얻을 수 있을 것이다. 이러한 발견은 텍스트 의미 분석을 통해 이루어질 수 있으나, 감성적 수용 체계를 활성화시키는 과정, 즉 시적 화자–독자 간 입장의 공감과 전이를 통한 방법으로도 가능하다. 가령, 바닷가에서 가까운 작은 섬이 맑은 날과 흐린 날, 거센 비바람이 치는 날에 어떤 모습을 보이는지 관찰해본 적이 있거나, 자신의 삶이 모진 풍파와 대결해온 과정과 같다고 여기는 독자는 '일렁여 굽이는

80 같은 책, 63쪽.

나울, 받고 치고 겨룬다'는 종연에 주목하며 자신의 내면적 입장을 떠올리게 될 것이다.

이러한 시 감상의 초점은 텍스트보다 독자 내면을 투영하는 데 있다. 텍스트가 지닌 원천적 의미를 독파하지 않아도 자율적인 방식으로 시를 수용하게 되는 과정은 즉, 시 텍스트에 내재된 감성에 공감하는 과정이라 할 수 있다. 이러한 과정을 통해 시 감상의 형이상학적 거래는 독자를 동등한 주체로 설정하는 소통 과정이 될 수 있을 것으로 보인다.

‖ 시와 대화하기

지금까지 개인의 감성이 둔화되거나 형이상학적 소통 대상을 자율적인 방식으로 수용하는 방식이 퇴화되는 경우에 나타날 수 있는 문제와 이에 대한 대안을 탐색해보았다. 그리고 감성적 수용 체계를 활성화하는 시 독해 방식이 어떠한 감성, 소재, 전략 등을 전달하여 개인의 정서를 분화하고 독자는 어떠한 계기를 통해 민감한 심미안을 수용하게 되는지 정리해보았다.

사회의 감성 자본이 어떠한 형태로 나타나고 거래되는지에 대한 무관심은 전통적 자족 방식이 점차 기업 생산과 거래 방식으로 변모되고 전통적 삶의 방식의 주체였던 이들을 소외시키게 된 것과 같은 방식으로, 그 이상의 문제들을 만들어낸다. 그것은 본디 개인의 자율성 아래 운영된다고 여겨졌던 인지와 정서가 소수의 타인에 의해 판단되거나 평가되는 것, 그리하여 자신의 인지적 또는 정서적 수용 체계에 대한 불안감이나 부재 의식을 지니며 전문가적 생산 집단에 자신의 판단을 의뢰하는 것, 자신의 삶을 스스로 설계하고 평가하는 과정에서 자신을 소외시키는 것 등의 문제들이다.

이러한 문제들에 대하여 자율적 수용 체계를 유지하고 형이상학적 정보 수용을 위한 개성적 방법을 민감한 상태의 것으로 유지할 수 있는 대안이 필요하다. 그러한 대안 중 하나로, 이 글에서는 시 독해를 통해 시적 정서, 의미, 소재, 전략 등이 지닌 감성을 수용하거나 시 텍스트의 분할된 정보를 활용하여 독자의 감성적 탐색을 활성화하는 방법을 제안하였다. 그 방법은 시적 요소를 의미 분석을 위한 일종의 기호로 보거나, 시 해석을 치밀하게 은닉된 시적 전략을 밝혀내는 과정으로 보는 관점과는 다르다.

민감성을 회복하기 위한 시 독해 방법은 독자의 감성적 수용 체계를 활성화시키는 방식으로, '연상하기, 상상하기, 질문하기, 회상하기, 정서적 반응하기, 입장 정리하기'의 시도를 포함한다. 이러한 시 읽기의 과정의 목적은 텍스트 의미 분석보다 독자의 내면 투영에 있으며, 초점은 이 과정이 시적 화자의 정서와 사고에 공감하는 대화가 될 수 있는가 하는 데 있다.

초점이 독자의 수용 과정에 놓이는 시 감상의 경우, 텍스트 자체가 분할되어 사용되거나 낱개의 요소가 활용되어 텍스트가 지니고 있던 주제 의식을 온전히 수용하지 못하게 되는 문제가 있어왔다. 이는 자칫, 독자에게 시 텍스트가 수용된다기보다 시 텍스트 이전의 낱말, 이미지, 가공 이전의 정서가 수집되는 양상으로 비칠 수 있다.

그러나 정소파의 시는 이미지, 정서, 시적 화자의 의식과 이야기 등이 낱개의 것으로 분할되어 있으면서도 정제되고 조합된 상태로 나타나고 있다. 그의 시에서는 독자가 시를 분해하거나 각 요소를 평가할 수고를 하지 않으면서도 각 요소를 한 곳에서 발견할 수 있도록 텍스트마다의 주제 아래 조화된 형태로 제시되고 있다. 따라서 정소파의 시는 감성적 탐색을 위한 시 읽기 과정에 적절한 자료인 것으로 보인다. 이처럼, 정서적 분화를 목적으로 한 단련 과정으로서의 시 독해 방식은 정소파 텍스트를 시조 장르와 향토성이라는 연구 층위 밖에서 새롭게 조명할 수 있다는 점에서도 의의를 지닐 것으로 보인다.

제2부

시 치유성의 몇 가지 전제들

상징 의미의 스펙트럼

‖ 시의 공통적 수용 기준

넓은 범주에서 이 연구는 동양철학의 역학이나 서양의 정신분석학, 과학 분야의 상대성의 법칙, 엔트로피 법칙 등 삶을 움직이는 비가시적 원리에 대한 연구와 입장을 같이 한다. 이러한 연구들은 사회문화적 경험에 대한 인간의 공통적인 수용 기준을 단지 생존을 위한 본능적 반응으로 생성된 것으로 보거나 자연과 육적인 삶의 바탕에 근거하여 계승되어 온 것으로 보지 않는다. 대신에, 각종의 현상을 형성하고 그것을 관통하는 형이상학적 법칙들을 발견하여 일종의 지적 원리로 정리하고자 노력해왔다.

인문학 역시 현실로부터 초월적인 지향성, 자각할 수 있는 이성적 범위 이상의 삶의 운용 원리 등을 인간의 창조적 언어로 설명해내고자 시도한다. 어떠한 상황에 공통적으로 반응하게 되는 인간의 특질은 삶의 의식적 존폐나 생명의 위협 여부에 따른 반사 작용으로만 나타나지 않는다. 인문학적 사고라는 공통된 기반이 없었다면 법에 대한 질서와 수호 의식, 예술 작품에 대한 심미안, 약하거나 선한 이들에 대한 책무감 등과 같이 사회적으로 정당하거나 유용한 것으로 합의된 것들은 지금까지 존속될 수 없었을 것이다.

가령, 김시습의 「금오신화」는 우리나라 한문소설의 전형적 특성과 가치 있는 감상의 자질을 지닌 최초의 작품이며 독자들은 이 작품의 이러한 의의에 동의해왔다. 고전古典으로서 각 세기를 소급하며 공감적 소통을 이루어냈다는 것은 읽히고 회자되는 과정에서 독자들에게 유의미한 가치와 공통된 특질을 전달했음을 나타낸다. 어떠한 작품이 오래 읽혀지거나 많은 이에게 읽혀지는 것은 독자들이 작품의 의의에 동의할 만한 공통된 수용 기준을 가지고 있음을 가리킨다.

이처럼 인간의 공통적 수용 기준은 본능과 사회문화, 인문학의 각 층위에 걸쳐 상호작용하는 가운데 인간의 삶을 유지 또는 발전시켜 왔을 것이다. 즉, 현상에 대한 인식적 수용 기준은 생물학적 '용불용설'과 마찬가지로 인간의 삶을 유용하고 유의미한 것으로 '진화'시킬 수 있는 사고의 접점들로 구성되어 일종의 감식관으로 내재된 것으로 보인다. 그런데, 이것의 영향력에도 불구하고 그 실체는 다분히 모호한 것으로 보인다.

즉, 인간에게 내재된 인지적 수용 기준이나 감식관은 그것을 증명하기 위한 지난하고 모호한 과정 때문에 직관, 본능, 우연한 발상 등의 범주에 속한 것으로 논의되어 왔다. 가령, 여행객들은 여행지에서 아름다운 조각상이나 고대 건물을 바라보며 공통적으로 미감이나 경외의 느낌을 표현하기도 하고, 정글에서 수많은 뱀들의 교미공mating ball을 목격하는 경우에는 혐오감이나 거부감을 드러낸다.

그렇지만 여행객들의 공통적 미감은 고대 그리스의 '황금비율'만으로는 설명되기 어렵고, 엉켜있는 수많은 뱀들에 대한 혐오감은 그 뱀들이 독이 없거나 사람을 해치지 않는다는 사실을 알게 된 이후에도 해소되지 않는다. 이러한 경우, 자극원이 되는 정보와 수용 결과로 나타나는 반응 사이에는 감응의 비약이 존재한다. 이것은 인간의 인식과 수용 과정에 선험적 자질로서 유전된 데이터가 관여할 수 있음을 추론하게끔 한다. 이러한 인간의 선험적 자질에 대해 자각하고 이에 대해 스스로 설명할 수 있는 내재적 경험과 정보가 부족하여 각각의 비약적인 감응 관계가 원천적으로 부정되는 경우는 시 테라피 연구에서도 발견되곤 한다.

홍길동 씨는 새벽녘에 화장실에 가게 된다면 어슴푸레한 실내에서 큰 거울에 비친 자신의 그림자에 놀랄 수 있다는 것을 알고 있다. 하지만 그는 침대와 큰 거울이 달린 화장대가 일직선상에 놓이면 흉하다고 보는 풍수적 인테리어는 샤머니즘적 주장이라고 생각한다. 또 최근 직장에서 동료관계에 어려움을 느낀 그는 서점에서 안도현의 〈너에게 묻는다〉라는 시를 읽고 공감과 위안을 얻었다. 그러나 '상황별 도서 목록'이라는 책을 넘겨보며 '왜 이 시는 우울할 때 읽고, 이 시는 화가 날 때 읽는 거지? 왜 이 시를 이렇게 읽어야 하지? 이건 누가 정한 걸까?'라는 생각을 하다 실소를 내비쳤다.

위의 상황에서 홍길동 씨의 모순된 반응은 자신에게 선험적 자질로 내재된 공통적 수용 기준이 의식적으로 발견되지 않기 때문에 나타나고 있다. 민간요법과 의학 기술, 엉뚱한 망상과 과학 기술, 숫자 놀음과 수학 법칙 사이에는 가설과 증명의 거듭제곱이 자리한다. 마찬가지로, 시 치유 작업에 쓰이는 텍스트를 선별하기 위해서는 각각의 텍스트가 가진 해석의 요인이 다수의 독자들에게 공통적으로 작용할 수 있는 근거를 제시할 수 있어야 한다.

하지만 어느 한 가지 해석 기준과 인상적 소개로는 그 텍스트의 치유적 특질을 규명하기 위한 설득력이 부족하다. 한 작품이 다양한 연구방법론에 의해 각기 다른 해석과 의의로 조명될 수 있고, 각각의 독자들은 자신의 스키마와 수용 상황의 정서적 요건에 따라 각기 다른 방식으로 텍스트를 감상할 수 있기 때문이다. 이러한 견해에서는 치유적 적용을 위한 시 텍스트의 의미 분석을 그 텍스트 해석을 고정하고 다양한 수용 방향을 차단하는 것으로 본다.

하지만 치유적 시 선별의 타당성을 위해서는, 시를 해석하는 방법과 그 결과로서 해석 의미를 제시하는 것 대신 독자들의 공통된 수용 기준을 확인할 수 있는 방안이 필요하다. 따라서 이 글은 치유적 시 선별을 위해 시 텍스트의 특질을 규명하는 데 필요한 방법적 기준을 제시하고 그 기준의 유의성을 확인하고자 한다.

그 방법으로는 시의 해석에 필요한 요소, 즉 수용의 매개변인별로 시를 분해하고 각 매개변인이 독자들에게 받아들여져 온 의미 범주의 공통된 통계 내역을 공감적 수용기준으로 제시할 것이다. 여기서 그 통계적 근거로는 시 텍스트 구성 또는 소재에서 나타나는 심리적 상징 의미와 시어의 문화적 상징 의미를 사용하고 있다.

‖ 공감과 문화적 상징 데이터

우리는 눈앞에 보이지 않는 무엇인가를 떠올리며 그것을 자각하고 그것에 대해 다른 인간과 소통하고자 시도한다. '표상'이라 불리는 그 시도는 동굴 벽화로, 기호로, 언어로, 문법과 체계로, 예술적 매체로 심화되거나 폭을 넓혀왔다. 때로, 소통 방식의 섬세한 발달은 상이한 언어들과 이를 기반으로 한 문화적 차이 때문에 오히려 소통의 한계를 느끼도록 만들곤 한다.

그러나 인간의 감정과 사고를 구성하고 이것이 행동과 또 다른 사고 작용으로 이어지는 과정에는 언어 이상의 거대하고 인류 공통적인 수용 기준이 내재되어 있는 것으로 보인다.

그 기준은 인간이 정보를 수용하는 데 나타나는 공통된 감성 반응의 영역을 말하며, 공통적 정보 수용의 총체적 과정과 결과를 '공감'이라 일컫는다. 이 공통된 결과는 감성적 소통 방식의 일종이자 문화적으로 공인되고 승계되는 공동체적 특질이다. 그것은 인간의 유전적 형질에 따라 종류를 달리하기도 하지만 그 폭이 언어처럼 전혀 판이한 양상으로까지 확대되지는 않는다. 인간이 때로 하나의 대상에 대해 유사하게 반응하는 감성적 수용 양상을 보이는 것은, 공유되고 공감된 감성 반응의 결과가 공인과 승계 과정을 거치면서 후대에 의해 모방되고 학습되었기 때문일 것이다.

인류학자 아이베스펠트I. Eibl-Eibesfeldt는 프랑스 여성, 아프리카 야노마니인, 발리섬 사람의 눈 표정 변화를 관찰하였는데, 그 결과로 모든 문화에서 사회적 접촉을 시도하기 위한 준비로서 눈썹의 움직임이 나타나고 있음을 증명하였다.[1] 또한, 영국의 심리학자 블랙모어Susan Blackmore는 "모방 같은 비유전적 방법을 통해 전달된다고 여겨지는 문화의 요소"라는 의미의 용어로 '밈meme'을 제시하고 있다.[2] 압트Theodor Apt는 융Carl Gustav Jung의 서술을 빌려, '인간의 사고와 감정을 형성하고 구성하는 정신의 구성 인자가 존재한다는 전제를 끌어내고, 이러한 기본적인 정신 구조를 원형archetypes'이라 정리하고 있다.[3] 이들의 공통점은 인간이 사회적 존재임과 동시에 문화적 수용의 공통적 기준들을 선천적으로 가지고 있다는 데 동의하고 있다는 점이다.

즉, 인간은 언어 이외의 방법을 통해 특정한 표상 과정을 공유하

---

1 Theodor Abt, 『융 심리학적 그림해석』, 분석심리학연구소, 2010, 26쪽.
2 Susan Blackmore, 『밈: 문화를 창조하는 새로운 복제자』, 바다, 2010, 12쪽.
3 Theodor Abt, 앞의 책, 26쪽.

고 있으며, 이것은 인간의 자각 여부와 무관하게 문화적이고 선험적인 자질로 나타나거나 유전적으로 체현되고 있다. 네덜란드 동물행동학자 틴베르헌Niko Tinbergen은 '오리와 잿빛 거위들에게 날아가는 반응을 유발하는 가짜 새의 실루엣 실험'[4]을 통해, 본능적 반응을 활성화하는 이미지와 행동의 패턴을 연구하였다.

인간에게는 진짜 새와 가짜 새의 실루엣이 큰 의미의 차이를 일으키지 않는다. 인간에게는 가짜 새의 실루엣 역시 진짜 새와 유사한 의미와 관련 정보, 개별적 반응 체계를 불러일으킨다. 그러나 실제 새들에게는 가짜 새들의 실루엣이 새들의 도피(날아가는) 반응을 유발하는 위협적이고 생소한 대상으로 인식된다. 이때 실제 새들에게는 각각의 이미지에 대한 공통적 수용 기준이 작동하고 있는 것으로 볼 수 있다.

역시 인간에게도 이러한 공통적 수용 기준이 존재한다. 이것은 인류라는 포괄적인 범위에서만이 아니라, 국가, 민족, 종족, 지역, 문화, 언어, 학교, 가족 등 다양한 집단에서 '전통', '관습', '풍습', '정체성', '~다움' 등의 이름을 지니며 나타난다. 이 글에서는 이러한 공통적 수용 기준과 인식 체계에 주목하고 있으며, 이것을 기반으로 한 수용 또는 소통을 '공감하기'의 과정으로 보고 있다. 이 공감하기의 과정에는 표상의 대상과 수용 의미 간의 연결이 확정된 '상징'의 관계가 유용하게 사용될 수 있을 것으로 본다. 그 이유는 상징과 해석이 본능, 사회문화, 언어의 영역을 넘나들며 활용될 수 있기 때문이다.

특히, 문화적 층위에서의 그 해석 의미를 문학적 층위로 적용하는 과정에서 특정한 표상 대상과 의미를 연결하는 상징체계는 텍스트

---

4 Niko Tinbergen, "Behaviour as Reaction to External Stimuli–Sign Stimuli", *The Study of Instinct,* Oxford, 1951.

수용의 편이와 독자의 텍스트 접근성을 높일 수 있다. 문화적으로 집적된 상징 의미를 활용할 때, 독자는 시의 해석을 위해 텍스트 의미망 분석을 시도하지 않아도 그것을 시도하는 경우와 유사하거나 개인에게 유의미한 수용 결과를 얻을 수 있을 것이다.

시 텍스트에 내재된 상징과 의미 간의 결합 관계는 언어적 해석에 앞서 인간의 수용 감성을 먼저 자극한다. 공통된 수용 감성을 환기하는 데 필요한 상징적 데이터가 제공된다면 독자가 개별적 해석 능력이나 스키마 활용의 한계에 관계없이 텍스트를 1차적으로 해석하는 것은 용이해진다. 이러한 접근은 각각의 시어가 가진 텍스트적 의미가 무엇인지 직접 제시하여 기계적으로 전체적인 의미를 읽어내는 독해 과정과는 다르다.

문화적 상징은 시공간의 횡단을 통해 집적된 인간의 삶을 관찰하고 통계한 결과로 그에 대한 공감과 공인 과정을 거친 결과로 나타난다. 그러나 시어의 텍스트적 의미는 그러한 과정을 거치지 않고 독자 앞에 단편적으로 제시되어 해석을 난해하게 할 뿐 아니라, 독자가 공감의 과정을 거치지 못하는 경우에는 자발적이고 심화된 수용 과정에 이르기 어렵다.

그런데 문화적 상징 데이터나 공감하기를 활용한 텍스트의 감성적 수용 방식은 다소 타당하지 않거나 과도하게 방만한 범위의 해석 의미를 도출할 것으로 우려될 수 있다. 그러나 텍스트 수용 의미를 독자의 내면 투영에 활용해야 하는 문학적 치유의 과정에서는 해석의 정확성 또는 타당성보다 독자의 수용 감성을 활성화시키는 정도에 텍스트 수용의 초점이 주어진다. 하나의 텍스트가 독자의 정서적 상황이나 텍스트 수용의 목적에 따라 각기 다른 해석 결과와 감성적 환기를 가져오는 것이 문학적 테라피에 사용되는 텍스트에 요구되는 자질인 것이다.

따라서 독자는 텍스트에 대한 최소한의 기본적 정보를 가지고 이것을 자신의 수용 감성에 맞게 조합할 수 있는 기회를 지녀야 한다. 이 때 최소한의 기본적 정보는 문화적 상징 의미와 같이 독자 자신에게 이미 내재되어 있거나 공감할 수 있는 참고 자료로서, 제시되기보다 선택할 수 있는 것이어야 하고 자신의 본격적인 감상과 내면적 대화를 활성화시키는 데 동기와 조력을 제공할 수 있어야 한다.

‖ 인간의 해석 순환과 의식 창조

스위스 정신분석가인 압트는 그의 연구 저서를 통해 융의 심리학적 입장을 견지하면서 원형적 이미지나 상징을 해석하는 원리에 대해 논한바 있다.[5] 그는 그림을 읽어낼 일종의 방법으로 '의식성을 창조하는 기술'을 제시하고 있다. 이 방안은 해석 대상에 숨겨진 절대적 의미를 발견하기 위해 대상을 분석하지 않으며, 해석의 목적과 해석 행위의 중심이 해석 대상에 있지 않다는 점에서 치유를 위한 텍스트 수용 관점과 부합한다. 이 기술에 대한 다음 압트의 설명은 텍스트를 치유 목적으로 수용하는 개별적 독자에게 하나의 텍스트가 다수의 해석 의미로 나타나면서도 각기 상대적 치유 결과를 가져올 수 있는 이유를 보여준다.

> (…)우리는 그림으로 하여금 감추고 있는 의미를 스스로 드러내도록 하는 방법을 찾아야 하는데, 그것은 내면의 무의식적 세계에서 유래한 이미지로 가정될 수 있는 방법이어야 한다. 그림이 《스스로》 우리에게 말을 걸도록 하기 위해서, 우리가 그림에게 질문을 던져야 한

5 Theodor Abt, 앞의 책, 13~176쪽.

다. 각각의 해석들은 이러한 대화를 통해 그림으로부터 의식을 창조해내는 행위가 될 수 있다. 그것은 바로 해석을 통해 내재하는 의미를 추출하는 작업이다. 이 의미는 의식적 마음에 의해 언어로 번역되어야 하는데, 의식적 마음이 카메라 렌즈같이 중립적일 수 없으므로, 해석은 개별적으로 형성된 실재물이 될 것이다. 이러한 이유로 해서 우리는 알려지지 않은 것들의 해석에는 늘 각 개인의 성향, 즉 콤플렉스와 관련된 성향이 개입하게 된다는 사실을 잘 인지하고 있을 필요가 있다.

다행스럽게도 인간의 의식은 그냥 개별화된 것이 아니라, 전형적인 형태로 일반화된 특색을 갖는다. 그래서 우리가 인간의 유형론에 대해 말해온 것이다.(…)[6]

압트는 해석하는 대상을 통해 반추되거나 새롭게 구성되는 의미를 '의식성'이라고 보고 이것은 개별화된 성향에 따라 각기 다르게 창조될 수 있다고 본다. 이러한 의식성의 창조는 해석의 주체가 자신을 들여다볼 수 있는 일종의 거울인 그림을 통해서 이루어진다. 이미지를 통한 알레고리의 창조물인 시 텍스트 역시 이러한 매체로 쓰임이 가능할 것이다. 문학적 가치를 조명하는 분석과 비평이 텍스트라는 거울에 반사되는 현실 또는 현실 너머의 것을 추적하는 과정이라면, 치유 목적의 시 텍스트 수용은 거울에 반사되는 독자 자아의 콤플렉스 또는 트라우마를 직시하기 위한 자기 투영의 과정이라 할 수 있다. 이러한 특질 때문에 시 테라피 현장에서는 독자의 경험과 정서를 반추하기 위한 매개물 또는 긍정적 정서를 이입하기 위한 구성체로 시를 사용하거나, 자아를 투영하기 위한 회고록의 형태로

6 위의 책, 41쪽.

시 장르를 활용해왔다.

해석 대상에 대한 주관적 반응에 주의하는 이러한 현상은 융이 구분하는 인간의 양면적 태도 중에서도 '내향적 태도의 관점'으로 텍스트를 수용한 결과이다. 융은 주체의 관심을 외부 대상에 두는 태도를 '외향형'으로, 주체의 내적 반응을 자각하며 이에 주의를 집중하는 태도를 '내향형'으로 구분하였다. 그리고 해석 대상에 접근하는 의식의 기능을 '감각 기능, 감정 기능, 사고 기능, 직관 기능'으로 분류한다.

압트는 이 기능들이 일반적으로 '사고→감각/직관→감정'의 순으로 활성화되어 있으며, 편향적 해석을 피하기 위해서는 열등한 기능들을 인식하고 해석 과정에서 체계적으로 활성화시키는 것이 필요하다고 말한다. 의식의 네 기능을 적용한 해석 과정은 가령, 감각 기능에서 시작하여 감정 기능, 사고 기능, 직관 기능까지의 순회 과정으로 나타나며 한 차례의 순회 결과는 해석의 주체에게 대상에 대한 첫 번째 전제이자 가설이 된다. 그런데 이 가설을 안전한 것으로 만들기 위해서는 반드시 반대 가설을 통한 건전한 의심이 필요하다. 이는 계속적인 순회 과정과 새로운 해석을 유도하고, 이를 통해 가설은 수정되거나 점점 명확하게 되기도 한다.[7]

바로 이 가설에 대한 수정과 확증의 과정이 텍스트의 치유적 수용 과정에 비견될 수 있는 지점이다. 이 글에서는 시 텍스트를 매개로 하는 치유 작업을 주도적 목적성을 지닌 치유 주체와 시 텍스트의 대면 과정으로 보고 있다. 이 과정에서 치유적 효과는 전 과정의 순차적 순환 또는 일시적 회귀와 반복적 진행을 통해 누적되면서 상

7 같은 책, 41~51쪽.

승되는 양상을 보이게 된다.

이러한 치유 효과를 자각할 수 있거나 가시적으로 확인될 수 있는 지점에 도달하기까지는 텍스트를 매개로 심적 에너지를 축적하고 회복탄성력을 강화하는 활동이 필요하다.[8] 바로 이 누적되는 활동에서 '의식 기능들의 순회 과정'이, 치유적 진행과 회귀에서 '가설과 반대 가설의 대립'이, 회복탄성력의 강화 양상에서 '의식성의 창조'가 발견될 수 있다. 상징 의미가 활용되는 지점은 바로 텍스트를 매개로 하는 치유 작업의 대면 활동이다.

상징 의미는 텍스트의 외/내향적 접근의 양 측면에서 모두 활용될 수 있을 것이다. 기존의 시 테라피 기술이 다분히 텍스트를 매개로 치유 주체의 내면을 조명하는 '내향적 태도의 관점'을 지니고 있는 것으로 보인다. 그에 비해, 이 글은 시 텍스트에 대해 '외향적 태도의 관점'을 지니고 있다. 이 연구의 초점이 텍스트의 치유적 소통을 가능하게 할 자질을 증명하기 위한 해석과 증명에 있기 때문이다.

즉, 시 치유 작업은 치유 주체와 그의 문제에 대한 합리적 통찰을 위한 소통의 과정이며, 여기서 치유 주체는 텍스트를 읽어내는 반복적 시도를 통해 자신의 통찰이 진정 합리적인지 평가할 수 있어야 한다. 상징 의미를 활용한 시 분석은 합리적 통찰을 위해 새롭게 시도하는 '반대 가설'이자 '열등 기능'의 활성화 시도라고 할 수

---

8 테라피를 통한 치유적 현상과 결과는 누적된 에너지가 회복탄성력(resilience는 흔히 회복탄력성으로 번역되지만 이 글에서는 회귀 또는 극복하는 성질性보다 그러한 힘力에 주목하며 이것으로 명명하고 있다)에 대해 회복의 기점을 상환하였을 때 비로소 가시적으로 나타나거나 독자로 하여금 자각된다고 볼 수 있다. 이러한 치유 작업의 흐름은 압트가 말한 해석 대상에 접근하는 의식의 순회 과정에 비견할 수 있다. 즉 건전한 의심, 열등한 기능 인식, 반대 가설 수정을 통한 의식성 창조는 회복탄성력 강화를 통한 독자 정서의 자구적 운용의 효과로 나타난다고 할 수 있다.

있다.

의식과 관계되는 상징과 해석의 원리는 꿈의 해석 작업에서도 발견된다. 시 텍스트의 상징 분석 역시 텍스트 의미 산출의 결과를 수용 주체인 독자의 목적과 해석 요인에 맡기는 것이며, 독자는 해석 요인에 따라 '의식성을 창조'하게 된다. 시 치유 작업이 독자의 주도성을 전제로 시작하고 독자의 이해와 적용 역시 독자의 주체적 구안에 따라 이루어질 때 효율적임을 감안하면, 의식성의 창조는 상징 분석의 유의성을 나타내는 것으로 볼 수 있을 것이다.

치유 작업은 기억, 정서, 트라우마 등 고정된 문제의 매개 변인을 수정하는 과정에서 이루어진다. 이 때 시 텍스트는 다양한 매개변인을 포함하고 이를 다양한 측면에서 제공할 수 있다. 그리고 치유 주체는 매개변인을 가장 효율적으로 수용할 수 있어야 한다. 시 텍스트는 보통 어떠한 시적 의미를 표상하기 위해 다양한 매개변인들이 정교하게 통합되고 조직된 형태를 띠고 있다. 치유적 감상의 경우, 시적 의미를 향한 조직적, 체계적인 분석 과정보다, 시가 가지고 있는 다양한 매개변인, 낱낱의 요소를 골라 활용하는 것이 효과를 가져 온다.

즉, 치유 주체에게는 해석보다 매개변인 수집이 긴요할 수 있다. 이는 시가 가지고 있는 매개변인을 낱낱이 분해하고 그 구성성분을 파악해볼 필요성을 제시한다. 각 구성성분의 상징적 의미는 시의 의미 해석에 도움이 될 뿐만 아니라 그 시가 가지고 있는 특성을 파악하게끔 조력할 것으로 기대된다. 다음 장에서는 분해된 매개변인을 치유적으로 활용할 수 있는 과정, 기술, 방법으로서 상징 의미를 활용한 시 분석을 제시하고 이것이 가지는 치유적 효과를 확인하고자 한다.

‖ 해석의 보편과 특수 사이

치유적 목적으로 시를 읽는 독자는 주제적 의미를 도출하기 위해 텍스트에 내재된 시적 문법을 해독하거나 의미망 구조를 분석하는 수고를 감수하지 않는다. 이들에게 시 읽기는 텍스트의 치유적 성분을 수용하기 위한 소통 행위이거나 시적 화자와의 공명 기제를 발견하는 자기 반영 행위에 가깝다. 즉, 치유 주체인 독자에게 텍스트 해석은 치유적 결과를 도출하기 위한 일종의 탐색이자 실험적 시도이다.

이 때 텍스트의 해석 의미는 종속 변인에 영향을 미칠 수 있는 다기한 매개 변인 중 하나로 작용할 수 있다. 텍스트의 의미가 절대적인 영향 관계에 있지 않다는 점은, 텍스트를 읽어내는 독자의 태도와 관점에 따라 텍스트의 의미가 변화할 수 있음을 나타낸다. 각 해석의 결과들은 독자의 의식과 상호작용하면서 새로운 자아를 구성하는 데 영향을 미칠 수 있다는 점에서 상대적 유의미성을 지닌다.

이는 한 독자가 하나의 텍스트를 특정한 의미망 구조로 규정짓지 않고, 의식성의 변화 지점에 따라 또는 상황을 달리하는 개별적 독자에 따라 새롭고 다양한 해석 의미를 발견할 수 있어야 한다는 의미이다. 그러므로 치유적 수용을 위한 텍스트 해석은 시적 문법으로부터 자유로운 읽기 방식으로 시도될 필요가 있다.

여기서는 그러한 읽기 방식 중 하나로, 시어를 비롯한 텍스트 요소에 대하여 심리적 또는 문화적 상징 의미를 적용하는 읽기 방식을 제시하고 있다. 이것은 기존의 텍스트로부터 의미망 구조를 해독해내는 방식이 아니라, 역으로 독자의 의미망 구조를 텍스트에 반영하는 방식이다.

즉, 텍스트를 구성하는 각 요소에 대하여 독자에게 이미 체현되어 있는 공통적 수용 기준을 떠올리거나 이를 외부에서 차용하여 텍스트의 통합적 의미를 구상하게끔 하는 것이다. 어떠한 대상을 특정한 의미의 상징으로 받아들이는 경우, 이 상징 의미는 그 의미를 공유하는 이들에게 공통적 수용 기준이 된다. 대부분 상징 의미는 다양한 수사로 전해지므로 독자의 다양한 의식 층을 수렴할 수 있을 것이다.

다음 〈표 1〉은 텍스트의 공통적 수용 기준으로 활용할 수 있는 상징과, 그 상징이 가리키는 방향으로 볼 수 있는 해석 의미들의 예를 정리한 것이다.

〈표 1〉 해석의 도구로 쓰이는 심리·문화적 상징의 예[9]

상징 분류	가능한 해석 의미	비고
조직화 또는 질서	* 정신적 배경의 전체성과 잘 조화된 의식적 태도. * 두려움, 강박, 강제의 결과인 경직된 질서감. * 통제할 수 없는 자율적 내용에 대해 갖는 두려움. * 압도적인 무의식적 내용에 대항하여 생명을 구하려는 통제.	

9 〈표 1〉의 상징 분류에서는 심리적 상징과 문화적 상징이 혼용되고 있다. 압트는 그림 또는 꿈의 해석을 위한 도구를 제시하기 위해, 그림을 '연상, 미술 재료, 형식적 측면, 공간, 색채, 숫자, 주제'의 측면에서 분석하고 있다. 그리고 각 측면에서 발견할 수 있는 상징과 그 의미를 융의 심리학적 관점에서 분석하고 있다. 〈표 1〉의 상징 분류 체계와 상징 의미는 이러한 압트의 도구 및 데이터를 원용한 것이며, 분류 내용 중 '주제' 부분은 쿠퍼의 문화적 상징체계와 상징 해석을 근거로 하였다. 쿠퍼는 보편적이며 일반적인 수용 의미와 함께 특정한 문화권에서 일반적으로 받아들여지는 의미를 조사하여 제시하고 있다.
– Theodor Abt, 앞의 책, 57~171쪽.
– Jean Cooper, 『그림으로 보는 세계문화상징사전』, 까치글방, 2010, 10~429쪽.

상징 분류	가능한 해석 의미	비고
비례	* 중요하거나 위협적인 것 또는 에너지가 위치한 곳. * 균형에서 벗어난 사물들의 관계.	
움직임	* 왼쪽(과거)을 향한 움직임: 과거에 잃어버린 것을 되찾기 위해 내향화하는 것. 분노에 사로잡혀 퇴행적 방향으로 이끌림. 죽음과 부활, 새로운 상징을 창조하려는 방향. 무의식의 나락 속에서 길을 잃고 있는 위험.	
	* 오른쪽(미래)을 향한 움직임: 외부 세계를 향한 흐름 또는 전개. 생각이나 의미를 고려하지 않는 외향화. 기계적인 일과. 현실의 석화石化.	
위치	* 위쪽: 상승. 정신적인 것. 성장. * 아래쪽: 땅. 뿌리. 기초를 이루는 것. * 왼쪽: 불길한 것. 어두운 면. 과거. * 오른쪽: 밝은 면. 미래. * 좌우: 시간 속에서 전개되는 것. * 상하: 자라나는 것.	
원근법	* 중앙 원근법: 무의식에 대해 상대적으로 힘을 갖게 된 자아-콤플렉스의 강화. 표상된 것을 통제하는 능력의 성장. * 빛의 원근법: 대립물 사이의 긴장을 유지하기엔 너무 약한 자아. 화해하는 상징의 출현 가능성 제시. * 중앙 혹은 직선 원근법: 현실에 대한 좋은 감각. 구체적 관념에 빠져 꼼짝 못하게 된 상태. * 원근법이 감소: 내면세계로부터 새롭게 떠오르는 것들을 받아들일 준비. 자아 통제의 느슨함. 표상된 것에 질서를 부여할 수 있는 능력의 해체. * 원근법에서 벗어난 것: 경계성 장애나 정신증의 구조. 깊은 내면의 정신적 불일치. * 원근법 없는 경우: 자아의식의 그림자 부분에 대한 지식이나 깊이의 결여. 삼차원적 현실성으로부터 사물의 정수에 이르는 추상성.	

상징 분류	가능한 해석 의미	비고
색채	* 빨강: 따뜻함. 결합. 부활. 태워버리는 열기. 분열. 파괴 * 파랑: 내향성. 의미 있는 질서. 정신성. 수용성. 현실성의 상실. 차갑고 경직된 질서. 정신에 사로잡힘. 강력한 소유욕적 몰두. * 노랑: 빛을 발함. 되살리기. 명확하게 하기. 생명의 파괴. 지나친 명확성. 중독 상태. * 초록: 성장. 생명을 가져옴. 희망찬. 식물의 과잉성장. 성장 억제. 먹어치움. * 주황: 격려하기. 깨우치는. 즐거운. 중재하는. 공격성 야기. 부조화의 산출. 사로잡는. 악마적. * 보라: 대립의 합일. 중재하기. 정신화. 대립의 혼합. 우유부단함. 현실성의 상실. * 갈색: 뿌리 내리기. 현실성에 바탕을 둔 양육. 비옥함. 근본에 묶여 있는. 양육에 의존된 상태. 부패하고 짓누르는 현실. * 검정: 자궁 혹은 근원으로의 회귀. 새로운 탄생을 위한 준비. 새로운 삶의 수용. 우울. 파괴. 죽음. * 회색: 양극적 대립들의 통합. 추상의 가능성. 색상을 분리시켜 거두어들이기. 지혜의 상징. 양극적 대립들의 혼합. 지나친 이론적 추구. 색상의 서글픈 상실. 악화의 상징. * 하양: 생명. 새로운 어떤 것으로의 이행. 불멸성. 빛과 순수. 죽음. 어떤 것으로부터 떠남. 소멸. 냉담한 분리. * 일반 혼합색: 예)검정+파랑=평화로운 회귀 또는 재생. 파괴적 정신의 사로잡힘.	
숫자	* 1: 분화되지 않는 전체성에 대한 상징. 근원. * 2: 구체적 창조. 우리가 살고 있는 현실성. * 3: 시간에서의 비가역적 과정. 창조적 생산. 상대적 전체성. * 4: 새로운 것이 시작되는 경계. 자아의식 구성의 원형적 배경. * 5: 삶 속 관계의 필요성이니 가능성. 현실 삶에서의 실현이 가능하게 된 것.	

상징 분류	가능한 해석 의미	비고
숫자	*6: 실제적 삶에서 배열되어 있는 대립물의 창조적 결합에 대한 필요성 또는 가능성. *7: 무의식적 영혼과 정신적 발달. 개인의 전全인격화로의 발달. *8: 불멸의 영혼과 영원성. 인간 삶의 심리학적 목표. 반드시 길러지는 의식의 발달. *9: 하나로 통합하는 역동성. 창조적으로 분화될 가능성 또는 필요성. *10: 삶의 서로 다른 모든 양상들을 하나로 모으려는 필요 혹은 가능성. *11: 악마, 죄악, 무절제, 갈등, 오만, 질병(기독교). 도道의 숫자(중국). *12: 인간의 의식이 새롭게 되는 것. 정신적인 위기나 우울증과 같은 질병 상태에서 치유 과정. *13: 우주의 완전한 역동성의 전체. *14: 한 개인이 마음 놓고 의식의 발달을 강화하는 내용의 것. *15: 의식성을 수반하게 되는 전체 영역의 창조. *16: 하나의 네 측면이 완전히 분화된 실현화. 숫자 8의 대칭 쌍. 숫자 4의 두 겹 대칭 쌍. *17: 세계에 대한 의식적 인식의 극한.	
주제	*문화적 상징의 사례들을 통해 의미 확인.	

위와 같은 상징 분석을 통해 시의 의미를 해석하는 방식의 유의성은 두 가지 측면에서 발견될 수 있다. 첫째, 독자로 하여금 해석을 위한 시 문법을 자율적으로 설정하도록 함으로써 시의 의미 접근을 용이하게 할 수 있다. 시 테라피 현장에서 텍스트를 활용하여 독자 자아에 접근하는 방식은 주로 다음 세 가지 방식으로 나눌 수 있다. 1)문제적 자아와의 직면을 위해 시어의 개별적 의미나 단편적 이미지를 선택하고 몰입하는 방식, 2)긍정적 정서의 유입을 위

해 시의 인상적 해석에 근거하여 분류된 상황별 목록을 활용하는 방식, 3)반영된 자아를 확인하고 무의식과의 소통을 시도하기 위해 시 모작模作이나 창작을 시도하는 방식이다.

치유 목적으로 활용되는 매체로서의 시 연구는 이들 방식이 가지는 매체 효율성을 수렴할 뿐 아니라, 원작 텍스트에 속한 가치 있는 시적 요소를 차츰 전반적으로 활용할 수 있도록 텍스트 접근 방법의 폭을 넓혀가야 한다. 이러한 필요성을 감안할 때, 상징 의미 활용 방식은 독자의 텍스트의 접근을 용이하게 하여 텍스트 일부 또는 단편적 요소를 포함한 통합적 의미를 치유 과정에 활용하도록 한다는 유의성을 가진다.

‖ 상징 의미를 활용한 시 읽기

다음은 상징 의미를 활용하여 시 텍스트를 해석하는 경우에 독자가 텍스트 의미에 접근하는 용이성이 어떻게 나타날 수 있는지 검토하는 시 읽기의 사례이다.

> 귀뚜라미는 문지방을 쪼아 내고
> 뭇버레 덩달아 밤을 써는데
> 눈 감고 책상 머리에 앉았으려면
> 내 마음은 가볍고 무서운 생각에 눌려,
> 깊이 모를 바다 속으로 가라앉는다.
> 백 길 천 길 한정(限定) 없이 가라앉는다.
>
> – 심 훈, 〈추야장(秋夜長)〉 중.[10]

10 심훈, 『그날이 오면』, 정음사, 1974, 75쪽.

위의 시에서 의미 구성을 위한 분석적 체계를 고려하기 이전에 시어가 가진 문화적 상징 의미만을 살펴보면 다음과 같다. 문화적 상징 의미에 비추어 볼 때, '귀뚜라미'는 '가을이 옴'을, '문지방'은 '속된 것에서 성스러움으로, 외부의 속된 공간에서 내부의 성스러운 공간으로의 이행, 새로운 세계로 들어감', '벌레'는 '죽음, 용해, 대지'를, '밤'은 '우주 창조 이전의 암흑, 재생과 탄생 전의 암흑, 혼돈, 죽음, 광기, 붕괴, 세계의 태아 단계로의 역행'을, '바다'는 '원초의 바다, 혼돈, 무형성, 질료로서의 존재, 끝없는 운동, 생명의 원천, 헤아릴 수 없는 신비, 인생의 바다'를 가리킨다. 이를 바탕으로 독자는, 가을이라는 계절 또는 전환적 시기에 접어들면서 원초적인 고뇌와 사유에 빠져있는 시적 화자를 발견할 수 있을 것이다.

그런데 시적 화자의 정서적 상황에 공감하지 않거나 이러한 시적 배경의 맥락을 발견하지 않을 경우에 '귀뚜라미', '벌레', '바다' 등의 시어는 앞서 말한 시적 정황과 전혀 다른 독자의 스키마나 정서적 반응을 불러일으킬 수 있다. 가령, 시 텍스트에서 주목되는 하나의 시어로부터 개별적 이미지와 정서를 환기하는 경우, '바다'는 시원한 여름 바다와 함께 청춘과 푸름의 이미지를 떠올리도록 할 수 있다. 그러한 경우에는 텍스트 활용이 독자와의 치유적 소통에 어떻게 작용하는지 가늠할 수 있는 가능성이 차단된다. 그러나 독자가 상징적 데이터를 참고하는 경우에는 '귀뚜라미-가을', '벌레-죽음', '밤-혼돈, 죽음', '바다-인생, 생명' 등 비교적 제한된 범위의 정서와 이미지를 환기시키게 된다. 이로써 독자의 정서 반응과 진행의 방향을 예측하거나 이러한 정서적 범위에서 치유적 활동을 제안하는 데 도움이 될 수 있다.

한편, 텍스트 수용 과정에서 시어의 의미 구성 양상 뿐 아니라 형태적인 구성 양상에 착안하거나 문화적 상징 의미 대신 심리적 상징 의미를 반영하는 방법도 활용 가능하다. 가령 독자는, '바다 속으로 가라앉는다'에서 바다 속 깊이 가라앉은 '위→아래'의 움직임, '귀뚜라미는 문지방을 쪼아 내고/뭇버레 덩달아 밤을 써는데'에서 귀뚜라미 울음과 써는 행위의 반복적 리듬감 또는 질서 의식, 밤이라는 색채감 등에 착안할 수 있다. 이러한 경우, 형태적 구성에서는 '침잠/가라앉음/하강'의 이미지나 '어두움/검정색'의 색채감, '반복/질서'등의 형태감 등이 특질적 요소로 발견된다. 이것은 단지 시어의 의미뿐만 아니라 문화적 상징 의미를 참고하여 텍스트를 해석하는 데 도움을 주는 이차적 정보가 될 수 있다.

또한, 이러한 정보들을 심리적 상징 데이터를 활용하여 해석하고자 할 때 독자는 시어나 관련 이미지로 문면에 나타나지 않은 심리적 특징, 즉 기계적 반복을 통한 질서감이나 하강 이미지를 통한 우울감 또는 폐쇄감 등에 착안할 수 있다. 독자는 착안하거나 발견하게 된 심리적 특질을 이해하는 데 다시 상징적 해석 코드를 활용할 수 있다. 즉 독자는 '질서-두려움, 강박, 강제의 결과인 경직된 질서감', '검정-자궁 혹은 근원으로의 회귀. 새로운 탄생을 위한 준비. 새로운 삶의 수용. 우울. 파괴. 죽음', '위쪽-상승. 정신적인 것. 성장', '아래쪽-땅. 뿌리. 기초를 이루는 것' 등의 상징 의미를 참고할 수 있다. 이것은 통제되지 않은 것에 대한 두려움이나 강박적 질서감 등의 불안한 의식을 가진 화자가 새로운 탄생과 수용을 준비하기 위해 근원적인 사유에 침잠하게 되는 상황을 읽어내는 데 도움을 줄 수 있을 것이다.

이처럼 독자는 시어들의 의미 세계나 특수한 시적 정보를 가지고 있지 않더라도 시적 의미를 유추하고 텍스트를 의미 해석 단계에서 활용할 수 있게 된다.

모란이 피기까지는
나는 아즉 나의봄을 기둘니고 잇슬테요
모란이 뚝뚝 떠러져버린날
나는 비로소 봄을여흰서름에 잠길테요
오월(五月)어느날 그하로 무덥든날

떠러져누은 꽃닢마져 시드러버리고는
천디에 모란은 자최도없어지고
뻐처오르든 내보람 서운케 문허졋느니
모란이 지고말면그뿐 내 한해는 다가고말아
삼백(三百)예순날 하냥 섭섭해 우옵내다.
모란이 피기까지는
나는 아즉 기둘니고잇슬테요 찰난한슬픔의 봄을

– 김영랑, 〈모란이 피기까지는〉 전문.[11]

'모란'은 전통적 문화 속에서 '양의 원리, 남성적 자질, 빛 영광, 사랑, 행운, 부, 봄, 청춘, 행복, 치유, 결혼, 풍요, 봄' 등과 같은 상징 의미를 지녀왔다. 독자가 해석을 위한 스키마 활용이나 공감적 정서 수용의 과정이 없이 텍스트의 의미망에 착안하여 위의 시를 분석하려면, 특히 '봄을여흰서름'이 어떠한 느낌이며 '찰난한슬픔의 봄'은 왜 찬란하면서도 슬픈 것으로 호명되는지를 설명할 수 있어야 할 것이다. 그리고 텍스트의 문면 의미를 해석하는 것에 그치지 않고 치

11 채만묵, 『한국현대시대계 2』, 한국문화사, 1996, 12~13쪽.

유를 위해 내면 활동을 활성화하는 수용 과정으로 이어지기 위해서 독자는 '나'가 '삼백예순날 하냥 섭섭해' 울면서도 왜 아직 모란이 피기까지는 봄을 기다리고자 생각하는지에 대해 공감할 수 있어야 할 것이다.

하지만 이러한 의문과 해석의 과제들은 모란이 가지는 보편적 상징 의미가 무엇인지 확인하고 시적 화자에게 모란이 가지는 절대적 중요성을 감지하면서 상당부분 해결될 수 있다. 우선, 독자는 모란이 '영광, 사랑, 행운, 청춘, 행복, 풍요, 빛' 등의 문화적 상징 의미를 가지고 있음을 참고할 수 있다. 독자는 이러한 의미를 확인하면서 다음과 같은 해석에 용이하게 접근하거나 보다 쉽게 공감할 수 있다.

시적 화자를 '삼백三百예순날 하냥 섭섭해 우옵내다'에서 보이는 것처럼 절망적으로 만들면서도 '나는 아즉 기둘니고잇슬테요 찰난한슬픔의 봄을'이라고 말하며 좌절하고 포기한 채로 있을 수 없게 만드는 것은 '떨어져버린 모란'이 바로 '나'의 '영광, 사랑, 행운, 청춘, 행복, 풍요, 빛'과 같은 존재이기 때문이라는 사실을 독자는 알게 된다. 이와 같은 모란의 상징적 의미는 독자 자신에게 절대적인 의미를 가진 존재들을 각기 상기하게끔 하면서 시적 화자의 정서 접근을 용이하게 할 수 있다.

둘째, 상징 분석을 통해 시의 의미를 해석하는 방식의 또 다른 유의성은 독자로 하여금 개별적 자아에게 맞춤형으로 제공되는 해석 의미를 수용하도록 할 수 있다는 점이다. 상징 의미는 심리적 또는 문화적 범주와 개별적 의미 체계에 따라 달리 나타나곤 하기 때문이다. 치유 매체로서 시를 연구하는 과정에서는 하나의 텍스트가 개별적 독자에게 수용되는 해석 간의 변별성을 어떻게 설명할 것인가 하는 문제가 어김없이 제기된다. 그것은 구체적으로, 하나의 텍스트가 독자의 특정한 정서 상황에 작동할 수 있다거나 그러한 정서를 어떠한 방향으로 수정해 갈 수 있는지 예측할 수 있는가, 그리고 그러한 예측 관계가 독자의 치유 과정을 관찰하거나 독자가 스스로 치유 활동을 진행해갈 때 오히려 한계적 요인으로 작용하지 않을 것인가 하는 의혹이다.

그러나 굳이 텍스트의 해석 의미를 통계적으로 제시하거나 설득력 있는 분석 과정을 논거로 보이지 않더라도 독자는 한 편의 시를 보편적 또는 대중적 해석 방향으로 받아들이곤 한다. 시의 창작 의도나 본질적 의미에 관계없어 보이더라도 김춘수의 〈꽃〉이 연시戀詩로 읽히거나 김소월의 〈진달래꽃〉이 응원가로 불리는 것이 그 예이다. 하나의 텍스트가 해석되는 범위는 실제로는 과도하게 방만하게 나타나지 않는다. 몇 가지의 해석 양상으로 분류되는 경우에는 그에 대한 공감이 집체적 양상으로 나타난다. 각각의 해석 양상에는 공통적인 배경이 되는 사유와 경험이 공감의 근거로 자리하고 있기 때문이다. 이는 역시 인간이 공통된 수용 기준을 지니면서 대상을 분석하고 정보에 접근함을 보여준다.

텍스트의 치유적 자질을 검토하거나 이를 직접 활용하기 위한 연구에서 착안해야 할 점은, 텍스트에 대한 단일적 해석의 도발을 예상하면서 그에 대한 치유적 대안 과정을 마련하는 것보다, 텍스트로부터 독자가 수용할 수 있는 치유적 자질과 정보를 추출하고 이를 독자가 능동적이며 용이하게 수용할 수 있도록 만드는 데 있다. 즉, 일차적으로는 텍스트에서 유용하게 쓰일 수 있는 치유적 자질, 즉 유의미한 의미, 형태, 이미지, 정서, 서사, 운율, 감각 등을 추출하여 가시적으로 제시할 수 있어야 한다. 이차적으로는 이러한 자질들이 효율적으로 독자에게 수용될 수 있는 접근 방식을 제안할 수 있어야 한다. 이러한 접근 방식은 텍스트의 특질에 맞게 다양하게 나타날 수 있으나 텍스트에 대한 치유적 연구에서는 텍스트의 특정한 자질이 제한된 수용 방향으로 통제되어 진행될 수 있고 그러한 자질이 치유 성과로 구현되고 있는지 확인할 수 있어야 한다.

여기서 제한된 수용 방향은 치유 과정 이전에 진단되었거나 독자가 자각하고 있는 부정적 정서 상황으로부터 스스로 설정한 문제 해결 상황으로의 진행 과정을 의미한다. 이것은 치유, 회복, 긍정적 진행, 때로 치료 등으로 불리어질 수 있는데, 이러한 제한된 수용 방향의 설정과 통제된 진행을 위해서는 텍스트의 충분한 치유적 자질과 이 요소들에 대한 최소한의 조합이 필요하다. 즉, 충분한 치유적 요소를 제공하되, 이것을 독자의 특성과 요구에 맞게 최대한 개별적이고 자율적으로 조합하고 수용할 수 있도록 해야 한다. 한 편의 시가 독자의 실제적 삶에 수용되기 위해서는 독자의 주관적 견해에 부합하는 해석 의미가 차용될 수 있어야 하기 때문이다. 치유 주체 역시 자신의 근거에 따른 해석 의미를 도출할 수 있어야 텍스트의 치유성에 동의할 수 있을 것이다.

이러한 연유에 비추어 볼 때, 상징 의미는 독자로부터 출발하는 주체적 해석의 기준이 된다. 가령, 상징 의미가 문화적 집단의 공통적 수용 기준으로 체현되어 있는 경우, 그 집단의 보편적 해석에 효율적으로 도달할 수 있는 근거가 된다.

> 엄마야 누나야 강변(江邊) 살자,
> 뜰에는 반짝이는 금모랫빛,

뒷문 밖에는 갈잎의 노래
엄마야 누나야 강변 살자.

– 김소월, 〈엄마야 누나야〉 전문.[12]

치유적 목적으로 시를 읽는 독자에게 위 텍스트가 매우 익숙한 경우라면 위 시는 엄마나 누이에 대한 그리움을 느끼게 하거나 어릴 적 고향과 자신의 모습을 떠올리게 하거나 노래로 불리어지는 시의 멜로디를 연상하게끔 만들 것이다. 한편, 위의 텍스트가 낯선 독자의 경우라도 상징 의미를 활용한 텍스트 접근 방식은 해석을 위한 몇 가지 경우의 수를 제공하면서 독자의 감상에 자율성을 제공한다. 독자는 '엄마', '누나', '강변', '뜰', '금모래', '뒷문', '갈잎'과 같은 시어들이 주는 이미지와 의미, 혹은 두세 가지 시어의 연상적 이미지를 조합하거나 병치할 수 있다. 독자는 네 줄의 행으로 이루어진 시 텍스트의 조합 관계를 해체하면서 위의 텍스트가 지닌 의미 구성의 자질을 수렴할 수 있는 것이다.

위 시를 상징 의미에 비추어 읽을 때 적용할 수 있는 시어들의 의미는 다음과 같다. '어머니'는 '여성의 전형, 모든 생명의 기원', '강'은 '현현하는 세계의 유전, 인생 과정', '모래'는 '불안정, 비영속', '갈대'는 '기록된 시간'의 상징 의미를 지닌다. 그렇다면 '엄마'와 '누나'보다 더 어린 존재이자 보살핌이 필요한 '나'는 어머니와 누이를 호명하며 생명력을 희구하고 있는 것으로 보인다. '뜰'과 '뒷문'은 엄마, 누나와 살던 집의 풍경에 속한 것인데, 각각은 '금모래'와 '갈잎'이 나타내는 영속적 자연의 풍경과 대립되고 있다. 이것은 좌우의 대립이 의미하

12 김소월, 『진달래꽃』, 마당문고, 1983, 28쪽.

는 시간의 흐름을 나타낼 뿐 아니라, 형식적 배치가 특정한 의미감을 전달하도록 만든다.

즉, 좌측에 배치된 '뜰'과 '뒷문'은 어두운 과거를, 우측에 배치된 '금모래'와 '갈잎'은 밝은 미래를 나타내는 데 이바지하여, '나'가 지향하는 바가 어디에 있는지 확인할 수 있게 한다. 각 상징이 지닌 문화적 의미를 고려할 때, '금모래'는 비영속적으로 살아가는 개체로서의 '나'이지만 자신의 삶을 금빛처럼 가치 있고 조명할 만한 것으로 바라보고 싶은 관점을 드러내 보인다. 또한 '갈잎'은 시간의 영속성 속에 삶을 기록하고 싶은 관점을 나타내는데, 이 같은 지향점들은 오히려 시적 화자가 처한 현실적 상황의 단절감, 쓸쓸함, 유한성을 드러내 보인다.

이러한 정보들을 바탕으로 할 때, 독자는 각 해석의 요소들이 가진 상징 의미를 자신의 의미 체계에 맞게 조합하면서 통합적 의미를 구축해낼 수 있다. 시 텍스트가 포함하고 있는 여러 자질들, 즉 시어의 의미나 이미지, 형태적 특질들에 선택적으로 착안하면서 자율적인 의미를 도출하되 텍스트의 본래 배경이 지닌 맥락을 과도하게 벗어나지 않을 수 있다는 점에서 상징 의미를 활용하는 해석 방식은 텍스트 자질 구현을 검토할 수 있는 통제된 방식이 될 수 있다. 결국 이러한 방식은 문화적 집단 구성원의 해석 의미에 대한 보편성과 개별적 독자의 해석 의미에 대한 변별성을 함께 설명할 수 있는 근거가 될 수 있다는 점에서 유의미함을 지니는 것으로 보인다.

다시 말해, 시 텍스트에 자리한 각종 의미 코드를 해석하는 과정이 상징 의미를 통해 이루어질 때 다음 두 가지의 지점에서 치유적 시 텍스트를 선별하여 제시하기 위한 근거를 얻을 수 있다. 첫째, 상징 의미를 활용한 시 읽기의 결과는 독자에게 제시된 텍스트가 보편적으로 특정한 정서를 지니고 있거나, 독자의 특정한 정서적 상황과 작동할 수 있음을 나타내는 근거가 된다. 상징 의미를 활용할 때, 독자는 의미망 분석을 위한 다양한 이론을 적용하지 않더라도 텍스트의 내재된 주제 의식에 용이하게 근접할 수 있다.

시 텍스트는 당대와의 소통을 통해 시적 화자의 시대정신Zeitgeist을 구현하기 위한 예술적 매체로 쓰여 왔다. 의미와 그것을 전달하기 위한 표상 기호의 관계에서 볼 때 시 텍스트는 역사적으로 집적되며 편철된 상징 의미의 분류 체계와 병행 관계에 있다고 볼 수 있다. 그러므로 독자가 텍스트를 읽어가는 과정은 문화 또는 심리적 상징과 의미의 관계와 같이, 기호에 대해 보편적이거나 유사한 의미 체계가 인간의 인지적 수용 과정에 작동하는 것과 대비된다. 이것은 텍스트의 의미 접근 방식이나 수용의 결과가 독자마다 상이하더라도 의식이나 시적 배경에 대한 해석이 판이한 정도로 나타나지 않는 것, 즉 넓은 의미에서 해석의 보편성을 설명할 수 있는 근거로 볼 수 있다. 앞서 살펴본 텍스트 해석 과정은 상징 의미를 활용한 의미망 구축이 시적 요소의 분석 과정을 거친 해석의 결과와 유사하거나 그것에 접근하는 또 다른 경로가 될 수 있음을 확인하는 과정이라 할 수 있다.

둘째, 상징 의미의 데이터는 시 치유 과정의 주체인 독자나 조력자로 하여금, 독자의 정서적 상황과 작동하는 텍스트의 의미 구성 요소가 어떠한 의미의 층위에서 수용되었는지 확인할 수 있도록 하는 근거가 된다. 독자는 시어가 제공하는 색채, 공간, 움직임 등의 이미지나 의미의 편린, 시적 서사, 배경 등에 관련한 상징적 의미들을 통찰하면서 자신의 스키마와 잠재된 의식에 접근할 수 있는 가능성을 확대할 수 있다. 테라피 과정에서 텍스트의 의미 요소를 단편적으로 차용하는 경우는 텍스트 의미 수용 과정이 무의미하게 되거나 텍스트-독자 간 정서적 작동이 단절되는 결과로 이어진다. 독자가 각각의 상징 의미들을 해석을 위한 보조적 데이터로 활용하는 경우는 시 텍스트의 본질적 의미로부터 방만하게 확장되는 수용 양상을 제한할 수 있다.

이 때, 통제된 해석의 지평 속에서는 상징 의미의 각 분류가 교차되는 변별적 해석이 가능하므로 의미 분석의 과정이 제한적 데이터에서 출발하더라도 개별 독자에 따라 해석의 결과는 상이하게 나타날 수 있다. 그러므로 독자는 자신의 인식 체계에 부합하거나 정서적 상황에 수렴되는 상징 의미들을 선택하면서 각자의 정서적 자질에 부합하는 다종의 해석을 얻어낼 수 있게 된다. 의미에 대한 인지적 수용과 정서적 감응이 상호 작용하는 과정은 개인의 각종 방어기제나 감성적 성향에 의해 의식화 과정에 도달하지 못하거나 변형된 채 잠재되기 쉽다. 반면, 상징 의미를 활용하는 시 읽기의 과정은 이러한 감상의 내재적 과정을 가시화하고 해석의 근거가 되는 정보를 드러내 보임으로써, 하나의 텍스트가 개별 독자에게 치유적으로 작동하는 변별적 자질을 설명할 수 있을 것으로 보인다.

‖ 같음과 다름의 견줌이 주는 것

지금까지 치유적 목적을 위한 텍스트 활용 과정에서 독자의 개별적이고 능동적인 해석 및 수용 활동을 독려하면서도 텍스트의 치유적 자질에 대한 구현 가능성을 검토할 수 있는 방안에 대해 고찰해보았다. 이를 위해 사건과 사물에 대한 경험과 정보에 대해 인간이 공통적으로 수용하게 되는 기준이 있음에 착인하였고, 감성적 수용과 '공감하기'의 과정이 텍스트 해석을 제한된 범위로 수렴하게 하는 인간적 특질임을 제시하였다.

공감하기의 과정은 시공간의 축적을 통해 우리가 문화적으로 공통적 수용 방식을 체현하도록 하였으며, 그 집적된 정보는 문화적 또는 심리적 상징으로 발현된다. 이러한 전거로, 독자가 텍스트에 대한 인지적 접근이나 의미망 분석을 통한 해석 외에도 이러한 상징적 해석 코드를 통해 보다 쉽고 자율적으로 시를 읽을 수 있음을 제안하였다. 다시 말해, 이 글은 치유적 시 텍스트를 선별하고 개별적 독자의 요구에 맞도록 활용하기 위한 기준과 근거를 확립하는 데 주안점을 두었다. 그리고 그 확립 방안으로 시공간의 축적 속에서 '공감하기'의 과정을 거쳐 집적된 문화적 또는 심리적 상징 의미를 활용한 시 읽기의 방식을 제시하였다.

치유적 시 텍스트 선별 과정에서는 특정한 감성적 정황에 따라 어떠한 텍스트의 시적 정서가 독자와의 교감 근거를 소유하고 있다고 볼 수 있는지를 제시하는 데 있어 주로 텍스트의 주제, 시적 배경, 시적 화자의 어조, 시적 분위기 등에 대한 분석 결과를 사용해왔다. 이러한 의미 분석의 관점과 수용 방향은 독자 또는 분석자마다 달라질 수 있는 해석의 상이성을 전제로 하므로, 시 텍스트의 테라피적 활용에 있어 텍스트의 오용 가능성 또는 활용 가능성에 대한 원천적 의문이 제시될 수 있다.

그러나 인간의 공통적 수용 기준으로서의 상징 의미를 시 해석의 데이터로 활용하는 방식은, 테라피 현장에서 쓰이는 치유적 텍스트에 대한 상황별 근거 제시에 있어 동의를 위한 근거를 확대할 수 있을 것으로 보인다. 그것은 해석 의미에 대한 독자의 접근 경로가 공감의 층위에 자리하므로 일반적 의미 분석의 과정보다 쉬워지거나, 독자가 선택할 수 있는 해석적 데이터의 범주가 가시적으로 제시됨으로써 자신의 텍스트 수용 반응에 대한 인식이 가능해지기 때문이다. 또한 이러한 과정은 자극 원인과 감응 관계 사이에 존재하는 독자의 선험적 자질을 스스로 이해하고, 이로부터 이후 개인의 반응 경로를 조절하는 데 필요한 데이터를 수집할 수 있도록 도울 수 있다.

물론, 독자의 시 해석은 누적된 스키마나 직면한 상황 등에 따라 끊임없이 새로운 결과로 구성되며 그 결과는 자아 형성 과정에 다시 반영되는 등, 고정되어 의미화 된 형태로 나타나지 않을 것이다. 때문에, 시어를 상징 코드화하여 해석의 데이터로 활용하는 읽기 방식에서는 텍스트와 독자의 교감 상태, 독자의 내적 정보, 텍스트 수용의 목적, 상징 의미의 선택 층위에 따라 해석의 결과가 다양해질 수 있음을 고려해야 한다. 일반적인 시 읽기 방식과 달리, 이러한 해석 결과의 상이함이 오히려 유용할 수 있는 이유는 시 테라피 과정의 목표 설정과 그것을 점검하는 기준이 각 독자로부터 출발하기 때문이다. 더불어, 상징 의미를 활용하는 시 읽기 방식은 독자의 텍스트 접근성을 높여줌과 동시에 개별적이고 능동적인 감상 과정을 구현하는 데 도움을 줄 수 있다는 점에서 유의성을 지닌다.

시 읽기는 일종의 타로카드 해석이나 꿈의 해석처럼 시적 문법으로부터 자유롭게 이루어질 수 있으며, 읽는 과정과 해석 의미가 다시 독자의 상황에 반영되어 영향력과 방향성을 가질 수 있다. 독자가 자신의 의미 체계에 부합하는 시의 치유적 요소들을 확인하고 수용할 때 텍스트는 독자에게 직접 작용하는 실효성을 가질 수 있다. 이러한 전제 아래, 이 글에서는 시 텍스트의 특정한 표상이 심리적 또는 문화적 의미와 연결되는 상징체계를 문화적 층위로부터 문학적 층위로 적용하여 시 해석의 유의성을 밝혀보고자 하였다.

표상 시어의 문화적 상징 의미 적용과 시적 정서의 공감을 통한 시 해석 결과, 인문학 텍스트를 매개로 하는 실용적 학문에 있어 다음 두 계기를 마련할 수 있을 것으로 기대된다. 첫째는 시 치유를 위한 텍스트 선별 기준을 새로이 제시하는 것이고, 둘째는 치유적 감상을 위한 해석의 무한한 스펙트럼과 보편적 범주에서 분류되는 치유적 텍스트 목록 사이에 설득력 있는 근거를 제시하는 것이다. 또한 상징 분석을 통한 시 감상은 치유적 시 수용 과정에서 독자에게 나타나는 해석의 보편성을 설명할 수 있게 하며, 독자의 수용 과정에 용이성을 제공할 수 있을 것이다. 또한 상징 의미가 지역어와 지역 문화별로 다르게 나타날 수 있다는 것을 고려할 때, 시 텍스트의 상징 분석은 지역적 사고와 감성의 특질을 드러낼 수 있다는 가능성을 가진다.

현 시기는 문화적 소통의 세계적 활로를 위해 차츰 아름다운 지역성이 조명되고 이를 인류 공통적 언어로 소통하는 방안을 강구하는 시점에 있다. 기록된 언어로부터 그 언어를 뛰어 넘는 인류 공통의 수용 기준을 적용하는 것은 치유를 위한 시 텍스트 해석에 있어서 강한 파급력을 지닐 것으로 생각된다.

공명 기제의 치유적 작동 구조

‖ 치유와 실용적 인문학

심리학 또는 정신의학에서는 충격적인 사건을 경험한 후 극심한 정신적 스트레스와 함께 나타나는 정신적이고 신체적인 증상들을 가리켜 외상, 외상 장애, 정신적 외상, 또는 트라우마라고 한다. 지금까지의 외상 연구에 따르면, 외상 장애에 관여된 사건은 일회적인 것뿐 아니라 반복적이고 복합적인 것을 포함한다.

레노어 테어Lenore Terr는 그의 논문에서 외상의 특성과 관련하여 일회적 외상과 반복적 외상을 구별하고 있다.[13] 존 알렌Jon Allen에 의하면 반복적 외상이란 일회적으로 일어난 충격적 사건이 지속적인 외상적 반응을 일으키며 외상의 영향을 누적시키는 것을 말한다.[14] 로렌스 콜브Lawrence Kolb는 외상이 가져오는 만성적 성격 와해를 지적하였고 엠마누엘 타네이Emmanuel Tanay는 지속적이고 반복적인 외상이 직업, 세계, 인간, 신에 대한 태도의 문제로 나타날 수 있음을 논하고 있다. 그리고 주디스 허먼Judith Herman은 트라우마에 대한 반

---

13 Lenore Terr, "Childhood Traumas : An Outline and Overview", *American Journal of Psychiatry* 148, 1991, pp.10~20.

14 Jon G. Allen, 권정혜 외 역, 『트라우마의 치유』, 학지사, 2013, 27~28쪽.

응을 단일 장애의 범주보다 연속적인 상태로 이해하는 것이 정확하다고 주장한다. 허먼은 자연적으로 낫는 단기적 스트레스 반응뿐 아니라 전형적이거나 단일한 외상후 스트레스 장애와 지속적이고 반복적인 외상의 복합적 증후군을 아울러 복합성 외상 후 스트레스 장애라고 개념화하고 있다.[15]

이들 연구에서 주목할 점은, 외상으로 인한 불안정한 정서가 선조적이거나 인과적인 것으로 이해되기 어렵다는 것이다. 외상은 정서뿐만 아니라 의식, 지각, 관계, 의미체계 등의 변화를 가져온다. 삶의 다차원적 요인들이 상호작용하는 가운데 1차적 외상은 사회적으로 고려된 행위 형태 속에 더욱 복잡하고 불안정한 정서의 구조를 재차 양산할 수 있을 것이다. 의식으로부터 숨겨진 외상 형태의 반복적 양산은 초기의 사건을 나선형 구조로 심화하고 정서와 행위의 복잡한 가역반응을 만들어낸다. 이 글에서는 이러한 복잡한 가역반응의 결과와 그것의 해소 과정에 활용할 시 텍스트에 관한 논의를 위해 '트라우마'와 '트라우마적 사건', '트라우마적 정서' 등의 용어를 사용하고 있다.

예를 들어, "자라 보고 놀란 가슴, 솥뚜껑 보고 놀란다"는 속담에서 '자라를 보았음'이 트라우마적 사건이고 '놀란 가슴'이 트라우마라 한다면, 후일에 솥뚜껑을 보고 자신이 왜 놀라는지 알지 못한 채 놀라고 있는 심적 상태를 트라우마적 정서라고 말할 수 있다. 트라우마적 사건의 초기 유형은 '자라'의 외형을 지닌 채 '놀라움'의 정서와 결부되어 심연에 입력된다. 그 이후, 특별한 해소 과정 없이 일상

15 Judith Herman, 최현정 역, 『트라우마 : 가정폭력에서 정치적 테러까지』, 열린책들, 2012, 206~207쪽.

생활이 지속되었을 때 '자라'는 '솥뚜껑'으로, 그리고 '가마솥으로', 또 '부엌'으로, 부엌이 자리한 '북쪽' 등으로 변이 또는 확장될 수 있다. 만약, '자라'를 보았던 이가 북쪽 마당만 가까이 가면 가슴이 두근거리고 부엌이 이유 없이 두려워졌다면, 그것은 트라우마적 사건으로부터 발생했다고 보기에는 지나친 논리적 비약을 가지고 있어서 쉽사리 해소 지점을 찾을 수 없는 트라우마적 정서를 경험하고 있다고 할 수 있다.

즉, 이 글에서 말하는 '트라우마적 정서'는 트라우마와 관련된 최초 사건이 변형된 복합적인 발생 동기와 결부되어 일상적 행위의 이면에 잠재되어 있는 정서를 말한다. 이것의 범위는 정서 주체에게 트라우마와 결합된 채 환기되거나 트라우마로 인해 추후 발생되는 불안정한 정서 상태를 아울러 포함한다.[16] 이러한 정서는 일상생활 속에서 짧은 발생 기간을 가지고 수시로 나타나곤 하는 부정적인 정서 상태와 트라우마 사이에서 중간적인 성격을 지니고 있다. 일반적인 정서는 발생 동기가 불특정하고 해소 과정이 비교적 단순한 구조와 짧은 시간을 지니고 있는 것에 비해, 트라우마적 정서는 원인과 결과적 정서의 관계가 복잡하면서 결국 발생 동기가 트라우마적 사건으로 소급되며 해소를 위한 과정이 비교적 복합적이고 오랜 기간을 가진다.

가령, 어떤 이가 자동차 사고를 경험한 후 같은 차종만 보더라도 심한 불안 증세를 나타내며 도로에 진입하는 것조차 어려워한다면 자동차 사건은 그의 트라우마일 것이다. 한편, 그가 차를 타고 약속

16 이후 본문 2장부터 외상과 관련한 모든 용어는 원어인 트라우마trauma로 통일하여 사용하기로 한다.

장소에 나가 만나려고 했던 사람, 사고 차종의 색깔, 사고 당시 차량 내에서 듣고 있었던 노래와 가수 등, 최초 사건에서 변형된 자극으로부터 스스로 정서 발생 근거를 설명하기 어려운 불안을 겪게 된다면 이때 그의 부정적 정서는 트라우마적 정서라고 할 수 있다.

이처럼 트라우마적 정서는 트라우마와 구별될 수 있다. 그렇지만 트라우마적 정서가 초기의 트라우마를 환기하거나 '반복적 외상'으로 발전될 가능성을 염두에 둘 때 트라우마적 정서는 트라우마와 관련한 치유 또는 예방을 위한 작업의 범위에 포함될 필요가 있다.

여기서 '치유'라는 용어는 '치료'와 구별하여 이해될 필요가 있다. '치료'가 특정한 병인病因으로 인한 증상의 관계를 진단한 후, 그 증상을 완화 또는 소멸시키기 위해 시도하는 임상적이며 목적적인 행위라고 한다면, '치유'는 임상적이고 목적적인 행위라는 점에서는 유사하지만 행위의 동기에 진단이 생략될 수 있다는 점에서 치료와 구별될 수 있다. 즉, 치유는 병인이 진단되지 않는 경우에도 진행할 수 있다. 이것은 진단할 수 있는 특정한 병인보다 치유 주체에게 나타나고 있는 증상을 행위의 동기로 삼아 시도할 수 있다는 의미이다.

치유 행위는 치유 주체가 현재 불편이나 불안을 느끼는 정도에 따라서 시작되거나 중지될 수 있으며, 따라서 자발적 동기는 치유 행위의 핵심적 요인이 된다. 또한 '치유'는 '치유적'이라는 용어와도 구별되는데, '치유적'이라 함은 '치유를 위한', '치유에 가까운', '치유를 이루어 낼 수 있는' 등의 의미로 읽혀져야 한다. 즉, 이들 용어의 공통적 성격을 치유 주체의 부정적 증상에 초점을 둔 행위로 볼 때, 증상의 원인 또는 소멸 관계의 명확성과 효과성에 따라 각 용어는 '치료〉치유〉치유적'의 순서로 나열할 수 있다.

치유의 대상이 되는 외상이 복합성과 지속성을 가질 때, 특정한 외상 구조를 가지고 있는 특정한 사람, 그리고 그 특정한 사람에 대한 특정한 상담 설계라는 투입-산출 형식의 도식은 치유에 있어서 다소 무력하다. 오히려 치유의 과정은 외상의 구조만큼이나 복합적이고 지속적으로 이루어져야 한다. 여기서 치유의 복합성은 주체와 방법의 범주에 있어 포괄성을 의미한다.

가령, 외상의 주체는 특정한 외상 구조를 가진 불특정한 사람까지 포함될 수 있다. 이때 불특정한 사람이란, 외상의 구조를 인식하고 있으나 표면적 정서나 행위로 드러나지 않는 경우, 그리고 외상의 구조를 인식하지 못한 채 불안정한 정서 상황에 고통 받는 경우이다. 또한 외상의 주체는 특정한 상담 설계뿐 아니라 불특정한 치유 행위 역시 경험할 필요가 있다. 이것은 불특정한 탐색 매재媒材와의 지속적 또는 상시적인 접촉을 의미한다. 불특정한 치유 행위는 치료적 상담이나 의료적 진단과 처방 외, 외상의 구조를 인지하고 정서적 균형을 주도할 수 있도록 조력하는 다양한 매재 매개 행위를 포함한다. 시문학, 드라마, 미술, 음악, 행위 등을 매개로 하는 다종의 치유 활동이 그 예이다.

비 일관적인 외상의 구조는 다종의 치유 활동을 특정한 장애나 증후, 사고 활동의 교정을 목적으로 하는 시도 이상의 것으로 보게끔 한다. 반복적 외상은 우리가 모두 잠재적인 외상의 원인이자 주체, 혹은 생존자일 수 있음을 나타낸다. 또한 외상을 경험했거나 지니고 있는 사람과 그렇지 않는 사람의 경계가 모호하다는 것을 나타내기도 한다. 치유 활동은 보다 대중적이며 일상적으로 접근 가능해야 할 경험이자 정서 주체의 일상적 회복 가능성을 강화하는 교양사업의 일환으로 제공될 필요가 있다.

따라서 이 연구는 정서 주체의 합리적인 정서 운용을 위한 실용적 인문학의 실현을 추구한다. 특히, 트라우마 그 자체적 특성보다 트라우마가 야기하는 정서 주체의 행위적 발현과 정서 운용의 매재 사이의 역동적 작동 관계 또는 특성을 추적하는 데 착안하고 있다. 따라서 트라우마 치유를 위한 임상적 실험 연구 대신, 치유적 접근 방법을 밝히기 위해 시 텍스트를 활용한 예증과 이론 연구의 성격을 지닌다. 결국, 트라우마적 정서의 회복 과정과 시 텍스트 수용 과정의 유사성 및 관계적 특이성을 분석하여 정서의 자구적自救的 운용에 활용될 수 있는 시 텍스트의 공명 기제와 작동 구조를 증명하는 것이 이 글의 목적이다.

여기서 실용적 인문학이란 인문학적 데이터 속에서 정서의 자구적 운용을 위한 방책을 도출하고 정서 주체의 현실에 맞게 수용 방식을 가공하여 제안하는 일련의 연구 성과를 의미한다. 물론 정서의 자구적 운용뿐만 아니라 삶을 움직이는 동인에는 인지, 신체, 관계, 의식, 환경 등 다양한 요인과 방법이 포함될 수 있을 것이다. 하지만 이 논문에서는 삶을 움직이는 가장 직접적이고 역동적인 요인을 정서로 보고 이에 주목하고 있다.

정서는 행위의 각 장場을 연결하는 전환적 기제이자 다른 삶의 요인들이 궁극적으로 추구하거나 다다르는 결절結節 지점이 된다. 삶의 각 요인은 행위의 장마다 최종적으로 정서와 결합하며 존속의 결과로 이어진다. 가령, 의식의 변화는 태도의 지속 또는 중단에서 나타나는데 정서는 이러한 변화의 필요성을 감지하거나 변화를 결정하는 근거가 된다. 동일한 환경과 여건이 동일한 삶의 구조를 형성하지 않고 상대적인 방향으로 각기 다른 행위의 질과 양을 나타내는 것 역시 정서의 결정적 영향력을 나타낸다고 볼 수 있다.

인문학적 데이터는 그 자체로 삶의 치유적 도전이자 문화구성원의 뜻과 정서가 집결된 치유적 대안이라 할 수 있다. 고전은 고전으로 읽힘으로써 존재 가치와 필요성을 입증하며 그것을 요구하고 수용해 온 이들의 사고와 정서를 대변한다. 역사는 한 시대의 구성원으로부터 선택된 사건의 흐름이며 일련의 사건은 그들의 시대 의식과 정서적 가역 반응을 입증한다. 인문학적 데이터 속에서 삶의 자구적 방책을 발견하고 현실에 적용하려는 시도는 발전적 행로를 위한 통시적 소통이자 인문학의 생명력과 가치를 조명하는 당연과제일 수 있다.

다음 2장에서는 트라우마적 정서의 치유적인 작업 과정과 해소적 진행을 위한 요건을 점검할 것이다. 그리고 시 텍스트를 정서 운용을 위한 매재로 활용할 수 있는 근거를 찾아본다. 3장에서는 트라우마적 정서와 치유 주체의 시 수용 양상 사이에 나타나는 관계적 특성을 정리하기로 한다. 4장은 관계적 특성의 분석이 정서 운용을 위한 매재의 선택적 활용을 위한 분류 근거로 쓰일 수 있는지에 대한 가능성의 추론이다.

‖ 트라우마의 치유 작업과 시 텍스트

히스테리아, 트라우마, 정서적 행동과 인격 장애 등에 관한 정신의학적 또는 심리학적 연구에서는 트라우마 치유에 있어 주체의 자존감과 주도성 회복을 핵심적인 전환 고리로 본다. 아이다 알라이어리언Aida Alayarian은 "심리적 기능의 실패나 외상 후 스트레스 장애의 증후 없이 심각한 트라우마나 역경을 겪어 내는 능력"으로서 "회복탄성력resilience"을 들어 말하고 있다. 회복탄성력은 자기반영, 자아정체감, 자아인식, 자아존중과 보호, 공감 능력, 유머 감각 등의 특

〈표 2〉 치유의 단계[17]

	1단계	2단계	3단계
히스테리아	안정화, 증상 중심 치료	외상 기억의 탐색	성격 재통합, 복귀
전투 외상	신뢰, 스트레스 관리 교육	외상의 재 체험	외상의 통합
복합성 외상 후 스트레스 장애	안정화	기억의 통합	자기의 발달, 추동의 통합
다중인격 장애	진단, 안정화, 소통, 협력	외상의 대사(代謝)	완결, 통합, 완결 이후 대처 기술 숙달
외상성 장애	안전	기억과 애도	연결의 복구

성을 지니며 나타난다.[18] 이들 특성은 자아의 구성이나 자아가 처해 있는 장場의 구도에 대한 장악 정도와 연관되어 있다. 즉, 회복탄성력은 자신의 문제적 상황, 대처 능력, 처리 방향과 방안을 잘 알고 실천적 행위를 스스로 조절할 수 있는 치유 주체의 능력으로 볼 수 있다. 또한 허먼은 자기 회복 체계의 단계를 "안전 확립-기억과 애도-일상과 연결"의 과정으로 보고 위 〈표 2〉와 같이 정리하고 있다. 이러한 치유 과정에서 역시 치유 주체의 주도성 강화의 중요성을 확인할 수 있다.

위 〈표 2〉에서 나타나는 치유의 각 단계가 연결되거나 평가되기 위해서는 주체의 해석과 판단이 최종적 기준이 된다. 3단계에서 통

17 Judith Herman, 앞의 책, 261쪽.

18 Aida Alayarian, 김현아 외 역, 『난민치료센터 상담 중심의 트라우마 회복 탄성력과 상담실제』, 시그마프레스, 2011, 29~34쪽.

합 또는 복구로 나타나는 치유적 양상 역시 이후 연결되는 장에서 쓰일 행위 주체의 안정성을 체현하는 맥락으로 보인다. 즉, 위의 단계적 내용은 트라우마 치유와 정서 안정을 위해 자립적이며 자구적인 정서 운용 방책을 탐색하고 체화하는 훈련 과정인 것이다.

트라우마적 정서의 치유 과정에서는 무엇보다 트라우마를 겪고 있는 주체를 주도적인 치유 주체로 강화하고자 하는 주·객체의 관점이 필요하다. 치유 주체의 자기 주도적 관점과 태도가 마련된다면 실제로 트라우마를 다루는 작업에서 중요한 과제는 트라우마에 대한 장악력을 갖도록 하는 것이다. 허먼은 성공적인 회복의 경로는 "예측할 수 없는 위험에서 의지할 만한 안전으로, 해리된 외상에서 승인된 기억으로, 낙인찍힌 고립에서 사회적 연결의 회복으로" 진행된다고 말한다.[19]

예측할 수 없는 위험에서 벗어난다는 것은 자신을 위협하는 실체를 파악하고 위험의 원인이 자리한 공간과 안전한 공간을 분리하여 생각할 수 있다는 것을 의미할 것이다. 그리고 위협의 실체를 파악하는 과정은 자신의 불안정한 정서 상태를 인식하고, 그것의 근원이 어떠한 경험과 맞닿아 있으며 어떠한 불합리한 현상으로 발현되고 있는지를 확인하는 과정으로 이어질 것이다. 알렌은 트라우마의 이러한 치유 과정을 일종의 균형잡기 과정으로 다음 〈표 3〉과 같이 제시하기도 한다.

〈표 3〉에서 알렌이 말하는 균형잡기는 허먼이 말하는 트라우마 치유 단계의 진행과정과 비슷한 맥락에서 이해할 수 있다. 처리하기의 작업 과정은 정서적 안정을 취하고 정서 반응의 조절 능력을 함

19 Judith Herman, 앞의 책, 261쪽.

〈표 3〉 트라우마 치료에서 처리하기와 간직하기의 균형잡기[20]

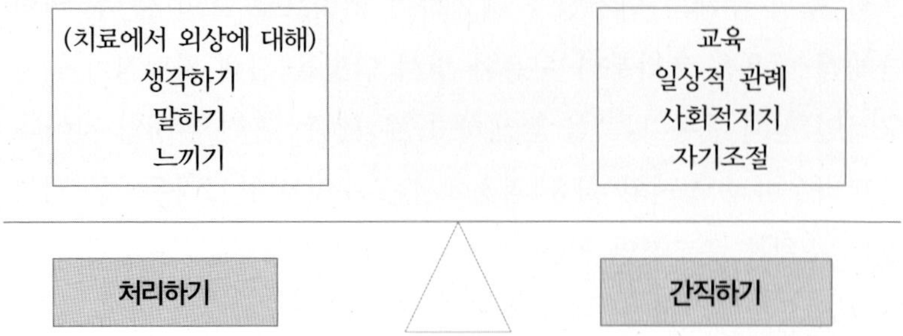

양하는 반복적 강화 활동으로 볼 수 있다. 그리고 간직하기의 활동은 처리하기 과정을 거쳐 생산된 정서적 결과물을 간직하기 이후의 삶에 적용하기 위한 체현 과정으로 볼 수 있다. 역시, 트라우마의 치유 과정에서는 트라우마적 정서의 근원적 사건에 대해 인식하고 그러한 정서와 현재 자신의 관계에 대해 조망하는 활동이 공통적으로 나타나고 있다. 즉, 본격적인 트라우마의 치유 작업에서는 '(트라우마의)실체화–직면–다루기'의 과정이 필요한 것으로 보인다.

이러한 과정에는 몇 가지 조건이 충족되어야 한다. 치유 동맹, 경도에서 중증도 사이의 정서, 가시적 매재가 그것이다. 여기서 말하는 치유 동맹은 치료 동맹과 목적과 성격은 비슷하지만 치유 주체를 치료를 요하는 환자에 국한시키지 않으며, 동료적 관계 역시 치료 참여 인원에 한정시키지 않는다는 점에서 차이가 있다. 치료 동맹은 환자의 회복을 증진시키기 위한 유일한 목적으로 모든 지식과 능력, 경험을 쏟아 붓는 환자의 동료이자 계약적 관계를 말한다.[21] 이에

20 Jon G. Allen, 앞의 책, 2013, 376쪽.

21 Judith Herman, 앞의 책, 225~230쪽.

비해 치유 동맹은 치유 주체의 안정을 강화하고 주도적 활동을 반영할 수 있는 모든 소통 대상을 포함한다.

예를 들어, 시 치료의 경우, 슈퍼바이저와 치료 참여자 간에는 치료 동맹이 형성될 수 있다. 이때 비지속적 공유자나 목적을 공유하지 않은 치료 관계자는 제외된다. 그런데 시 텍스트를 매개로 하는 자기치유적 독서의 경우, 이는 일반적 감상의 형태나 과정과는 구별되며 치료 행위와도 구별된다. 이것은 정서적 치유라는 목적을 전제로 시도하는 의도적인 수용 활동이다. 이때의 치유 동맹은 시적 화자와 독자 자아를 기본으로 하며, 수용 과정을 비지속적으로 공유하거나 반영할 수 있는 대상과 단순한 관계자를 포함할 수 있다.

그것은 자기치유적 독서가 치유적 과정의 공개와 소통을 위한 교섭 과정에 자율성이 있기 때문이다. 이것은 치유 동맹의 선택과 배제가 비교적 폭넓고 자유롭게 이루어짐을 의미하기도 한다. 이러한 자율성은 치유 과정의 주도성을 강화하는 데 이바지할 수 있으나 트라우마적 정서를 오히려 고착시키거나 경도된 정서 작업을 유도할 우려가 있다. 그러나 그러한 우려는 치료 동맹에서 역시 나타날 수 극복 과제이며 치유 동맹의 요건으로 주체와 소통할 수 있는 조력과 반영 가능성을 고려할 필요가 있다.

치유 작업의 다른 조건으로 정서의 강도, 즉, 정서와의 작업이 이루어지는 적정 시기를 들 수 있다. 가령, 치유 주체의 주도성 강화를 위한 회귀적인 치유 활동이 누적되면 치유적 양상은 나선형으로 나타날 수 있다. 이때, 치유 활동의 결과가 정적 그래프를 나타내지 않는 것은 트라우마적 정서에 관여하는 관계모델의 변화를 원인으로 볼 수 있다. 예를 들어, 학대받은 어린이는 성장 후에 학대하는 어른으로 자신의 트라우마를 재연할 수 있는데 이것은 안전에 대한 내적 표상이 변화했기 때문이다. 즉, 자기연속성을 단절시키는 다양한 작동모델들이 치유의 정적 진행을 방해한 것인데, 이것은 트라우마의 문제적 순환을 야기할 수 있다. 그러나 긍정적 치유 작용이 누적된다면 문제적 순환이 질적으로 변화하면서 치유 효과는 나선형 향상을 보일 수 있다.

여기서 긍정적 치유 작용의 관건은 치유 주체가 문제에 대한 환멸적 회귀가 아닌 희망적 분위기mood를 확인하고 그러한 방향에 주목할 수 있도록 돕는 것에 있다. 그런데 이것의 문제는 치유 주체의 정서적 강도에 따라 이러한 분위기 조성이 원천적으로 불가하거나 매우 어려운 범위가 존재한다는 것이다. 그러므로 성공적 치유 작업을 위해서는 정서적인 작업을 시도할 수 있는 적정 시기를 고려해야 한다.

존 알렌은 시간의 흐름과 누적이 진행될수록 트라우마에 대한 정서적 강도가 상승하며 정서가 경도에서 중증도의 강도에 있을 때 정서를 통제하는 작업의 영향력이 크다고 말한다.[22] 트라우마 치유를 위해서는 중증도 이하의 정서 강도를 유지하되, 트라우마를 자아의 심연으로 침잠시키거나 오랫동안 정서 반응이 누적되어 성격으로 고착되는 것을 경계해야 한다. 치유 작업이 용이한 정서적 시기를 놓치지 않는 것은 트라우마의 치유뿐 아니라 예방 차원의 정서 능력 강화와도 연결되어 있다고 볼 수 있다.

치유 작업의 또 다른 조건으로, 트라우마의 실체화를 위한 가시적 매재가 필요하다. 이것은 흙, 천, 그림, 공예품 등과 같이 비교적 물질성을 지닌 것을 가리키지만 행위, 음원, 언어와 같은 비물질적 매

---

22 Jon G. Allen, 앞의 책, 130~132쪽.

체를 포함할 수 있다. 치유 주체는 자신의 트라우마적 정서의 근원이 되는 사건을 추적하고 끌어내어 직면하는 과정에 있다. 이러한 과정은 마음속에서 관념적으로 정리될 수도 있지만 그 과정은 대개 무의식적 차단을 겪거나 혼잡하고 지난한 고통을 동반할 수 있다. 이보다 노작을 통한 구체적 창작물이 자신의 정서적 이면을 결부하여 드러낼 가능성이 크다.

‖ 시의 공명 기제와 치유적 작동 구조

트라우마의 실체를 탐색하는 초기 단계에서는 치유 주체가 자신의 경험과 연관되는 표식을 찾는 기회가 필요하다. 정서의 과정-경험적 치료 연구에서는 회상에 대한 접근을 위해 "체계적인 기억회상 전개 기법"과 "트라우마 재진술하기"를 사용한다.[23] 이 두 기법은 공통적으로 치유 주체의 표식을 발견하고 사건을 재회상하는 도입 방식을 쓰고 있다. 즉, 치유 주체의 표현을 관찰하며 상담자가 반영하는 가운데 사건이 발생한 결절을 찾아내고 상세화하는 과정으로 진입하는 것이다.

치유적 시 수용의 경우, 시 텍스트는 소재, 조어, 의미화와 관련된 양상에 치유 주체의 주의와 선택적 집중을 확인하면서 사건에 대한 표식을 추적할 수 있다. 변학수는 "어렴풋한 전의식, 의식의 경계, 지금-여기에서의 정서를 상징적 형상으로 표현하는 것"을 "상징화 과정"이라고 정의하는데, 상징화는 앞서 말한 표식의 추적을 돕는

23 Robert Elliott, Jeanne C. Watson, Rhonda N. Goldman, Leslei S. Greenberg, 신성만 외 역, 『정서중심치료의 이해 : 변화를 위한 과정-경험적 접근』, 학지사, 2013, 286~308쪽.

것이라 할 수 있다. 즉, "시/문학 텍스트가 어린 시절, 현재의 삶, 미래에 대한 공간을 열어 지각과 관찰, 인식과 의미의 지평을 열어 주는 심미적 과정"을 체험함으로써 사건의 실체화 과정에 접근하는 것이다.[24]

시 텍스트는 다수의 사건과 결부된 이미지나 의미를 압축적으로 함축하고 있는 경우가 많기 때문에 치유 주체의 표식과 대응될 가능성이 상대적으로 높다. 이것은 회상의 반영에 대한 오차 범위를 좁히면서 사건의 탐색 과정을 효율적으로 단축시킬 수 있는 가능성을 나타내기도 한다. 무의식적 경계와 차단에 부딪힐 수 있는 사건의 탐색 과정이 정제된 텍스트성의 미감에 질적으로 동화되는 한편, 치유적 작업 의식으로 빠르게 회귀할 수 있다는 점도 시 텍스트 활용의 장점이라 할 수 있다.

트라우마의 치유 연구에서는 표식의 발견과 상세화 과정에서 쓰이는 언어적 표현에 대한 이면적 특성에 대해 주목한다. 바로, "말이 트라우마의 기억을 의식적 자각으로 가져오는 필수요소가 될 수 있지만, 증상을 표현하는 것과 위장하는 것으로 분산될 수 있다"는 점이다.[25] 이것은 사건의 실체화 과정에서 언어적 표현만이 아니라 침묵 역시 중요한 표식으로 기능할 수 있음을 나타낸다. 시 텍스트는 말하고 있되, 침묵하는 언어로 이루어져 있다. 시어와 의미체계의 상징화 과정은 독자에게 잠재적이며 다분히 선택적이다. 독자의 수용 활동이 시작되기 전까지, 혹은 시작된 후에라도 텍스트의 성격은

---

24 변학수, 『문학치료 – 자발적 책읽기와 창의적 글쓰기를 통한 마음의 치유』, 학지사, 2007, 40~42쪽.

25 Aida Alayarian, 앞의 책, 131쪽.

말하는 것과 침묵하는 것 사이에 놓인다. 시 텍스트를 매개로 하는 치유 작업에서 텍스트는 사건 탐색을 위한 정서적 집합체이자 사건과 결부된 정서를 다루는 처리 매체가 될 수 있다. 그 처리 방식이 가질 수 있는 경우의 수는 시 텍스트가 수용과 창작 활동에 걸쳐 있는 영역에 다면적으로 활용될 수 있음을 보여준다.

치유적 시 창작 과정에서 치유 주체는 언제든지 침묵으로부터 음성과 문자, 혹은 그 밖의 혼재된 표현 양식을 선택할 수 있다. 예를 들어, 시의 침묵하는 수용은 낭송이나 의미 분석, 모방 창작, 이미지 나타내기, 느낌이나 경험 이야기, 시적 화자의 상황 또는 태도에 대해 토론하기 등 침묵 이외의 형태로 이어질 수 있다. 또한 시의 창작 과정에서는 시어의 내포적 의미 속에 트라우마적 정서를 감추고 침묵하되, 외연적 의미를 통해 변형된 형질의 정서를 처리해낼 수 있다. 예를 들어, 다음 예시의 괄호 안에는 트라우마적 정서를 자신이 감내할 수 있는 것으로 길들여 나타낸 상징적 결과를 채워 넣을 수 있다.

> 언제부턴가 나 ( )는 속으로 조용히 울고 있었다. 그런 어느 ( )이었을 것이다. 나의 온몸이 ( )하고 있는 것을 알았다. ( )도 ( )도 아닌 것. 나 ( )는 나를 흔드는 것이 ( )인 것을 까맣게 몰랐다. – 산다는 것은 ( )이란 것을 나는 몰랐다.[26]

이처럼 시 텍스트는 언어적 표현의 이면성을 활용하면서 언어적

---

26 이것은 시의 상징화를 역으로 이용하여 자신의 정서적 환부를 반영하는 탈상징화 과정의 예이다. 탈상징화는 자유로운 방식으로 이루어질 수 있는데, 변학수는 신경림의 〈갈대〉를 매개로, 이와 같은 탈상징화 방식의 예를 제시하고 있다. 변학수, 앞의 책, 44~45쪽.

조어 방식, 이미지, 소리, 리듬 등 정서 표현 방식의 범주를 넓게 가지고 있다. 시 텍스트 공간 속에서 발견할 수 있는 다양한 표식은 시적 화자의 의도와 통제 아래 구성되어 있다. 치유 주체로서 독자는 텍스트를 매개로 시적 화자와 대면하는 방식을 취하면서 치유 동맹을 결성하게 된다. 그리고 치유 동맹으로서 시적 화자는 치유 주체로서 독자의 트라우마적 정서와 공명할 수 있는 일종의 기제(이하, '공명 기제')로서 텍스트 영향력을 행사한다. 다음과 같이 정리한 도식을 통해 텍스트와 트라우마적 정서의 이러한 작동 관계가 나타나는 지점과 흐름을 확인할 수 있다.

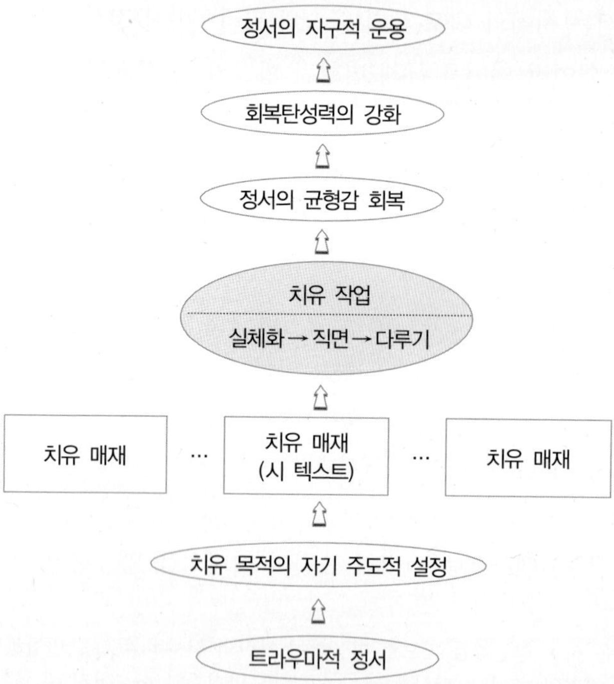

〈도표 1〉 트라우마적 정서에 대한 치유적 매재 활용 작업의 흐름

위의 〈도표 1〉을 보면 치유 작업이 정서의 자구적 운용이라는 목표를 향한 일방적 방향성을 띠고 있는 것으로 보이지만 실제적 삶의 양상은 그렇지 않다. 치유 작업은 수없이 트라우마적 정서로 재차 회귀하며, 환멸을 극복하는 자기 주도적 목적 설정이 반복되어야 지난한 치유 작업이 누적될 수 있다.

누적된 작업을 통해 트라우마적 정서로 회귀되는 횟수가 감소하면 치유 작업의 양과 정서적 강도는 부적 경향을 보이게 될 것이다. 즉, 경도의 정서에서 작업할 수 있는 여건이 충족되고 작업의 횟수와 회기별 소비 시간이 감소할 것이다. 이것은 자아의 균형감 회복 단계 이상에서 사용할 수 있는 에너지가 증가됨을 의미한다. 가령, 자기치유 독서의 습관화는 독자의 회복탄성력과 정서 운용 능력을 향상시켜 트라우마적 정서 경험을 예방하고 사회적 적응력을 증대할 가능성이 크다. 이것은 치유 작업을 모종의 트라우마적 정서에 대응하는 일회적 경험이 아니라 정서 운용 능력을 목적으로 한 자율적이며 일상적인 단련 활동으로 인식해야할 필요성을 시사한다. 반면에, 트라우마적 정서로 회귀되는 횟수가 증가함은 기존 정서의 변전을 이루어 내거나 회복탄성력을 강화하는 데 쓰일 에너지가 감소함을 의미한다. 균형감 회복 단계 이상을 진행시킬 수 있는 에너지가 제공되어야 트라우마에 대한 회복탄성력이 향상될 수 있을 것인데, 이를 위해서는 에너지의 축적을 단계적으로 끌어올려야 할 필요가 있다.

그렇지만 치유 작업 이전의 주체가 최초 정서를 동기화하는 과정에는 많은 고통과 의지가 필요하다. 뿐만 아니라, 작업 횟수가 많아질수록 트라우마석 정서로 회귀되는 횟수 여시 증가하게 된다. 즉, 치유 작업에 있어 회귀로 인한 환멸감과 재동기화의 과정이 불가결의 조건이 된다는 것인데, 이 때문에 초기의 치유 주체는 정서 변전을 위한 에너지가 오히려 감소하거나 새로운 트라우마적 정서를 경험할 수 있다. 이를 위한 해결은 치유 작업의 회귀 여부를 점검하고 평가하면서 총체적인 작업 횟수를 늘리는 것인데, 이때 치유 주체는 회귀로 인해 더욱 심화될 수 있는 정서 상태와 나선형 향상 구조에 대해 먼저 알고 있어야 한다.

운동의 제2법칙에 따르면, 물체는 힘의 방향과 크기에 따라 가속도가 생긴다. 정지된 물체를 움직이기 위해서는 물체 질량만큼의 힘이 필요하고, 물체가 움직이기 위해서는 일정한 방향으로 지속적 에너지가 가해져야 한다. 마찬가지로, 정서의 변전을 위해서는 정체된 정서를 움직일 수 있는 동량 이상의 심적 에너지가 필요하다. 초기 정서로 회귀되거나 트라우마적 정서가 재차 양산되는 부정적 양상은 오히려 심적 에너지가 생성되고 치유 체계가 작동하고 있음을 확인하는 현상으로 볼 필요가 있다. 정서의 강도가 중증도에 가까울수록 치유 작업 초기에는 정체된 정서를 움직일 수 있는 일정량까지 도달하기 위해 쓰이는 심적 에너지의 값도 크기 때문이다.

〈도표 2〉의 A부분은 경도에서 중증도 사이의 정서 강도에서 시도된 치유 작업량이 정서 변전의 시작점에 도달하기까지 쓴 심적 에너지 값에 해당한다. 치유 작업의 횟수가 동일할 때, 생성된 심적 에너지 값은 작업이 시도된 정서 강도와 상태에 따라 다르게 나타난다. 정서의 강도가 경도에 가까울수록, 그리고 정서 상태가 강화될수록 정서적 운용을 위한 심적 에너지의 생성량도 크게 나타난다. 정서가 동일한 강도와 상태를 나타낼 때, 심적 에너지 값은 치유 작업의 횟수에 비례한다. 치유 작업은 치유 주체가 의식하고 있지 않더라도

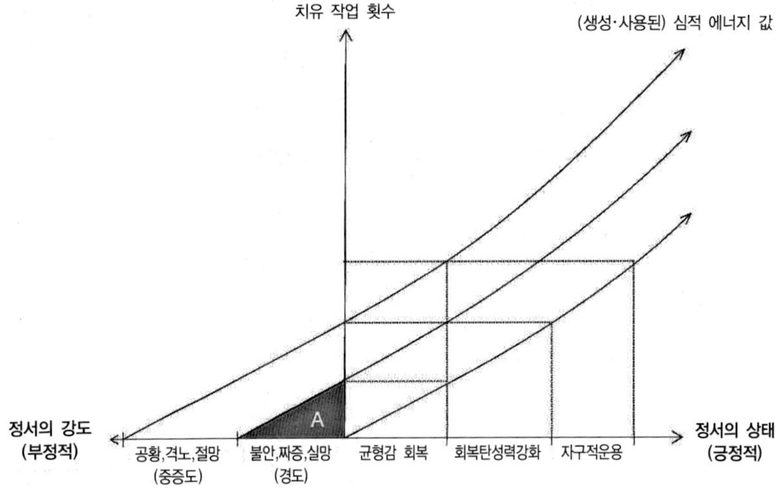

〈도표 2〉 치유 작업의 심적 에너지 생성 그래프

무의식적 작업으로 나타날 수 있으므로 현실적인 치유 작업의 횟수는 0이 될 수 없으나, 위 도표에서는 작업 횟수를 치유적 매재를 활용하는 경우에 한정하고 있다. 가장 바람직한 치유 작업은 경도 이상의 긍정적 정서 상태에서 규칙적으로 횟수를 증가시켜 심적 에너지의 양을 충분히 확보하는 것이다. 정서 회복과 트라우마 예방에 쓰일 범주 이상의 에너지는 삶에 필요한 다른 동인을 찾는데 쓰일 것이다.

‖ 치유적 작동 구조를 적용한 시 분석

다음 〈표 4〉는 시 텍스트를 매개로 하는 치유 작업의 구체적 양상으로, 치유 주체와 트라우마적 정서, 매재적 텍스트 사이에 이루어지는 치유적 작동 체계를 나타낸 것이다.

〈표 4〉 시 텍스트의 치유적 작동 체계

실체화	사건의 표식 발견
실현양상	심적 이미지
	시어의 외연적 의미
	시어의 내포적 의미
	시적 정조 (mood)
	시적 어조 (tone)
	의미 결합 관계

➡

직면	구체적 형상화
실현양상	재연된 사건 확인
	사건과 결부된 정서 심화
	객관적 상관물 발견

➡

다루기	사건과 결부된 정서 처리	
실현양상	감수 단계	공감과 카타르시스 체험
	인지 단계	안전한 공간과 사건의 분리
	조작 단계	시적 화자 반영 또는 모방
		즐거운 정서 수용
		경험의 반추와 조정

위 〈표 4〉의 구조는 치유 주체가 시 텍스트를 수용하는 방식과 지점을 나타낸다. 실체화 단계는 치유 주체로서 독자가 텍스트의 어느 지점에 반응하며 집중하게 되는지 관찰이 필요한 단계이다. 선택과 주의집중이 확인되는 지점은 자신의 트라우마적 정서와 공명하는 사건의 표식으로 볼 수 있다. 이것은 시의 심적 이미지, 시어의 외연 및 내포적 의미, 시적 정조, 시적 어조, 의미 결합 관계를 포함하는 텍스트 요건을 통해 실현된다.

이들 표식은 독자에게 어느 한 가지 양상으로 발견되거나 이들이 서로 결합하여 만든 모종의 의미 관계로도 발견될 수 있다. 예를 들어, "푸른 산빛을 깨치고 단풍나무 숲을 향하여 난 작은 길"(한용운, 〈님의 침묵〉)과 "장광의 골 붉은 감잎 날아오와/ 누이는 놀란 듯이

치어다보며/ 오매 단풍 들것네"(김영랑, 〈오매, 단풍 들것네〉)에서는 모두 가을의 이미지가 나타나지만 시적 어조와 결합하면서 각각 순종적이고 토속적인 분위기를 구성한다. 두 시는 모두 '단풍'이라는 심상 이미지를 포함하고 있지만 어느 한 편의 '단풍'만 사건의 표식이 되는 것이 가능하다. 그것은 텍스트에서 발견할 수 있는 사건의 표식이 단편적인 요소를 포함하여 다양하게 만들어질 수 있는 결합 의미 역시 고려해야 함을 나타낸다.

의미 결합 관계의 다양성과 그에 따른 독자의 접근성을 감안할 때, 초기 작업 단계에서는 텍스트의 총체적 의미 관계를 이해하는 문학적 감상이 유익하게 작용할 것으로 보인다. 그러한 활동은 텍스트 이미지와 정서적 경험을 단편적으로 매개하거나 텍스트의 의미 구조를 분산시켜 활용하는 것보다 사건의 구체적 형상화가 이루어지는 직면 단계의 활동을 활성화할 것이다.

> 물도 불로 타오를 수 있다는 것은
> 슬픔을 가져본 자만이
> 안다.

예를 들어, 위의 시, 세 행이 제시되었을 때 독자는 '물', '불', '타오름', '슬픔', '가져본 자'라는 시어의 외연과 내포적 의미, '알다'와 '모르다' 사이에 나타날 수 있는 의미의 확장, 시적 정조와 어조에 대한 감상적 견해의 차이, 의미의 이해 또는 공감에 관계된 표식을 발견할 수 있다. 이때의 표식이 A라는 경우의 수를 가진다면, 두 행의 텍스트가 문학적 감상을 통해 이해되었을 때 표식의 수는 A+α로 증가할 수 있다.

물도 불로 타오를 수 있다는 것은
슬픔을 가져본 자만이
안다.
여름날
해 저무는 바닷가에서
수평선 너머 타오르는 노을을
보아라.
그는 무엇이 서러워
눈이 붉도록 울고 있는가.
뺨에 흐르는 눈물의 흔적처럼
갯벌에 엉기는 하이얀
소금기,
소금은 슬픔의 숯덩이다.
사랑이 불로 타오르는
빛이라면
슬픔은 물로 타오르는 빛,
눈동자에 잔잔히 타오르는 눈물이
어둠을
밝힌다.

– 오세영, 〈눈물〉 전문[27]

독자에게 위의 시의 나머지 행이 모두 제시되었을 때, 표식의 가능성은 '여름', '해', '바닷가', '수평선', '노을', '뺨', '소금', '슬픔', '사랑', '어둠', '눈물'등의 시어에 관련된 외연과 내포 의미에서 그치지 않고

---

27 최소영 엮음, 『112편의 치료 시 모음 시집1 리파트리』, 한국시치료연구소, 2011. 21쪽.

의미 영역으로 확장된다.

'타오르는 노을'은 '눈이 붉도록 울고 있'으며, '슬픔의 숯덩이'인 '뺨에 흐르는 눈물의 흔적'이다. 이것은 이어지는 행에서 사랑과 슬픔의 대비를 통해 불과 물의 이미지로 구체화된다. 슬픔은 곧, 물이자 '타오르는 빛'으로서 불이다. 그러므로 '슬픔을 가져본 자'로서의 독자는 물도 타오를 수 있음을 알아차리거나 이에 동의하게 된다. 그러나 '눈물-슬픔-저무는-어둠'으로 이어지는 의미의 전개는 '눈물이/어둠을/밝힌다'는 마지막 부분에 이르러 반전을 거둔다. 바로 '눈물-어둠-밝음-어둠이 아닌 것-슬픔이 아닌 것'의 구조로 눈물이 '어둠'과 애초의 '눈물'의 의미를 전복하는 것이다.

독자는 이러한 의미 구조를 이해하면서 슬픔을 다각적으로 이해하고 서정적 비애미를 수용할 수 있다. 섬광 기억[28]의 부정확성을 고려하면 새로운 수용 내역은 트라우마적 사건의 전경을 변화시킬 추가적 정서나 데이터로 기능할 가능성이 있다. 그러므로 텍스트의 부분적 차용과 이해에 따라 표식의 수나 치유 작업의 영향력에는 유의미한 차이가 나타날 것이다. 이는 텍스트의 부분적 차용뿐 아니라 총체적 의미 감상이 이루어지지 않은 표면적 접근의 경우에도 마찬가지로 적용될 수 있을 것이다. 단, 문학적 감상과 작업 간의 시간차와 이해의 의존도가 크다면 오히려 텍스트 요소와 의미가 고착되어 작업 효과를 저해할 수 있다. 이로 인해 텍스트 앞의 독자가 무감하

28 심리학자들은 정서가 포함된 확실하고 자세한 기억을, 선명하고 사진 같은 기억이라는 측면에서 섬광 기억flashbulb memory이라고 한다. 섬광기억은 매우 자세하고 마치 살아 있는 것 같은 느낌이 들어 기억의 정확도에 대해 확신을 가지게 한다. 그런데 섬광 기억은 매우 생생하면서도 때로 부정확하며, 기억의 확신과 정확성에는 큰 관련성이 없다는 것을 시사한다. James Kalat, Machelle Shiota, 민경환 외 역, 『정서심리학』, 시그마프레스, 2009, 319~321쪽.

거나 수동적이 되어 텍스트의 의미 관계가 정서를 환기하는 사건의 표식으로 더 이상 기능하지 않을 수 있기 때문이다.

실체화 이후 직면 단계에서, 치유 주체인 독자는 사건의 구체적 형상화를 경험하게 된다. 형상화는 텍스트에 나타나 있거나, 독자의 심적 공간 속에서 이루어질 수 있다. 사건의 표식으로 인해 처음 맞닥뜨린 정서는 이 단계에서 더욱 심화되며, 독자는 자신의 심화된 정서를 이끌어내는 객관적 상관물과 마주하게 된다.

비타민과 미네랄이 골고루 들어있고
탈지유 유크림 해바라기유 어유 달맞이유
단백질 지방 탄수화물 회분 수분이 들어있는
한국 어머니의 젖을 가장 많이 닮았다는
로히트 분유를 한잔 마시고 나면
예쁜 아기 나비잠 자며 배냇짓하듯
밝은 햇살 볼에 받으며 옹알이하듯
기저귀에 오줌 싸고 잠이 깨어
젖몸살 난 엄마 젖꼭지 찾듯
나도 어머니의 예쁜 젖 찾을 수 있을까
지금은 다 커서 나도 대학교수가 됐지만
어떻게 연구를 해야
어머니의 젖가슴으로 다가갈 수 있을까
이제는 저승의 이슬밭에서
뽀얀 젖 뚝뚝 흐르는 젖가슴 헤치고
탁번아 탁번아
막내를 부르고 계실
아아 나의 어머니

– 오탁번, 〈로히트 분유〉 전문[29]

위의 시에서 '로히트 분유'는 어머니에 대한 그리움과 부재 의식을 발견하게 하는 표식으로 나타난다. 앞서 갖가지 성분을 늘어놓는 것은 어떠한 인위적 성분도 어머니의 존재감을 충족시킬 수 없다는 허탈감을 드러낸다. '한국 어머니의 젖을 가장 많이 닮았다는' 분유의 '로히트'라는 외국 이름 역시 '한잔 마시고 나'더라도 '어머니의 예쁜 젖'을 찾을 수 없다는 데 페이소스를 더한다.

독자는 '분유'나 '젖꼭지'와 같은 표식 중 어느 것을 통해 자신의 사건을 끌어들이게 된다. 그리고 '나비잠 자며 배냇짓하'거나, '밝은 햇살 볼에 받으며 옹알이하'거나 '기저귀에 오줌 싸고 잠이 깨'던 자신의 어릴 적 모습을 구체적으로 환기할 것이다. 밝은 햇살과 나비잠의 평온함은 깨지더라도 어머니는 자신을 위해 젖꼭지를 내어주면 '나'는 충족감을 느낀다. 어머니의 통통 불은 젖은 오로지 '나'를 위한 것으로 준비되어 있다. 어머니는 내게 젖몸살'의 고통을 감내하며 안식을 제공하는 절대적 조력자인 것이다.

그러나 이러한 동질의 안식처는 현존하지 않고 '뽀얀 젖'은 저승에서 '뚝 뚝'흐르고 있다. '막내를 부르'는 어머니의 외침은 동시에, '뚝 뚝'흐르는 눈물과 함께 어머니를 향해 외치는 '나'의 절규를 나타낸다. 이러한 비애감은 단지 사별한 어머니뿐만 아니라 부재 의식과 고독감을 일으키는 다른 대상들에도 적용될 수 있을 것이다.

이처럼 독자의 비애감과 결합된 사건의 맥락은 위 시의 표식과 그 의미적 구성을 배경으로 독자의 심연으로부터 인출된다. 그리고 이때 '로히트 분유'나 '젖가슴'은 독자와 사건과 정서를 연결하는 객관적 상관물로 기능한다. 텍스트 속에서 객관적 상관물을 발견하는

29 최소영 엮음, 앞의 책, 26쪽.

것은 주머니 속의 송곳을 꺼내놓는 행위에 비유할 수 있다. 자신을 불편하게 만들었던 위험 요소를 찾아내고, 그것을 자신이 확인할 수 있는 곳에 꺼내 놓음으로써 이후 행위의 안정과 안전한 공간을 보장받는 것이다. 즉, 객관적 상관물의 발견은 다음 단계에서 치유 주체가 위험 요소로부터의 분리를 확인할 수 있도록 돕는다. 치유 주체는 언제든지 그로부터 위험 요소를 분리할 수 있는 도구를 소유하게 된 것이기 때문이다.

다음, 다루기의 단계에서는 독자가 사건과 결부된 정서를 처리하고자 하는 시도가 나타난다. 각 시도들은 정서 처리의 방법이 나타나는 양상에 따라 감수 단계, 인지 단계, 조작 단계로 구분할 수 있다. 감수 단계는 공감과 카타르시스를 체험하는 것, 인지 단계는 안전한 공간과 사건의 분리를 지각하는 것, 조작 단계는 사건이 더 이상 치유 주체에게 위험하지 않도록 사건과 자아를 재설계하는 것이다.

> 사랑이란
> 아주 멀리 되돌아오는 길이다
> 나 그대에 취해
> 그대의 캄캄한 감옥에서 울고 있는 것이다
>
> – 장석주, 〈마지막 사랑〉 일부[30]

위의 텍스트에서는 맹목적 고통을 감수하는 지난한 여정에 사랑을 비유하고 있다. 이 같은 시의 비유적 표현이 독자에게 강한 합치

30 위의 책, 45쪽.

감정을 유발하는 경우, 독자는 지적 쾌감과 함께 공감을 체험하게 된다.

> 때로는, 나도, 그대여,
> 조금은, 위험하고 싶어라.
>
> 위험한 가지 끝에 열리는 한 줌
> 붉은 열매일 수 있다면 오늘도
> 나는 좀 위험하고 싶어지는 것이다.
>
> – 우한용, 〈나도 좀 위험하고 싶다〉 일부[31]

위의 텍스트는 시적 화자가 능동적인 대변자로서 독자의 공감을 유발할 수 있는 경우이다. 독자의 숨겨진 욕구나 억압된 정서는 위협적인 내적 갈등을 조성한다. 독자는 시적 화자를 통한 간접적 표현으로 이에 맞설 수 있다. 특히, 시적 화자의 능동적 태도나 강인한 어조, 일관적인 시적 분위기는 독자의 공감에 안정감을 더하며 '무조건적인 자기 수용'[32]을 지지할 수 있다.

> 바람아
> 너는 알겠니?

31 같은 책, 53쪽.

32 엘리스Albert Ellis는 인간을 전인격적 존재로 보고, 부정적 낙인과 마찬가지로 총체적 자부심 역시 문제적인 것으로 생각한다. 특정한 행동을 과잉 일반화하는 것 또는 조건적 자부심과 대조적으로, 무조건적인 자기 수용Unconditional Self Acceptance은 수행을 잘못해도 자신을 충분히 수용할 수 있는 건강한 철학을 의미한다. Albert Ellis, Catherine Maclaren, 서수균 외 역, 『합리적 정서행동치료』, 학지사, 2010, 120~123쪽.

네 하얀 붕대를 풀어
피투성이의 나를
싸매어 다오

불같은 뜨거움으로
한여름을 태우던
나의 꽃심장이
너무도 아프단다, 바람아

– 이해인, 〈사르비아의 노래〉 전문[33]

위의 시에서 '불같은 뜨거움'과 '한여름을 태우'는 행위에 이어 나타날 수 있는 결과는, 타고 남은 재 또는 충만한 결실일 것이다. 이것은 텍스트의 여백에 묻혀 있다. 즉, 위의 시적 화자는 이 결과에 관한 문제 해결까지 요구를 확장하지 않는다. 독자 역시 이에 관한 인지적 행위나 문제 해결 작업을 반드시 진행할 필요는 없다. 시적 화자는 치열함의 이면에 자리한 아픔을 위로받을 수 있는 기회와 대상을 추구하고 있으며, 독자의 치유 작업은 시적 화자로부터 공감을 얻는 것으로 충분할 수 있다. 이때 독자가 활용한 시적 요소는 자아와 동일시된 시적 화자이다.

이처럼 감수 단계에서는 사건과 결부된 정서를 충분히 소비하여 더 이상 다룰 필요가 없는 상태로 만들기 위해 공감을 불러일으키는 시적 요소를 활용한다.

한편, 위의 시에서 독자와 작용할 수 있는 공명 기제는 '아픔에 대한 위로'이다. 이것을 끌어낼 수 있는 객관적 상관물은 꽃, '사르비아'

33 최소영 엮음, 앞의 책, 40쪽.

이다. 독자의 트라우마적 정서는 '꽃심장'으로 응결되어 가시화된 이미지로 나타난다. '사르비아–꽃심장–붉음–피투성이'의 의미 구조에서 독자는 사건이 구체화되며 정서가 심화되는 위협적 공간을 구성하게 된다.

텍스트, 자아, 위협적 공간의 대치 구도 속에서 독자를 위협하는 물리적인 가해는 재현되지 않는다. 독자는 트라우마의 폭력이 일종의 관념으로, 현재顯在하지 않으며 단지'사르비아'의 '꽃심장'으로 구현되어 있음을 알아차릴 수 있다. 뿐만 아니라, 텍스트는 위협적 공간과 상대적인 안전한 공간을 함께 제공함으로써 독자가 안전한 공간에 대한 관념 역시 가시화할 수 있도록 한다.

가령, 사르비아'는 열정을 다한 후에 남은 처연함과 고통을 호소하고자 '바람'을 호명한다. 이것은 '하얀 붕대를 풀어/ 피투성이의 나를/싸매어' 줄 수 있는 치유적 대상이자 고통과 대비되는 안전한 관념적 공간의 표상이 된다. 이처럼 인지 단계의 작업 방식은 텍스트를 통해 해결해야 할 위협적 문제를 가시화하고 분리하여 안전한 공간을 획득하는 과정으로 나타난다.

조작 단계는 독자의 정서를 처리하기 위해 가장 활성화된 합리적 논박 과정이다. 여기서 독자는 시적 화자의 세계관과 태도를 모방하거나, 그것을 자신의 현실에 반영하여 합리적인 행로를 구안할 수 있다. REBT의 인지적 기법[34]을 고려할 때, 이것은 독자가 시 텍스트

---

34 엘리스의 합리적 정서 행동 치료Rational Emotive Behavior Therapy는 인지적, 정서적, 행동적 패턴을 확인하고, 명료화하고, 면밀하게 따져 보고, 변화시킬 수 있도록 돕는다. 사고, 정서, 행동은 서로 긴밀한 연관을 맺고 있다는 점에서 각 기법은 서로 배타적이라 할 수 없으며, REBT의 인지적 기법에는 논박, 합리적 대처말, 모델링, 참조하기, 인지적 과제, 재구성 등이 있다. Albert Ellis, Catherine Maclaren, 앞의 책, 85~107쪽.

에 나타난 경험과 태도로부터 논박의 근거를 찾거나 시적 화자를 모델링modeling하는 과정으로 이해할 수 있다. 이 단계는 또한, 시 텍스트가 발산하는 긍정적 아우라와 즐거움의 정서를 수용하면서 심적 에너지를 구축하기도 한다. 알렌은 즐거운 정서로 '쾌락, 관심과 흥분, 몰입, 즐거움과 기쁨, 만족감, 자부심, 연민, 사랑'을 들면서 이것이 "사고를 확장시킬 뿐만 아니라 스트레스에 대한 복원력을 증진시키면서 도전에 대처할 수 있는 자원을 구축"한다고 언급한다.[35] 그의 논의를 볼 때, 즐거운 정서는 문제 해결에 도움을 주는 긍정적 정서 자원으로 이해해야 할 것이다.

> 내 그대를 사랑한다 함은
> 당신의 가슴 한복판에
> 찬란히 꽃피는 일이 아니라
> 눈두덩 찍어내며 그대 주저앉는
> 가을 산자락 후미진 곳에서
> 그저 수줍은 듯 잠시
> 그대 눈망울에 머무는 일
> 그렇게 나는
> 그대 슬픔의 산 높이에서 핀다
>
> 당신이 슬플 때 나는 사랑한다
>
> – 복효근, 〈당신이 슬플 때 나는 사랑한다〉 일부[36]

위의 시적 화자는 사랑의 대가로 기쁨을 거래하거나 영원한 각인

---

35 Jon G. Allen, 앞의 책, 358~372쪽.

36 최소영 엮음, 앞의 책, 92쪽.

을 요구하지 않는다. 그에게 사랑은 슬픈 '그대'가 필요로 할 때 '잠시/그대 눈망울에 머'물러 위로가 되는 일이다. 그러므로 '당신이 슬플 때 나는 사랑'하는 것은 시적 화자에게 당위적이다. 이 시에서는 헌신과 희생으로 승화시키는 사랑의 아픔과 함께 몰입된 사랑의 정서가 나타난다.

들꽃처럼
사는 거다

구름 낀 세월에
찡그리지 않고
虛虛로운 하늘을
마주하여

그저 웃는 거다

아름다움을 가꾸며
사는 거다

– 이정기, 〈들꽃처럼〉 일부[37]

위의 시적 화자는 '구름 낀 세월'의 고통과 '허허로운 하늘'의 허망함을 삶의 순리로 받아들이고 있다. '그저 웃는' 것과 '아름다움을 가꾸며 사는' 것은 삶에 대한 순응과 긍정을 보여준다. 이 시에서는 삶에 대한 연민의 정서와 함께, 이를 만족감으로 승화시키는 태도의 유연성을 드러낸다. 이처럼, 즐거운 정서는 시적 화자의 승화 기제

37 같은 책, 56쪽.

와 함께 나타날 수 있다. 이러한 경우, 독자는 시적 화자의 모델링을 통해'합리적 정서 심상 형성'[38]을 경험할 수 있다.

경험의 반추와 조정 역시 트라우마적 정서를 갈무리하기 위해 조작 단계에서 시도되는 치유적 활동이다. 독자는 시 텍스트를 통해 직면한 사건을 반복적으로 환기하며 사건과 정서를 결합시키는 비합리적 신념을 확인할 수 있다. 이때 시 텍스트는 '실제 상황 둔감화'나 '어려운 상황에 머물기'[39]를 경험할 수 있는 기회의 장으로 쓰일 수 있다.

그런데 다루기 단계가 반드시 연속적으로 나타나는 것은 아니다. 각 단계는 치유 주체의 심적 에너지 상태에 따라 필요하거나 필요하지 않을 수 있고, 이 단계에서 역시 트라우마적 정서로 회귀가 일어날 수 있기 때문이다. 또한 각 단계의 활동에서 얻을 수 있는 심적 에너지는 치유 주체에 따라 상대적으로 나타난다. 예를 들어, 트라우마적 정서와 사건의 동일시로 인해 강력한 위로와 에너지를 얻은 사람은 감수 단계의 공감 체험에서 정서 변전을 경험할 수 있을 것이다. 그러나, 공감은 되더라도 공포와 증오의 정서가 지속되는 사람의 경우에는 안전한 공간과 사건의 분리를 위한 작업이 필요할 것이다.

---

38 '합리적 정서 심상 형성'Rational Emotive Imagery은 REBT의 정서적/체험적 기법 중 하나로서, 문제 상황에서 나오는 습관적인 자기말과 대처기제를 체험적으로 탐색하도록 하여 스트레스 상황에서 REI를 활용하도록 하는 것이다. Albert Ellis, Catherine Maclaren, 앞의 책, 109~110쪽.

39 '실제 상황 둔감화'와 '어려운 상황에 머물기'는 REBT의 행동적 기법 중 하나이다. 이것은 비합리적으로 두려워하는 대상에 실제적이며 심상적으로 반복 노출시킴으로써 그 대상과의 비합리적이고도 강력한 연합을 느슨하게 만들기 위한 것이다. '어려운 상황에 머물기'는 실제 상황 둔감화의 한 종류로서, 그 상황을 통한 합리적 손실 여부를 따지고, 견디는 방법을 배우며, 상황을 감당할 수 있다는 자각의 기회를 제공한다. 최소영 엮음, 앞의 책, 142~144쪽.

‖ 치유 주체와 치유 동맹의 과제들

자아가 부정적으로 인식하고 있거나 혹은 표면적 안정을 위해 회피한 채로 잠재되어 있는 정서적 문제는 자아가 직면하고 다스려줄 때 비로소 해소될 수 있다. 문제의 해소는 정서적 균형과 새로운 장에 대한 동기 구성으로 나타난다. 치유적 매재를 통한 동기 구성의 기제는 정서의 정체와 새로운 구성 사이에서 전환적 요소로 작용한다. 이 작용의 내용은 정서의 주체에게 반응과 움직임의 여지를 독려하는 것인데, 그것의 목표는 바로 정서의 균형이다. 균형감은 정서의 주체에게 집중이나 환기의 필요를 무화시키고 새로운 장과 표적을 탐색하게 한다.

정서의 균형감을 회복하거나 강화하는 과정을 치유 작업이라 할 때, 트라우마적 정서의 성공적인 치유 작업을 위해서는 반드시 치유 주체의 자기 주도적인 치유 목적이 설정되어야 한다. 자기 주도성의 확립은 트라우마 치유를 위한 효율성뿐만 아니라, 향후 자신의 삶 속에서 복잡다기한 사건과 정서의 결합을 자구적으로 운용할 수 있는 능력과도 연관되어 있다. 자기 주도성은 회복탄성력과 정적 관계에 있으며 치유 작업의 필수적인 전제 조건이다.

자기 주도적 치유 목적을 설정한 치유 주체는 조력과 반영이 가능한 치유 동맹을 구성하여 적절한 정서적 강도의 범위 안에서 자신을 동기화시키는 가시적 매재를 활용하여 본격적인 치유 작업을 진행할 수 있다. 본격적 치유 작업은 트라우마의 실체화를 통해 정서의 근원이 되는 사건과 직면하고 이것을 다루어 장악할 수 있게 되는 자기 단련의 과정으로 이루어진다. 결국 자기 주도성의 확립은 치유 작업의 동기이자 목표인 것으로 볼 수 있다.

시 치유는 시의 텍스트성을 자원으로 활용하는 치유 작업이다. 시 텍스트는 그 작업 과정의 전 영역에서 효율적으로 쓰일 수 있는 치유적 매재이다. 시 텍스트는 불안정한 정서 또는 부동의 트라우마를 포함하는 독자의 부정적 심연에 대하여 역동적으로 작용할 수 있는 공명 기제를 제공한다. 그 방식은, 트라우마적 사건의 표식을 발견하는 실체화 단계, 사건을 구체적으로 형상화하고 위험 요소의 객관적 상관물을 찾는 직면 단계, 사건과 결부된 정서를 처리하는 다루기 단계로 진행된다.

실체화 단계에서 시 텍스트의 심적 이미지, 시어의 내외포적 의미, 어조, 분위기, 의미 결합 관계는 치유 주체에게 사건의 표식으로 기능할 수 있다. 직면 단계에서는 텍스트를 통해 재연되는 사건의 구체적 형상을 확인하고 트라우마적 정서를 환기함으로써 사건의 실체를 치유 주체와 분리하는 시도가 이루어진다. 다루기 단계에서는 위험 요소와의 분리를 확인하며 안전한 공간을 보장받고, 사건을 무력화할 방안을 강구하게 된다. 시적 화자의 모방 또는 반영, 즐거운 정서 수용, 경험의 반추와 조정 등이 그 방안의 예이다.

이상의 내용은 치유 주체, 트라우마적 정서, 치유적 매재가 만들어내는 치유 작업의 관계적 특성을 정리한 것이다. 이러한 작동 구조와 특성에 비추어 치유적 텍스트가 갖추어야 할 요건을 다음과 같이 추론할 수 있다.

1)치유적 시 텍스트는 치유 주체를 동기화할 수 있는 원인으로서 사건의 표식을 지니고 있어야 한다. 그리고 2)사건의 표식을 활성화하기 위해 문학적 감상을 선행하는 경우, 의미의 고착을 방지하기 위해 치유 작업 시기와 이해의 의존도를 고려해야 한다. 그리고, 3) 시 텍스트는 공감할 수 있는 텍스트 요인을 지니되, 그 텍스트 요인

을 통해 위험 요소를 더 이상 위험하지 않은 것처럼 다루고 있어야 한다. 또한 4)시적 화자는 모방 또는 반영이 가능하도록 현실적일 필요가 있다. 5)시 텍스트의 부정적인 분위기도 치유 주체에게 공명 기제로 작동하여 공감과 카타르시스로 이어질 수 있다. 그러나 회귀의 위험성을 고려할 때, 그러한 텍스트는 다루기 단계보다 실체화 단계에서 사건의 표식을 위해 활용하는 것이 효율적이다.

치유 작업의 각 단계는 언제든 트라우마적 정서로 회귀할 수 있다. 치유 동맹은 이때의 환멸감을 극복하고 목적의 재설정을 위한 희망을 제시할 수 있어야 한다. 그러므로 시 텍스트가 제시하는 경험의 단면은 치유 주체가 경험을 새로운 각도에서 조명하고 재설계할 수 있도록 낙관 편향에서 충분히 정제된 것이어야 한다. 즉, 6)치유 동맹으로서 시 텍스트는 공허한 희망을 배제하고 비극적 현실을 드러내면서 의지적 동인을 함께 제공하는 것이어야 한다.

이처럼 시 텍스트가 제공하는 공명 기제는 시 텍스트의 지혜와 미감을 다양하게 수용할 수 있는 실용적 방안을 안내한다. 자신의 정서를 다룰 수 있는 능력은 정서를 자율적으로 동기화시킬 수 있다면 치유 주체는 불안정한 정서에 대한 자구적 치유책뿐 아니라 물질의 소유 또는 접촉을 통한 정서적 경험에 선행한 추체험 역시 얻을 수 있을 것이다.

이 연구는 비교적 자기치유적 독서의 관점에서 시 텍스트의 공명 기제를 효율적으로 수용하기 위한 구조에 착안하였다. 하지만 시 텍스트와 치유의 상관관계에 대한 연구의 균형감을 위해, 치유적 매재를 통한 발산적 행위에 주목할 필요가 있을 것으로 보인다. 시 텍스트 창작의 치유적 작동 구조와 특성 역시 이와 관련하여 보완해야 할 과제이다.

정서적 상황 요건

‖ 포이에티케, 정서를 만드는 시

시는 현재를 살아가는 인간에게 보다 나은 삶을 가리키기 위한 도구적 매제로 향유되어 왔다. 그 양상은 억압된 정서를 개성적 구도로 표출하는 것과 같은 인간 성정의 다스림, 또는 인류사에 의미 있는 언술을 전하는 것 등 인간의 삶에 긍정적 이점을 제공하는 것으로 나타난다. 시의 텍스트는 기氣의 승昇을 바라는 인간에게 내면 성찰의 기회를 제공하고 자아 통찰과 문제 해결을 위한 철학적 사유의 공간으로 기능해 왔다.

아리스토텔레스는 시가 "보편적인 것을 말하는 경향"에서 역사보다 중요하고 철학적이라 밝힌 바 있다. 즉, 시가 실제적인 사건의 원인과 결과가 아닌, 인간의 삶 속에 보편적으로 발견될 수 있는 섭리와 문제 해결을 위한 철학적 사유를 다루고 있음을 말한다. 이러한 관점은 시를 개연성과 필진성을 가진 사건과 그에 대한 사유를 의도적으로 재구성한 창작물의 한 갈래로 보게 한다.

이처럼 시를 철학적 사유의 예술적 창조물로 바라보는 관점과 상통하여, 시를 인간의 불완전한 내면을 완성하고 현실 속 자아의 내외부적 고통과 상처로 인한 정서적 불안을 다스리는 치유적 텍스트로 바라보는 관점이 있어왔다.

자기 삶을 현재보다 더 나은 것으로 만들기 위한 과정은 개인의 정서 상태에 대한 맥락과 경험의 이해에서 시작한다. 개인의 정서적 구조 인식은 인지적 변화와 행위로 연결되며 현재에 대한 개인의 누적된 수용 양상이 곧 총체적 삶의 변화로 나타나기 때문이다. 눈에 보이지 않는 인간의 정서적 상태와 누적된 수용 양상을 과학적으로 파악하기 위한 시도가 생물학, 신경과학, 사회생물학, 사회과학, 임상심리학 등 여러 학문적 분야에서 이루어졌다. 문학 작품 속의 세계가 인간의 정서와 인식을 통해 유의미한 가치를 지향하고 재구성된 현실이라면, 문학의 정서적 연구를 통해 인간의 정서 구조와 경험의 수용 양상을 분석할 필요성 역시 자명하다 할 것이다.

'만들다'는 뜻을 가진 아리스토텔레스의 '포이에티케Poetike'는 차츰 정서를 동반한 '포에지Poesie', 즉 '시'라는 말로 바뀌고 근대 이후에는 포에지가 산문Prose에 비해 정서 이입의 상황을 표현하는 시문학으로 이해되었다.[40] 이는 시가 인간의 정서를 운용하는 하나의 매제로 쓰이게 됨을 의미하는데, 시치료에서는 부정적 정서를 조성하는 개인의 의식 구조에 접근하는 하나의 도구로 시를 바라본다. 시가 바로 인간의 불안정한 내면을 조망하고 다스릴 수 있도록 돕는 치유적 텍스트로 기능한다는 것이다. 이러한 관점에서는 시를 "억압과 굴절로 인하여 심리적으로 상실된 기억을 의식과 무의식에서 찾게 하여 감정의 변화를 수행하는 정신적 욕망의 도구"[41]로 정의하기도 한다.

이러한 치유적 관점의 시 연구와 활용 양상의 배경에는 시와 인

40 변학수, 『문학치료』, 학지사, 2005, 219쪽. 참고.

41 권성훈, 「한국현대시에 나타난 치유성 연구」, 경기대학교 일반대학원 박사학위논문, 2010, 24쪽.

간 성정의 긴밀한 상호 작용과 독자의 적극적 수용으로 인한 해석 활동이 전제되어 있다. 생각과 세포가 끊임없이 재생되는 인간에게 특정한 목적을 염두에 둔 사고 활동이 이루어지지 않는다면 텍스트는 하나의 순간적인 자극 매제에 불과하며 인간의 감각을 통해 환기되는 내면적 사고의 결집체들에 접근할 수 없을 것이기 때문이다.

일종의 텍스트는 독자가 자신의 내면으로 통하는 통로를 여러 감각 기관들을 통해 스스로 열어 둘 때 비로소 독자에게 모종의 기능체로 작용할 수 있는 한 편의 시로 현현한다. 독자의 적극적 수용에 따라 시 텍스트 해석의 기대지평이 확장되며 유기체 내에서 생동하는 자극 매제로 탈바꿈한다는 것은 시 텍스트가 수용자로서 독자 자아의 정서에 작동하는 양상에 대한 관심과 연구에 대해 의미심장한 당위를 부여한다.

그리고 이것은 '모종의 텍스트를 읽고 독자는 자신의 정서를 어떻게 운용하게 되는가'라는 질문에 대한 구안으로 이어진다. 텍스트-독자 자아 간의 정서 작동 관계를 체계적으로 밝혀볼 필요성은 치유적 프로그램을 통해 시 텍스트를 제공, 향유하는 여러 테라피 현장에서도 확인할 수 있다. 또한 헤닝어가 말하는 '7가지 시의 성격'[42]과 아리스토텔레스의 카타르시스 이론, 프로이트의 회상·구술을 통한 콤플렉스 발산과 신경증 완화 등은 내면세계의 표출로 나타난 텍스트가 인간의 정서에 유의미한 작동 양상을 보일 수 있음을

---

42 헤닝어Heninger는 시가 치유적 목적으로 사용될 수 있거나 모종의 테라피 효과를 가질 수 있는 근거로 '환기와 카타르시스, 치료적 탐구, 지적 정신치료, 활동적 숙달, 이해, 안전, 즐거움을 들고 있다. O. E. Heninger, "Poetry therapy", *American handbook of psychiatry* Vol.7, New York: Basic Books, 1981, pp.553~563. 참고.

나타낸다.

논의의 폭을 좁혀, 이제 문제의 초점은 독자의 정서에 대한 시 텍스트의 치유적 작동 양상을 밝혀 낼 몇 가지 기준 혹은 요건에 있다. 텍스트의 독자 수용 입장에서 볼 때, 시 텍스트에 시적 화자의 어떤 정서가 담겨 있느냐보다 중요한 것은 '어떤 정서가 독자에게 어떻게 작용하는가'이다. 이는 곧 '독자가 텍스트에 담긴 정서를 어떻게 발견하고 어떠한 전이 혹은 감수 과정을 거치게 되는가'에 대한 답이며 모종의 텍스트가 독자에게 치유적[43]인 것으로 제시되기 위해서 갖추어야 할 판독 요건이다. 이러한 요건은 우선, 인간의 삶 속에서 일차적인 감수 반응으로 나타나는 정서가 텍스트 속에서 시적 화자를 통해 재구성되었을 때 일반 독자 정서의 긍정적 반응 혹은 치유적 방향을 위해 의도되거나 전제되어 있는 조건을 들 수 있다. 이를 본고에서는 치유적 시 텍스트의 '정서적 상황 요건'으로 분류한다.

텍스트의 독자 수용 과정은 정서적이고 동시에 인지적으로, 혹은 양분할 수 없는 뇌신경 세포의 개별적 메커니즘에 따라 매우 다양하게 이루어질 것이다. 가령, 시 치료 프로그램에서 가족과 이별한 슬픔을 가진 독자 (가)에게 제시되는 텍스트 (A)는 (가)의 환부 구조를

43 여기서 치유적이란, 모종의 텍스트로부터 현재 독자 자아의 불안정한 내면이 발전적 전이를 획득한 상태를 말하는 것으로, 임상적 상황에서의 치료 등과 구별되어야 한다. 본고에서는 시 치료에 쓰이는 시 작품들을 치유적 시 텍스트로 보고, 이 텍스트의 적용 및 향유 대상을 특정한 병리적 징후를 보이는 개인 혹은 집단과 구별하여 설정하였다. 시 치료의 대상 역시 특수한 상황 속에서 특정 목적을 가지는 대상 뿐 아니라 일상적 독서 능력 향상이나 자아 이해를 추구하는 대상 등, 참여 대상의 범주가 폭넓게 나타나므로, 치유적 시 텍스트의 활용 혹은 적용 공간으로 시 치료를 전제하는 것은 무리가 없을 것으로 보았다.

상위 인지적으로 확인할 수 있는 소통성을 가지고 있거나, 시적 화자의 문제적 정서가 긍정적 정서로 변화하는 역동성을 가지고 있거나, 적극적으로 수용 혹은 감화될 수 있는 활발한 이미지 감각을 가지고 있어야 한다.

텍스트의 '정서적 상황 요건'이란 이렇듯 독자의 부정적이거나 불안정한 정서와 작동하여 이를 보다 긍정적 방향으로 변화하도록 하는 데 필요한 텍스트의 정서적 양상이자 최소한의 필요조건이라 할 수 있다. 이는 텍스트에 드러난 시적 화자의 정서 혹은 독자 자아의 정서적 변화에 영향을 미칠 수 있는 여러 양상들로 다양하게 나타난다. 그 양상은 세부적으로, 정서의 이입 또는 정화를 유도하는 시적 은유, 독자의 정서적 상황과 연계되는 시적 소재, 정서가 구성된 상황에 대한 독자의 상위-인지적 분석 또는 자기서사 도출에 관계되는 텍스트 접근 정도, 텍스트와 독자 사이에서 정서 변화 혹은 독자의 자기 개방을 활성화하는 매개적 요소 등을 포함할 수 있다.

물론, 독자의 정서적 치유에 연계하기 위한 텍스트 요건은 정서적 구성 상황 외에도 인지적 구성과 이해, 정서지능, 스키마, 개별적 혹은 집단적 특성 등 보다 넓은 영향 범위에 걸쳐 있다. 이러한 요건들은 독자의 텍스트 수용 과정 혹은 텍스트 제시 프로그램 적용 결과에 대한 분석 결과에 따라 세부적으로 분류되며 텍스트의 치유성을 판독하기 위한 근거 자료로 제시될 수 있을 것이다. 따라서 본고는 시 텍스트의 치유성 판독을 위한 도구가 될 수 있는 최소기준 혹은 필요조건들을 단계적으로 목록화하는 것을 목표로 하여, 그 중 텍스트의 정서적 상황 요건에 대해 집중적으로 먼저 논의하고자 한다.

‖ 시 의미 수용의 효용성

수용 이론은 1967년 독일의 문학 이론가 한스 로베르트 야우스Hans Robert Jauß의 초기 저술인 『문예학의 도전으로서의 문학사』를 기점으로 확대된다. 작품 수용자의 능동적인 참여와 해석의 '기대지평'[44]을 강조하는 수용 이론의 관점에 의해 작품은 작가와 텍스트에 독자 소통 요인을 부가하여 심미성과 역사성을 획득하는 것이 되었다.

수용자인 독자의 텍스트 전환과 확장을 가능케 하는 상상력과, 해석의 제반 요인을 지각하고 구성하는 인지능력 등, 수용자의 요인 차이에 따라 독자의 기대지평은 개인마다 다양하게 나타난다. 이 때 독자는 모든 감관을 통해 감지되거나 환기되는 정서를 총 망라하여 텍스트 해석의 매제로 활용할 수 있다. 독자는 텍스트 상황에 따라 환기되는 특정 정서에 따라 새로운 이미지, 감관의 기억, 텍스트 장치와 구성 등 독자의 다양한 해석 재료들에 일정하지 않은 가치를 부여한다. 이는 시공간과 사회문화적 혹은 생물학적 차이에 따라 인식의 대상, 즉 텍스트의 의미가 각기 다르게 형성되는 독자의 정서적 요인 때문이다.

따라서 텍스트의 실제적 이해와 감상에 독자의 정서적 상황은 매우 중요하게 작용한다. 시에 있어서 생산자의 정서는 시적 화자의

---

44 '기대지평'이라는 용어는 칼 만하임과 한스 게오르크 가다머에 의해 사회학적 분석과 해석학적 문학이해에서 먼저 사용되었다. '기대'는 상식적인 의미에서 창작 텍스트에 대한 독자의 기대를 말하며, '지평'은 어떠한 시점에서 볼 수 있는 모든 것을 포함하는 시각권을 뜻한다. 즉 기대 지평은 수용자가 지닌 창작 텍스트에 대한 이해의 범주 및 한계를 가리킨다. 차봉희, 『수용 미학』, 문학과지성사, 1995, 18~19쪽. 참고.

표현을 통해 드러나므로 독자는 먼저 텍스트에 드러난 시적 화자의 정서와 시적 상황 분석을 통해 수용 가능한 모종의 의미를 구성할 수 있다. 그 의미는 독자의 실제적 삶에 직접 적용되거나 활용이 가능한 스키마로 잠재되는데, 수용 의미의 구체적 효용성은 다음을 들어 말할 수 있다.

첫째, 텍스트 의미 구성이 시적 화자 및 독자 자아 정서에 대한 상위 인지적 인식을 가능하게 한다는 점이다. 최근, 정서에 대한 연구들[45]은 정서의 구성과 요인에 대해 다차원적이고 통합적인 견해를 제시하고 있다. 이는 인간의 정서가 다차원적인 구성에 의한 것이며 정서의 인식과 표출의 기술이 생리적 혹은 인지적 조건과 사회문화적 향유 형태에 따라 다양하게 나타나는 인간관계를 긍정적으로 운용하는 방법이 됨을 밝히고 있다. 문제의 해결은 문제의 인식을 시작으로 가능하게 된다. 자신의 정서가 연유하는 상황을 인식하고 분석할 수 있는 능력[46]은 곧 텍스트에 나타난 시적 화자의 정서

---

45 리브Reeve는 정서를 생리적, 인지-주관적, 기능적, 표현적 요소의 네 가지 다차원적 현상으로 구성된 것으로 본다.(J. Reeve, *Understanding motivation and emotion*, Orlando: Harcourt Brace Jovanvich, 1992. 참고.) 또한 섀퍼Shaffer는 정서를 느낌, 생리적 현상, 인지, 목표 혹은 욕구를 포함하는 개념으로 정의하고 있다.(D. R. Shaffer, *Social and Personality Development*(5th. ed.), CA: Wadsworth, 2005. 참고.) 기존에는 신체적인 변화와 느낌을 강조한 제임스William James나, 뇌의 특정부위가 정서적 느낌을 통합하는 중추로 작용한다는 점을 강조한 신경심리학자 캐넌Walter Cannon, 정서가 인간이 환경에 잘 순응할 수 있도록 행동을 준비시키는 내적 동기라고 정의한 플러칙Robert Plutchik 등, 학자들마다 정서에 대한 다른 견해가 있었으나 다차원적 사회로 진입하며 복잡다단하게 진화하는 인간의 정서 역시 통합적이며 다차원적인 것으로 연구되어야 할 것이다.

46 이러한 능력은 '정서인식emotion identification'으로서 '자신의 신체적 상태, 감정, 사고에서 자신의 정서를 파악할 수 있는 능력'을 말한다.(P. Salovey, *Emotional Intelligence: Key Readings on the Mayer and Salovey Model,* New York: National

를 감지하고, 그 정서가 양산되는 문제적 상황을 분석하는 것으로 나타난다. 텍스트의 배경으로 나타난 범계열적 정보들은 독자가 해석의 기대지평 뿐 아니라 삶의 저변을 확대하는 자료가 된다. 따라서 시적 화자의 정서적 상황 분석을 통한 주관적 정서의 객관적 인식과 삶의 경험 및 해석의 자료 확보는 문제적 상황에 대처하는 능력을 향상하는 데 도움이 될 수 있다.

둘째, 독자는 시적 화자의 정서적 상황 분석과 평가를 통해 긍정적 정서를 수용 또는 강화하고 텍스트에 나타난 부정적 정서의 긍정적 해소 과정을 학습하거나 이를 통해 자신의 정서를 정화할 수 있다. 타인의 목적이나 가치 또는 반응을 자기의 것으로 받아들이는 현상을 심리학에서는 '동일시' 혹은 '동일화'라고 한다. 또한 자신의 내면적 불평형 상태, 즉 불안을 해소하기 위해 사용하게 되는 심리적 행위를 '방어 기제'라고 하는데, 독자는 시적 화자와의 동일시를 통해 자기 정서의 불평형 정도를 가늠할 수 있다.

이때 긍정적 정서로의 이입은 화자의 시적 상황과 세계관을 독자의 자아 세계에 수용하게끔 한다. 그리고 부정적 정서가 만들어내는 방어 기제에 대한 객관적 인식은 독자 자아의 내면적 문제를 찾아낼 수 있는 단서로 작용한다. 이렇듯 정서의 감수와 정화는 독자의 문제를 판별하고 해결하여 자아를 평온한 상태로 이입하게 하는 동력이 된다.

셋째, 텍스트 수용 의미는 독자에게 고급 문제 해결 방법을 수용하게 하거나 독자가 가진 문제 해결 능력을 심화시킬 수 있다. 시는

Professional Resources, 2004. 참고.) 독자는 자신의 정서를 파악함으로써 자신의 내적 감정을 감지하고 자신의 복합적인 감정을 알아차리며 평가할 수 있다.

인간의 이데아와 현실에 관계된 희로애락과 문제의식들을 다루고 있다. 텍스트 속에 담긴 사유와 문제 해결 양상은 시적 자아 개인의 세계관에 따른 것임과 동시에 보편적 인간의 삶에 속한 것이다. 정당한 시대의식과 혜안을 가진 시들은 시인의 삶에서뿐만 아니라 후대 독자들의 일관된 감화와 긍정적 수용에서 증명된다. 독자들에 의해 증명된 시들을 판독하고 이해하여 해석하는 과정은 그들의 삶에 속한 문제의식과 과제에 적용할 고급 방책을 취득하는 것이다.

문제 인식과 해결의 동력을 얻은 독자들에게 시적 화자가 제시하는 문제 해결 방법은 독자가 가진 해석의 기대지평에 따라 수용의 정도를 달리한다. 독자는 '접근, 인식, 거부 혹은 수용, 해석의 심화' 순서로 텍스트를 판독하고 작품 감상의 단계로 나아간다. '거부 혹은 수용'은 앞서 말했듯이 문제적 정서의 신호에 의해 선택되는데, 이때 독자는 내면의 불평형 상태를 감지하고 자아의 정서적 상황을 분석하여 심화된 단계인 자기 소통을 향해 성숙할 수 있다. 문제 해결 방법 역시 시적 자아의 상황 분석을 통해 얻어지며, 이러한 의미 해석 단계에 따라 심화되어 적용될 수 있다. 이것은 독자의 정서지능[47] 발달과도 연관되는 것으로, 개인의 정서를 성공적으로 운용하

47 골먼Gloeman은 정서지능을 '좌절상황에서도 개인을 동기화시키고, 자신을 지켜낼 수 있게 하며, 충동의 통제를 가능하게 하고, 기분상태나 스트레스로 인해 합리적인 사고를 억누르지 않게 하며, 타인에 대해 공감하고 희망을 버리지 않는 능력'으로 보았다.(D. Goleman, *Emotional intelligence*, New York: Bantham Books, 1995. 참고.) 그리고 샐로비Peter Salovey와 메이어Jone Mayer는 정서지능을 사회 지능의 하위 요소로 보았는데, 정서지능이란 '자신과 타인의 감정과 정서를 점검하고, 그것들의 차이를 변별하며, 생각하고 행동하는 데 정서정보를 활용할 줄 아는 능력'이라고 정의한 바 있다.(P. Salovey, J. D. Mayer, "Emotional intelligence", *Imagination Cogmition and Personality* 9, 1990, pp.185~211. 참고.)

는 것은 자신의 심리적 안녕과 더불어 타인의 정서 조절과 정서정보 활용에 접근하는 가능성을 부여한다.

‖ 치유적 시 텍스트의 필요조건: 정서적 상황 요건

시 치료 현장에서 적용되는 치유적 시 텍스트의 목록과 분류의 양상은 정서적 상황 혹은 독서 목적에 따라 각기 상이하게 나타난다. 시 치료에서 대상 설정이 각 프로그램 성격이나 독자의 독서 상황에 따라 다양한 분포를 보이게 되기 때문인데, 따라서 시 치료에서는 프로그램 참여 대상의 언어, 인지, 정서 등의 세부 능력에 따른 적절한 작품이 제시될 수 있어야 한다. 또한 독자 대상의 다양한 분포와 세부적 상황에 따라 활용될 수 있는 작품 군을 분류하는 작업이 선행되어야 한다.

이를 위해서는 치유적 시로서 적용될 수 있는 텍스트를 판독할 기준과 그 기준에 따른 여러 가지 검증 요건이 제시되어야 할 것이다. 먼저 독자가 시 텍스트를 감상하는 단계는 '텍스트 접근→텍스트 시어와 구조 감지→텍스트 의미 구성의 인지적 이해→적극적 음미와 시적 자아의 내면 통찰→독자 자아의 내면 고찰과 수용'의 순으로 구분할 수 있다. 물론 각각의 단계는 회귀적이거나 때로 역순행하여 나타날 수 있으나, 독자의 의미 해석과 텍스트 수용의 과정에 작용하는 요소는 크게 '시적 자아, 텍스트, 그리고 독자 자아'에 관한 것이다.

독자의 자아 활동에 관여하는 세부적 요소는 독자의 배경지식, 억압된 무의식, 의식적 사유, 독서의 목적, 신체적 혹은 물리적 외부 상황 등 다양하게 나타날 수 있으며, 텍스트 역시 이들 요소 중의 하나로 독자 자아의 활동 과정에 수용될 수 있다. 이 때 독자는 텍스트에 대한 인지적 이해와 정서적 소통을 필요로 하게 된다. 이러한 점에서 텍스트와 독자 간 정서적 작동 양상을 고찰하기 위한 텍스트 요소로 '텍스트의 인지적 이해 성분과 정서적 상황 요건'을 들 수 있다.

여기서 텍스트의 '정서적 상황 요건'이란, 불안정한 자아의 독자가 자신의 정서를 상위 인지적으로 운용할 수 있도록 발전하기 위해 치유적 독서를 목적으로 할 때, 제시되는 시 텍스트가 독자 자아의 정서와 긍정적으로 작용하기 위해 갖추어야 할 정서적 필요조건을 말한다. 이를 '치유적 시 텍스트의 판독을 위한 정서적 상황 요건'으로 요약하고, 그 세부적 내용은 다음과 같이 설명할 수 있다.

가. 심미성

시 텍스트 속에서는 여러 감각적 이미지가 아름답고 감화적으로 나타나야 한다. 독자는 텍스트 속의 특정 시어나 이들이 환기하는 연쇄적 이미지에 따라 각자가 소유한 특정의 관련 경험과 정서를 다시금 확인하게 된다. 이러한 확인의 과정은 독자가 특별히 인지할 수 없거나 인식할 필요가 없는 상태에서 모종의 분위기mood를 만끽하는 것으로 나타날 수 있다. 사물과 상황을 바라보는 입장과 이로부터 유발되는 판단과 행동이 인간의 특정한 정서 상태나 느끼는 분위기에 따라 달라진다고 할 때, 텍스트는 독자가 세계를 바라보는 심미관에 긍정적 영향을 미치는 감각적 이미지들을 소유하고 있어야 한다.

이는 독자가 작품을 감상할 때 텍스트를 통해 제시되는 자극들을 통해 모종의 경험과 지식을 직관적으로 환기하게 되기 때문이다. 독자는 시 텍스트에 나타난 여러 감각적 이미지들을 매개로 그들을 해석하기 위한 표상[48]을 내면에 생성하는데, 이 과정에 형이상학적인 것으로 저장된 개인의 경험과 이미지에 대한 정서가 연쇄적으로 작용하게 된다. 가령, 비오는 날 창밖의 풍경을 바라보는 사람의 내면에서는 실내에서 흘러나오는 음악의 분위기나 냄새, 비오는 날에 겪었던 경험 등에 따라 우산을 쓰고 걸어가는 여성의 뒷모습이 다른 느낌이나 상황으로 보일 수 있을 것이다. 시 텍스트가 독자에게 환기하는 이미지나 정서 역시 시어와 시적 상황, 장면 이미지 등과 연쇄적으로 작용할 수 있다. 따라서 부정적 정서를 정화하기 위한 텍스트의 경우, 독자들의 감각에 심미적으로 작용할 수 있는 이미지들을 소유하는 것이 필요하다.

나 하늘로 돌아가리라.
새벽빛 와 닿으면 스러지는
이슬 더불어 손에 손을 잡고,
(중략)

48 베르네르는 주변의 실체에 대한 자신의 경험을 망라하여 '어떤 것'을 '무엇'으로 정리하는 것을 표상으로 보며, 파비오는 표상에 대해 어떤 실체를 따라 마음속에 떠올려진 것이라 정의한다. 이종희는 개인이 특정 사물의 어떤 측면을 인식하여 형성한 내적 지식이나 외적 표현으로, 진정한 표상의 형성은 구체적이고 깊이 있는 경험의 기회를 필요로 한다고 본다. 이들은 대상과 기호의 관계를 이해하는 데 있어서 자신의 경험과 지식에 대한 내적 통찰을 전제로 하는 표상활동을 중요시하는 견해로, 기호sign에 대한 아리스토텔레스의 논의 이후 표상과 기호를 동일시했던 초기 관점과 구분된다.(이종희, 「표상의 개념: 상징, 이미지, 모방과의 관계」, 『유아교육연구』18권, 유아교육학회, 1998, 66쪽.; H. Werner, B. Kaplan, *Symbol formation*, New York: John Wiley&Sons, 1964.; A. Paivio, "Mental representation", *A dual coding approach*, New York: Oxford University Press, 1986. 참고.)

나 하늘로 돌아가리라.
아름다운 이 세상 소풍 끝내는 날,
가서, 아름다웠더라고 말하리라.

– 천상병, 〈귀천〉[49] 중

위 시에서 시적 화자는 삶과 죽음의 기로에 선 자신의 행로를 '귀천'이라 이름하고 있다. '하늘로 돌아가'는 행위는 죽음 혹은 유한적 삶의 농후한 고독함과 마주한 작금의 현실을 여유롭게 바라보는 자의 관점에서만 가능한 것이다. 생과 사의 사이에서 경험하는 인생의 고락을 삶의 일정 속에서 얻을 수 있는 특별한 선물처럼 여기는 시적 자아의 인생관은 자신의 삶을 '소풍'에 비유한 것에서 드러난다.

새벽녘에 비치는 태양의 미명만으로 스러지기 충분한 이슬과 시적 화자는 동등한 위치에 있다. 그처럼 '나'는 삶 속의 미약한 존재이거나 삶의 섭리에 충실한 자연의 일부이다. 시적 자아는 복잡다단한 삶의 여정을 '이슬'이나 '노을빛'과 함께 손을 잡고 즐기는 '소풍'이라 부른다. 그러나 '나'의 '소풍' 속에는 자연의 일부 외에 또 다른 '나'의 유의미한 존재가 드러나 있지 않다. '나'가 소통할 수 있는 타자란 이 세상이 아닌 '하늘로 돌아가' 만날 수 있거나 만남을 기대해야 하는 누군가이다.

따라서 '나'는 '이 세상 소풍 끝내는 날'이 되어서야 '가서, 아름다웠더라고 말'할 수 있는 것이다. 그럼에도 불구하고 '나'는 섬멸하는 시공간 속에서 느끼는 유한함과 고독함을 삶 본디의 것으로 받아들이며 그것이 삶의 아름다운 성질임을 천명하고 있다. 죽음에 대하여

49 천상병, 『천상병전집』, 평민사, 1996.

'나 ~돌아가리라'라는 능동적 의지를 부여하는 것에서, 본디 스스로 시작하지 못하는 인간의 삶으로부터 주체적인 죽음 의식을 획득하는 자존감이 나타난다. 위 텍스트에서 독자는 자아와 주체적으로 통정하며 인생을 평가하는 시적 자아의 초월적 인생관을 발견할 수 있다.

다음 시는 해석하는 관점에 따라 여러 방향으로 읽힐 수 있는 여지가 있는 경우[50]이지만, 아름다운 몇 장의 그림처럼 나타나는 이미지의 연쇄가 색채미 혹은 영상미와 같은 시각적 감화력을 가진다.

내용 없는 아름다움처럼

가난한 아희에게 온
서양 나라에서 온
아름다운 크리스마스 카드처럼

어린 양들의 등성이에 반짝이는
진눈깨비처럼

– 김종삼, 〈북치는 소년〉[51] 전문

---

50 김현은 이 시에 나오는 아이들이 항상 혼자서 가난하게 죽음을 예감한다는 점을 강조하면서, 시인의 세계와의 불화를 표상한다고 보았다. 이에 비해 황동규는 '내용없는 아름다움'이 생소함과 아름다움을 동시에 느끼는 세계이며, 더 나아가 김종삼의 시가 '여백의 시'이며, 그것은 인간 부재의 미학, 곧 미학주의의 한 극치라고 주장한다. 또한 김주연은 '어린이 같은 마음가짐'이라는 말로 요약할 수 있듯이 시인의 환상이 기본적으로 동화적 성격을 벗어날 수 없다고 지적하면서, 이런 환상은 현실에 대한 절망의 극복으로 창출되는 그 나름의 문화적 기능을 지닌다고 강조한다. 권영민, 『한국현대문학대사전』, 서울대학교출판부, 2004. 참고.

51 김종삼, 『북치는 소년』, 민음사, 1979.

위의 시는 세 개의 연으로 이루어져 각각 '내용없는 아름다움', '아름다운 크리스마스', '반짝이는 진눈깨비'를 '북치는 소년'의 이미지에 중첩시키고 있다. '~처럼'을 통해 비유하는 대상은 전문 속에 드러나지 않음으로써 텍스트의 완결성을 해치는 것처럼 보인다. 그러나 미완된 텍스트가 비유 대상에 대한 설정과 이미지화를 독자의 사고 속에 전이시킴으로써 오히려 독자를 텍스트 속에 적극적으로 끌어들이는 효과를 낳고 있다.

독자는 '무엇이 ~처럼 어떠하다'는 것에 대한 구안을 텍스트 안팎에서 활성화하게 된다. 가령, '내용없는 아름다움'은 아름다움을 표현하는 세상의 풍요롭고 다양한 이야기들을, '가난한 아희'는 부유하고 부족할 것 없는 아이들을, '서양 나라에서 온 아름다운 크리스마스 카드'는 동서양을 막론한 아름다움의 전파를, '어린 양들의 등성이에 반짝이는 진눈깨비'는 혹한의 추위 속에서 흩날리는 눈발의 삭막함을 독자의 이미지 활성 공간 속에 불러일으킨다. 이로써 각각의 쌍으로 떠올리게 되는 이미지들은 대립되는 대상을 한 가지 표현 속에 압축시켜 동시에 말하는 효과를 가지게 된다.

각각의 쌍들은 '아름다운 크리스마스'를 배경으로 동등한 위상을 획득하며 독자로 하여금 평화로운 화합을 기원하는 정서 속에 자리하도록 유도한다. 김종삼의 시 속에서 소년이 종종 가난과 불우한 이웃을 표상하며 나타난다는 사실을 전제할 때, '북치는 소년'이 처한 사회적 현실과 분절적 사회소통구조 등에 대한 비판의 해석이 가능하다. 그러나 이러한 비판적 관점이 위 텍스트의 아름다운 이미지 향유와 평화로운 정서와의 만남에 후행함으로써 위 텍스트의 주된 심미성이 지켜지고 있다.

텍스트의 이해에 앞서 독자의 내면에 자리한 사색의 편린들을 자극하는 감각적 이미지들은 그 이미지의 연쇄만으로 맑고 고운 심상을 파노라마로 환기시키다. 이것은 정서를 압축하는 시적 표현의 정수라 할 법한데, 독자는 텍스트의 정제된 표현과 제시되는 이미지를 통해 자아 내면에 응축된 지식과 경험을 환기하거나 표상하게 되기 때문이다.

나. 방향성/변화성

시적 화자의 문제적 정서를 내포하는 시 텍스트의 경우, 텍스트 전체에 걸쳐 정서의 긍정적 변화를 생성하고 있어야 한다. 텍스트 속에는 시적 자아가 세계를 바라보는 관점 혹은 그가 처한 상황에 있어 특정한 문제의식이 드러날 수 있다. 이 문제의식은 시적 자아의 문제적 상황과 문제해결을 위한 욕구 사이에 팽팽한 갈등과 부정적 정서로 표출되곤 한다. 이러한 표출 양상을 시적 자아가 화자를 통해 나타내는 문제적 정서라 할 수 있다. 그리고 이러한 정서는 정해진 텍스트 공간 속에서 염세와 자조적 어조, 자기반성, 세계와 상황에 대한 치열한 인식과 고찰, 해학적 풍자, 변화와 개혁 의지, 초월의식과 극기 등 다양한 형태로 진행된다.

문제적 상황에 따른 모종의 갈등과 부정적 정서를 해소하고자 하는 독자에게 텍스트는 그 상황을 상위적으로 바라볼 수 있도록 하는 시각과 문제 해결 양상 혹은 해결의 가능성을 제시할 수 있어야 한다. 따라서 시 텍스트는 시행의 진행 또는 전체 텍스트 안에서 상호작용하는 시어 구조를 통해 문제적 정서가 해결되는 양상의 변화 추이를 생성해야 한다. 정서의 상위인지와 역동적 정서 운용에 대한 간접 경험을 통해 독자의 문제 인식 능력과 정서지능이 향상될 가능성 역시 배제할 수 없다.

다음 시에서는 시행의 진전을 따라 '상황의 회상→현재적 인식→상황 수렴과 미래 의지'의 단계를 따라 시적 자아의 정서가 변화하는 양상을 보인다.

태양을 의논하는 거룩한 이야기는
항상 태양을 등진 곳에서만 비롯하였다.
(중략)

다시 우러러보는 이 하늘에
겨울 밤 달이 아직도 차거니
오는 봄엔 분수처럼 쏟아지는 태양을 안고
그 어느 언덕 꽃덤불에 아늑히 안겨보리라.

– 신석정, 〈꽃덤불〉[52] 중

이 시에서 '태양'은 시적 화자와 '벗'들이 모두 우러러 바라보는 대상이었으며 과거에 상실한 채로 유지되어 오는 개념적 존재이다. 시적 화자와 '벗'들을 포함한 '우리'는 실체를 상실한 가슴앓이로 괴로워하는 정서를 갖고 있지만, 이 괴로움은 단지 '태양'이 아닌 '오롯한 태양'이자 '우리' 모두가 인정하는 '태양'으로 해소될 수 있다. '우리'의 '거룩한 의논'이 행해지는 곳, 즉 '태양을 등진 곳'이란 '태양'이 원천적으로 부재한 곳이 아니다.

따라서 '우리'의 괴로움에 대한 직접적 원인은 오히려 '태양'의 상실보다 '태양'을 인정하는 데 대한 '우리'들의 난무한 논의와 집합에 있다. 갈등의 심화와 '벗'들의 이합집산을 정리할 방법은 '겨울 밤'처

52 신석정, 『그 먼 나라를 알으십니까』, 창작과비평, 1990.

럼 차가운 현실에 대한 극복의지와 '분수처럼 쏟아지는 태양을 안'은 '봄'에 대한 갈망을 고조시키는 것이다. 시적 화자를 통해 분출되는 아늑하고 향기로운 세상에 대한 열망과 의지가 '서른여섯 해'의 기나긴 갈등과 괴로움을 해소할 공통적 이상향인 '꽃덤불'에 집약되어 종연에 나타난다. 이를 통해 독자는 문제적 상황과 대면하는 시적 화자의 자세와 정서에서 변화의 역동성을 느낄 수 있다.

문제적 상황을 인식하는 시적 화자의 관점과 태도의 역동적 변화는 문제해결을 위한 상황 인식을 자아 외부에 표출 혹은 호소하고 해결 방법을 제시하고자 하는 의지적 어조로 나타난다. 다음 두 편의 시에서 그러한 강인하고 의지적인 어조로 표출되는 시적 자아의 문제 인식과 시대의식을 읽어낼 수 있다.

신새벽 뒷골목에
네 이름을 쓴다 민주주의여
내 머리는 너를 잊은 지 오래
내 발길은 너를 잊은 지 너무도 너무도 오래
오직 한 가닥 있어
타는 가슴속 목마름의 기억이
네 이름을 남몰래 쓴다 민주주의여.

아직 동트지 않은 뒷골목의 어딘가
발자국 소리 호르락 소리 문 두드리는 소리
외마디 길고 긴 누군가의 비명 소리
(중략)
떨리는 손 떨리는 가슴
떨리는 치떨리는 노여움으로 나무 판자에

백묵으로 서툰 솜씨로
쓴다.

– 김지하, 〈타는 목마름으로〉[53] 중

동이 트기 직전인 '신새벽'은 가장 춥고 어두운 때이다. '나'는 그러한 '신새벽'에 '뒷골목'에서 '백묵'으로 '서툰' 글씨를 쓰는 '목마른 자'이다. 이러한 상황이 대상에 대한 '나'의 열망을 더욱 강조한다는 것은 대조적 상황의 동시적 연상을 통해 확인할 수 있다. '나'는 날이 밝고 따뜻한 곳에서 많은 사람들과 자유롭게 갈망하는 대상을 토로할 수 없는 처지이다. '나'에게 주어진 것은 쉽게 부러지거나 지워질 수 있는 백묵과 '치떨리는 노여움' 뿐이며, 그래서 '나'는 그리움과 열망의 행위를 수차례 반복해야만 한다. 슬픔이나 노여움 때문에 울부짖으며 차마 울지 못하는 '나'는 '남몰래', '숨죽여 흐느끼며' 이름 쓰는 행위를 지속한다. 그것은 그리움의 대상이 다름 아닌 '민주주의'이기 때문이며 '나'는 이 모든 서러운 상황을 '민주주의'가 부재한 현실에 종속되어 있기 때문에 겪고 있는 것이다.

따라서 '나'는 '민주주의'를 갈망하고 이 갈망은 아직 채워지지 않음으로써 '타는 목마름'이 된다. 극한적 상황과 상황을 극복하고자 하는 열망은 텍스트 전반을 관통하고 있으나, '민주주의'에 대한 갈망 의지는 제시된 극한적 상황을 거쳐 종연에 극으로 치닫는다. 모든 서러운 상황이 제시되고 '나'는 이 모든 것을 겪고 있으나 '나'는 '그럼에도 불구하고' 갈망의 행위를 지속하는 것이다. 이로 볼 때, 위 텍스트에서는 고통과 억압적 상황에 사그라지지 않는 의지가 초

53 김지하, 『타는 목마름으로』, 창작과비평, 1993.

반부터 시행의 진전을 거쳐 점차 강화되는 변화성이 나타난다.

이와 비슷한 양상이 김수영의 「풀」에서도 나타나는데, '풀'이 눕고 우는 행위와 일어서고 웃는 행위가 각각 반복적으로 진행된다는 점에서 시행의 진전을 따라 변화하는 태도 변화와는 구별된다.

풀이 눕는다
비를 몰아오는 동풍에 나부껴
풀은 눕고
드디어 울었다
날이 흐려서 더 울다가
다시 누웠다

풀이 눕는다
바람보다도 더 빨리 눕는다
바람보다도 더 빨리 울고
바람보다 먼저 일어난다

– 김수영, 〈풀〉[54] 중

위 텍스트에서는 '풀'이 재차 눕고 '바람보다도 더 빨리 눕'거나 '바람보다도 더 빨리 울고' 있는 행위로 '풀'의 미약함을 강조한다. 그러나 그와 동시에 다시 일어나고 다시 웃는 행위가 뒤따르면서 '풀'의 질긴 생명력 역시 한층 강조되는 효과를 낳는다. 이 시 역시 시적 대상의 역동적 행위 변화를 통해 극복과 의지의 정서를 강조하는 것으로, 시적 대상을 바라보는 정적인 관점을 자극할 수 있다.

---

54 김수영, 『김수영 전집1』, 민음사, 2003.

부정적 정서의 해소는 곧 그러한 정서가 형성되는 내·외부적 상황으로부터 자아를 차단하고 문제해결을 위한 긍정적 표상 활동을 시작하는 데서 이루어진다. 물체의 이동에 있어서 방향 전환은 관성에 법칙에 따라 이전까지 지속되던 힘의 방향으로부터 또 다른 방향으로의 역동적 전환과 추진력이 더해질 때 가능하다. 독자의 부정적 정서를 해소하는 것 역시 심미적 에너지를 얻는 전이와 주입 뿐 아니라, 현실의 부정적 상황을 그릇된 것으로 인식하고 새로운 상황으로 전환하는 것에 대한 변화의 의지가 있을 때 시작될 수 있다.

이러한 점에서 치유적 시 텍스트에 나타나는 시적 화자의 태도는 문제 인식과 긍정적 방향 전환을 위한 역동성을 가진 것으로 드러날 필요가 있다. 인지적 이해를 통한 정서적 감흥을 가져오는 탁월한 격언이나 속담, 또는 교훈적 내용이 독자에 대한 흥미와 정서적 공감을 획득하면서 전달되는 민담, 우화의 경우에서 알 수 있듯이 텍스트를 통한 정서적 감화와 인지적 이해는 불가분의 영향 관계에 놓여 있다. 시적 화자의 문제의식 혹은 역동적 문제 해결 추이가 나타난 텍스트를 통해 독자는 정서적 감화뿐 아니라 자신의 문제적 상황을 객관적으로 바라볼 수 있는 상위-인지적 요소를 획득할 수 있을 것이다.[55]

---

55 같은 맥락에서, 독자 자아가 처해 있는 폐쇄적 상황에 대한 인지적 이해 역시 정화 혹은 무의식적 트라우마 발견 등을 통한 정서적 치유로 이행할 가능성이 있다. 따라서 텍스트에 따라 '건강성'이 전제되지 않은 '방향성/변화성'이 드러난다 할지라도 역동적 변화에 대한 비판적 정서 혹은 개별적 상황 인식이 독자 자아의 문제 해결 및 치유에 기여할 가능성 역시 배제할 수 없다. 이는 치유적 시 텍스트의 정서적 요건들이 서로 각각 배치되지 않으며 독자 해석의 기대지평에 따라 다층적으로 결합할 수 있음을 나타낸다.

다. 건강성

시 텍스트는 긍정적 정서 속을 명상하는 에너지 향유 혹은 아우라 전이 효과를 낳는 시적 이미지들을 풍부하게 소유하고 있어야 한다. 시 감상은 텍스트의 연쇄적 이미지를 따라 시적 자아의 정서적 상황을 이해하는 동시에 독자 자아에게 환기되는 정서적 혹은 인지적 내용에 집중하는 일종의 명상적 계기가 된다. 시적 화자를 통해 언급되는 담화, 그리고 텍스트 속의 이미지 수용을 통해 독자는 현실 속의 갈등과 부정적 정서로부터 자아를 차단하고 자아 내면의 세계에 집중하여 내면 의식을 확립할 수 있다.

생각은 모종의 정서를 동반하고 연쇄적으로 확장되는 성질을 가지는데, 의식의 모순에서 유발되는 현실적 갈등을 해소하기 위해서는 문제해결을 위해 일차적으로 그 모순적 상황에 집중하는 욕구를 차단하는 것이 중요하다. 이러한 '생각 끊기'를 위해 유인가가 높은 다른 종류의 생각 계기를 마련해주는 것이 필요하다. 앞서 말한 텍스트의 '방향성/변화성'이 텍스트 안에 나타난 시적 화자의 태도 혹은 세계 인식 등의 발전적 변화 양상을 전제로 하는 것이라면, '건강성'은 독자 자아의 변화 양상을 유도하는 전前사고의 긍정적 차단 효과를 전제로 한다. 즉, 시 텍스트는 시 감상의 시공간 속에서 독자에게 긍정적 명상의 계기를 제공하는 건전하고 밝은 이미지들을 풍부하게 가지고 있어야 한다.

> 너를 사랑한다고 말할 수 있다면
> 굳게 껴안은 두 팔을 놓지 않으리
> 너를 향하는 뜨거운 마음이
> 두터운 네 등 위에 내려앉는

겨울날의 송이눈처럼 너를 포근하게
감싸 껴안을 수 있다면
너를 생각하는 마음이 더욱 깊어져
네 곁에 누울 수 없는 내 마음조차 더욱
편안하여 어머니의 무릎잠처럼
고요하게 나를 누일 수 있다면

그러니 결코 잠들지 않으리
두 눈을 뜨고 어둠 속을 질러오는
한세상의 슬픔을 보리
네게로 가는 마음의 길이 굽어져
오늘은 그 끝이 보이지 않더라도
(생략)

– 곽재구, 〈희망을 위하여〉[56] 중

위 시의 주조를 이루는 정서는 텍스트의 전반에 드러나 있듯이, 사랑하는 대상을 지키고자 하는 간절한 의지와 소망에서 비롯된다. '나'는 사랑하는 대상을 두 팔로 '굳게 껴안'고 있으며, 그 사랑은 한겨울의 흰 눈과 체감적으로 대조되는 '뜨거운 마음'이다. 시적 화자는 '너'를 사랑하는 '나'의 마음이 '두터운 네 등 위에 내려앉는/ 겨울날의 송이눈'처럼 사랑하는 대상을 포근하게 감싸 안고, '내 마음조차 더욱/ 편안하여 어머니의 무릎잠처럼/ 고요하게 나를 누일 수 있'다고 노래한다. 사랑하는 행위의 초점, 즉 사랑의 시작과 도착점은 바로 '나'와 내 마음을 향하고 있다.

56 곽재구, 『사평역에서』, 창작과비평, 1983.

'굳게 껴안은 두 손을 풀지 않'는 것은 사랑을 지키고자 하는, 혹은 사랑의 행위로 대변될 수 있는데 이 행위의 전제 조건이 바로 '너'를 사랑하는 '나'의 마음이 '너'를 포근하게 하고 '나'를 감싸 안는 평안의 정서로 충족되고 있기 때문이다. '나'의 사랑의 행위 주체가 '나'이며, 그 사랑으로 인한 충족의 대상 역시 '나'를 향하고 있다면 사랑의 성립에는 '나' 아닌 '너'의 역할과 요구가 절대적이지 않다. '나'의 굳센 사랑의 전제가 단지 '너를 사랑한다고 말할 수 있다면'에 그치고 있는 것도 이러한 소박함에 근거하는 것이다.

'나'는 '너'로부터 사랑한다는 말을 듣거나 굳센 팔로 함께 껴안아 주기를 기대하지 않는다. 2연에서 나타나듯이 사랑하는 과정에는 네게로 가는 길이 끝이 보이지 않더라도 '한세상의 슬픔을 보'는 것과 같은 '나'의 역할과 의지만이 제시된다. 대가를 기대하지 않고 자신을 반성하며 묵묵히 사랑을 지키고자 하는 시적 화자의 태도는 삶의 희망을 위해 일상 속에서 소박한 의무를 다해야 하는 우리의 모습을 상징하는 것으로 보인다.

독자는 이 시를 통해 자신의 안위와 만족을 위해 상호소통의 정도와 희생의 대가를 중요시하는 것은 진정한 사랑이 아님을 느낄 수 있다. 또한 사랑과 희망이라는 긍정적 주제를 노래함으로써 독자에게 밝고 이타적인 가치관을 전이할 수 있다. 세계를 바라보는 밝고 건강한 가치관은 죽음의 공간을 주제로 한 다음 시에서도 발견할 수 있다.

> 북망北邙이래도 금잔디 기름진데 동그만 무덤들 외롭지 않어이.
>
> 무덤 속 어둠에 하이얀 촉루가 빛나리. 향기로운 주검의 내도 풍기리.

살아서 설던 주검 죽었으매 이내 안 서럽고, 언제 무덤 속 화안히 비춰줄 그런 태양太陽만이 그리우리.

금잔디 사이 할미꽃도 피었고, 삐이 삐이 배, 뱃종! 뱃종! 멧새들도 우는데, 봄볕 포근한 무덤에 주검들이 누웠네.

– 박두진, 〈묘지송〉[57] 전문

위 시에서는 자칫 암울하고 폐쇄적인 공간으로 인식될 수 있는 사후 안식의 공간인 무덤을 포근하고 안락한 휴식의 공간으로 탈바꿈하고 있다. '동그란 무덤'은 어머니 자궁처럼 안락함을 배태한 공간으로 나타난다. '살아서 설던 주검'이 서럽지 않고 위안을 얻으며, 이전 생에 대한 그리움은 단지 '무덤 속 화안히 비춰줄 그런 태양'일 뿐 복잡다단한 인간사의 갈등과 아쉬움은 드러나지 않는다.

무덤이라는 공간을 '금잔디'와 '할미꽃'으로 장식하고 봄볕에 '멧새들'이 지저귀는 '포근한' 휴식처로 나타내는 것은 죽음을 바라보는 시적 자아의 의연하고 평안한 관점이 있어야 가능하다. 위 시를 통해 독자는 생과 사의 경계에 대해 다시금 생각할 수 있다. 죽음을 살아남은 자의 긴장과 공포 혹은 슬픔의 대상으로 생각하는 독자의 경우, 또 다른 관점과 사유를 관찰하고 죽음에 대한 이전의 정서를 극복하는 사유의 유연성을 획득하게 될 것이다.

그러나 텍스트의 '건강성'이 가령, 병리적이거나 폐쇄적인 시적 화자 혹은 시적 배경을 가지고 그려지는 텍스트의 치유적 가능성을 배제하는 것으로 이해되어서는 안 된다. 텍스트 수용 상황에 따라 시 텍스트 속의 병리적 양상은 독자 자아의 고착된 습성의 배경이나 트

57 박두진, 『청록집』, 을유문화사, 2006.

라우마 등에 접근하는 유인 매제가 되기도 하기 때문이다. 따라서 텍스트의 '건강성'은 주로 인간의 보편적이고 긍정적인 정서에 이바지할 수 있는 시적 소재 혹은 배경을 포함하는 층위로 보아야 한다.

라. 접근성/친밀성

시 텍스트는 독자의 공감을 이끌어내고 현재 혹은 특정한 상황을 반추하게끔 하는 유인 매제를 가지고 있어야 한다. 독자는 텍스트뿐만 아니라 의사소통을 목적으로 발현된 어떠한 양식과 대상 앞에서나 자신에게 친밀하고 공감할 수 있거나 호기심을 자극하는 부분에 먼저 관심을 보이고 접근한다. 이는 그 부분들이 자신의 내면 욕구를 충족시키거나 불안정한 자아를 완성하는 데 도움을 주기 때문일 것이다.

텍스트의 시적 분위기에 감화되거나 시적 상황을 이해하는 데에는 먼저 텍스트를 수용할 독자들의 관심을 유도하고 독자의 현실적 자아를 개입해볼 수 있는 유인 매제들이 작동해야 한다. 독자가 스스로 자신의 내면을 개방하고 자아를 개입하는 능동적 감상과 주동적 참여가 이루어지지 않는 경우—가령, 시 감상 프로그램에 수동적으로 참여하게 되거나 시어에 일정의 뜻풀이 주석을 대입하여 피동적 이해가 선행되는 등의 경우—에는 내면을 개방하거나 부정적 정서의 구성 상황을 탐색해가는 자아 활동에 적극성과 진정성이 감소될 우려가 있다.

따라서 치유적 시 텍스트는 수용 독자의 관심을 유도하고 자아의 검열을 벗어나 무의식의 공간에 대신 접근할 수 있는 매제들로 이루어져야 한다. 독자에 대한 유인 매제는 시 텍스트의 해석 전부터 작용하는 것으로 제목, 시어, 표현 형태, 어조, 소재, 분량 등에서 나타날 수 있다. 물론 이러한 매제들은 독자의 시 감상에 있어서 차별적으로 작용할 것이다. 하지만, 독자의 능동적이고 적극적 감상이 재미와 만족감, 정서 정화 등의 효과를 강화시킬 수 있다는 점에서 독자에게 접근하는 텍스트의 친밀성이 필수적이다.

다음 시들은 우리가 여러 방식으로 경험했을 법한 정서를 극단적이지 않으며 자연스럽게 환기시키는 데 탁월하다.

마음도 한자리 못 앉아 있는 마음일 때,
친구의 서러운 사랑 이야기를
가을 햇볕으로나 동무삼아 따라가면,
어느새 등성이에 이르러 눈물나고나.

제삿날 큰집에 모이는 불빛도 불빛이지만,
해질녘 울음이 타는 가을강을 보겄네.

저것 봐, 저것 봐
네보담도 내보담도
그 기쁜 첫사랑 산골물 소리가 사라지고
그 다음 사랑 끝에 생긴 울음까지 녹아나고
이제는 미칠 일 하나로 바다에 다와가는
소리죽은 가을강을 처음 보겄네.

– 박재삼, 〈울음이 타는 가을강〉[58] 전문

먼저 박재삼의 위 시는 '어느새 (인생의) 등성이에 이르러' 버린 장년의 삶에 대한 애정 어린 회한의 정서를 주조한다. 시적 화자는 '제

58 박재삼, 『박재삼 시집』, 범우사, 1989.

삿날 큰집에 모이는 불빛' 속에 함께 모여 있지 않고 산등성이에서 '해질녘 가을강'을 바라본다. 그의 '한자리 못 앉아 있는 마음'이며 '눈물나고', '미칠' 것 같은 심경으로 강을 바라보지만, '그 기쁜 첫사랑 산골물 소리'와 '사랑 끝에 생긴 울음'이 녹아나고 '바다에 다와가는/ 소리죽은 가을강'은 인생의 통한이 담긴 화자 자신의 모습에 다름 아니다.

'눈물'과 '울음'이 시적 화자의 통한을 상투적인 것으로 만들지 않는 것은 그 회한의 정서가 화자의 신체를 통해 분출되거나 토로되지 않기 때문이다. 시적 화자는 인생에 대한 무상함과 고향 앞에서의 조급함을 행여 비정한 삶의 탓으로 돌리지 않는다. 단지 속 타는 심정으로 눈물을 삼키는 자신의 모습으로부터 스스로 '해질녘 울음이 타는 가을강', 그리고 '소리죽은 가을강'으로 시선을 돌리는 것이다.

차마 터트리지 못하는 통한의 심경은 동종의 정서를 다른 방식으로 경험한 독자로 하여금 그 경험의 내용을 환기할 수 있다. 그 내용은 독자의 텍스트 해석에 있어서 기대지평을 확장하는 스키마로 작용하는데, 환기된 정서는 공감이나 동종의 감정에 대한 카타르시스를 통해 독자들이 소유한 트라우마나 의도적으로 망각한 소실 기억에 접근할 가능성을 제공한다.

다음 시 역시, 텍스트 해석의 기대지평이 독자의 내면적 사유의 확장으로 연계될 수 있는 예이다.

> 가야할 때가 언제인가를
> 분명히 알고 가는 이의
> 뒷모습은 얼마나 아름다운가.
> (중략)

분분한 낙화 . . .
결별이 이룩하는 축복에 싸여
지금은 가야할 때

– 이형기, 〈낙화〉[59] 중

위 텍스트는 독자에게 사랑과 이별 혹은 삶과 죽음, 승패 등에 대한 마음가짐에 대해 생각하고 형이상학적 원리뿐만 아니라 삶의 실체적 대상과 그들의 성질에 대해 자신의 경험 속에서 사유할 수 있는 기회를 제공한다. 우리의 삶이 본디 유한성을 지니고 있으며 독자들 역시 하나의 인간으로서 '청춘', '사랑'과 같은 격정과 '봄', '녹음', '가을'로 진행되는 시간의 섭리로부터 자유롭지 못하기 때문이다. '꽃답게 죽는' 것과 '가야할 때가 언제인가를/ 분명히 알고 가는' 아름다운 이별은 분명, 유한적 삶을 부여받은 인간이 숙고할 만한 가치가 있는 문제이다. 위와 같은 시는 인생의 고통을 극복하고 성숙한 사유 세계에 진입하고자 희망하는 독자에게 자존감과 성숙함을 부여할 수 있는 문제 제기의 장으로 기능할 수 있다.

어두운 방안엔
빠알간 숯불이 피고,

외로이 늙으신 할머니가
애처로이 잦아드는 어린 목숨을 지키고 계시었다.

이윽고 눈 속을
아버지가 약을 가지고 돌아오시었다.

---

59 이형기, 『적막강산』, 모음출판사, 1963.

(중략)

옛것이라곤 찾아볼 길 없는
성탄제 가까운 도시에는
이제 반가운 그 옛날의 것이 내리는데,

서러운 서른 살 나의 이마에
불현듯 아버지의 서느런 옷자락을 느끼는 것은,

눈 속에 따오신 산수유 붉은 알알이
아직도 내 혈액 속에 녹아흐르는 까닭일까.

– 김종길, 〈성탄제〉[60] 중

‘성탄제’에 가까운 어느 날, 흰 눈을 매개로 한 시적 화자의 회상 속에는 ‘빠알간 숯불’을 피운 ‘어두운 방안’에 ‘외로이 늙으신 할머니’와 ‘애처러이 잦아드는 어린 목숨’, 그리고 눈 속을 헤치고 약으로 산수유를 따 가져오신 ‘아버지’가 가족의 구도를 이루고 있다. 그 때의 ‘어린 목숨’이 ‘서른 살’이 된 지금은 현실의 ‘나’가 과거의 ‘아버지’를 대신하여 새로운 가족 구도의 정점을 이루고 있다.

지금 가족의 구도는 지난 세월만큼 더해진 각자의 무게로 재구성되어 어느 축이 소멸되거나 혹은 새로운 축이 떠오르고 있을 것이다. 시적 화자인 ‘나’는 생성과 소멸의 변화를 경험하고 그 경험의 인지적 구조를 통시적 회상을 통해 재구성하고 있다. 이 재구성의 과정은 시적 자아에게 낯설음을 제공하고, ‘나’는 ‘옛것이라곤 찾아볼 길 없는’ 낯선 공간과 익숙한 존재에 대한 그리움 사이에서 서러움

60 김종길, 『성탄제』, 삼애사, 1969.

을 느낀다.

이러한 서러움의 정서는 극기를 통해 성장과 성숙을 경험하는 과정에서 나타나곤 한다. 목표하는 바를 이루기 위한 시험을 준비하거나, 체력 강화를 위해 단련하는 과정, 군대와 같은 사회 조직의 강제 속에서 극기의 과제와 대면하고 자아의 불평형을 유발하는 여러 정서를 거쳐 안정기에 도달하는 경우를 그러한 과정의 예로 제시할 수 있다. 독자들은 이러한 텍스트를 통해 시간의 흐름을 따라 세계를 바라보는 인식 구조를 변화시키는 데서 발생하는 낯설음과 불안정한 정서뿐 아니라, 원형적 체험으로서 가족애를 떠올리고 이에 대한 사색을 진행할 수 있을 것이다.

마. 가독성

치유적 시 텍스트는 독자에게 환기시키는 정서적 혹은 인지적 내용이 독자의 수용 범위 안에서 활발하게 작동할 수 있어야 한다. 이는 그러한 작동의 범위가 비교적, 주어진 텍스트의 배경에 대한 이해와 즉시적 감화 안에서 이루어진다는 점에서 텍스트 외적인 독자 자아의 세계와 활발하게 교류하는 '접근성/친밀성'과 구분될 수 있다. 독자의 부정적 정서 정화와 특정 정서에 대한 추동, 긍정적 정서 형성을 위한 심미적 감화력 등은 텍스트 내용의 인지적 소통보다 먼저 텍스트를 매개로 하는 독자의 경험의 재인식 또는 인식의 재구성을 통해 이루어지기 쉽다. 따라서 독자 정서의 역동적 운용을 위한 텍스트는 시적 자아의 인식 구조나 표현 형태의 가치보다 텍스트 수용 독자의 자아 활동에 대한 영향력에 우선순위를 두어야 한다.

가령, 시 텍스트의 상황적 구조나 시적 자아의 세계관, 문제의식 등이 읽혀지지 않은 상태에서도 시 치료에서는 독자가 주목하는 특정 시구나 시어를 매개로 구술이나 시작詩作을 통해 경험의 반추, 정서의 향유, 카타르시스를 경험할 수 있다. 그러나 독자에게 형평성 있는 이해력을 상실한 텍스트는 수용 독자의 자아 활동에 앞서 난해한 인상과 정서의 복잡성을 가중시킬 수 있다. 따라서 치유적 텍스트는 독자의 정서적 접근을 막는 난해성을 배제하고 독자 자아의 내면 활동을 작동시킬 최소한의 가독성을 지녀야 한다.

텍스트를 수용하는 독자의 입장에서 해석의 기대지평은 매우 다양한 방향으로 확장될 수 있다. 각자가 소유한 스키마와 인지적 이해 능력, 정서적 공감의 정도가 상이하기 때문이다. 그러므로 어떠한 텍스트에 해석의 가독성을 결정하는 난해함을 상정해 두기란 난처한 일이 아닐 수 없다. 그럼에도 불구하고, 다음 이상의 시는 가독성의 면에서 활용 효과가 적은 텍스트의 예로 들 수 있다. 아래 시가 독자에 따라 판이한 해석의 가설이 가능하고, 또한 텍스트로부터 얻을 수 있는 시 감상 효과를 예측하기가 어렵기 때문이다.

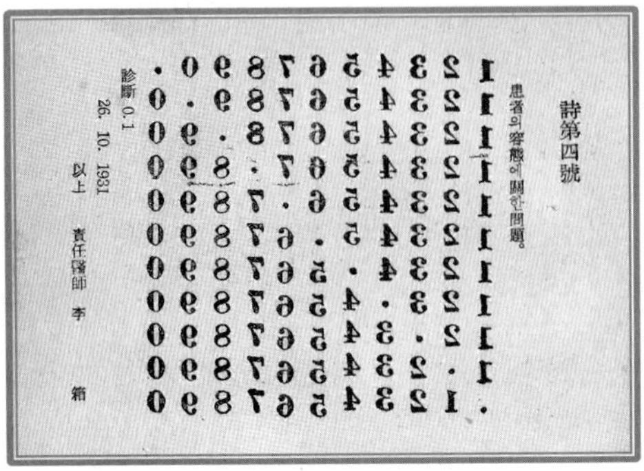

– 이상, 〈시제사호〉[61] 전문

〈그림 1〉

61 이상, 임종국 편, 『이상전집』, 문성사, 1968.

위 시의 가독성에 영향을 미치는 요인으로 우선 독자의 표상활동을 방해하는 의도적 장치들을 들 수 있다. '환자의용태에대한문제'는 모종의 산술적 표식이나 정수의 배열처럼 보이는 숫자들로 진단되고 있으며 '진단 0:1'[62]의 결과는 환자와 의사의 설정에 대한 근원적 의문과 모호함을 심화시킨다. 또한, 언어의 사회성을 배제한 특정한 표기 방식은 텍스트 수렴의 관점에 따라 전혀 상이한 해석을 가져올 수 있다. 가령, 세로쓰기로 표기된 시구와 숫자배열을 가로쓰기로 바꾸는 형태적 변화가 숫자 배열 인식에 따른 별개의 해석을 도출할 수 있다.

치유적 시 텍스트를 수용하는 독자의 경우, 텍스트 해석 결과의 가치보다 텍스트의 정서적 감수와 이해에 이어지는 독자의 내면적 자아 활동에 더욱 비중을 두어야 함을 고려할 때 텍스트 해석에 대한 논의는 자칫 사유의 낭비가 될 수 있다. 텍스트에 대한 독자의 정서적 접근을 막는 난해성은 보편적으로 공감할 수 없거나 이해되지 않는 시적 화자의 고차원적 정조나 시인의 원형적 체험이 반영된 시적 배경, 시대적·지리적·사회문화적 배경 지식이 요구되는 시어,

62 권영민은 원전 비평의 필요성과 어려움을 강조하면서 이 시를 수고본과의 비교 작업을 통해 다음과 같이 확인하고 해석하고 있다. '……그 결과 해석상 많은 논란이 따랐던 시제4호의 진단 가운데 0.1이 자필 원고에서는 0:1로 되어 있다는 사실을 확인할 수 있었다. 0은 둥근 것, 1은 직선으로 여성과 남성 등 원초적인 이항대립을 보여주고 있는 것으로 문맥적 보완 없이도 그 해독이 훨씬 용이해진다. '아내와 나'〈날개〉, '살찐 것과 야윈 것'〈지주회시〉, '도시적인 것과 전원적인 것'〈성천 기행〉, '근대와 현대'〈19세기식〉 등 문학텍스트의 모티프가 되는 모든 대립항들을 생성해내는 근원점에는 0:1의 진단이 잠재해 있다.(생략)' (권영민, 『이상문학 연구 60년』, 문학사상, 1998, 11~12쪽. 참고.) 에는 0:1의 진단이 잠재해 있다. 따라서 본고에서의 해석 역시 제시된 그림의 '진단 0.1'이 아닌 '진단 0:1'을 근거로 하였다.

시인의 시세계 공유와 간텍스트적 이해가 선행되어야 하는 의미 구조 등에서 역시 비롯될 수 있다.

그래서 텍스트의 가독성과 치유적 시 텍스트로서의 적용 여부는 독자의 텍스트 수용에 앞서 상대적인 가치 부여와 이해도 점검에 따라 판독되어야 한다. 즉, 치유적 시 텍스트는 개별 독자에 대해 최소한의 가독성이 보장된 것이어야 하며, 가독성의 상대적 평가는 텍스트의 서사 유무나 형태적 특성 등과 같은 텍스트적인 것보다 독자의 이해 내용, 독자 자아의 자기서사 교술 가능성 등 독자 수용적인 면을 점검함으로써 이루어져야 한다.

‖ 치유성 판독의 주체, 독자

시 텍스트와 독자의 자아 간 정서적 작동 관계를 체계적으로 밝혀볼 필요성은 '모종의 텍스트를 읽고 독자는 자신의 정서를 어떻게 운용하게 되는가'라는 질문에 대한 구안에서 시작되었다. 텍스트에 접근하여 텍스트를 인식, 이해하고 자아의 내면세계 속에서 표상활동을 시도하는 독자의 입장에서 볼 때, 시 텍스트에 시적 화자의 어떤 정서가 담겨 있느냐보다 중요한 것은 '어떤 정서가 독자에게 어떻게 작용하는가'이다. 텍스트의 독자 수용 과정은 각자가 소유한 뇌신경 메커니즘과 해석의 기대지평에 따라 매우 다양하게 이루어질 것이기 때문이다.

이는 '독자가 텍스트에 담긴 정서를 어떻게 발견하고 어떠한 전이 혹은 감수 과정을 거치게 되는가'에 대한 답을 섣불리 도출할 수 없음을 의미한다. 따라서 본고에서는 텍스트 수용 효과가 인간에게 어떠한 집결된 효과를 응당 가진 것으로 검증될 수 있는가에 대한 가부 설정에 관한 것이 아닌, 모종의 텍스트가 독자에게 치유적인 것으로 제시되기 위해 갖추어야 할 판독 요건에 문제의 초점을 맞추고자 하였다.

먼저, 치유적 시의 감상을 통해 독자가 얻을 수 있는 수용 효과를 '독자의 인지적 이해와 정서 운용 발달'로 보고, 수용 의미의 구체적 효용성을 살펴보았다. 다음은 텍스트와 독자 간 정서적 작동 양상을 고찰하기 위한 텍스트 요소로 '텍스트의 인지적 이해 성분과 정서적 상황 요건'을 상정하고, 치유적 시 텍스트의 판독 기준으로서의 텍스트 요건에 대해 고찰하고자 하였다.

본고는 그 중 '정서적 상황 요건'을 '불안정한 자아의 독자가 자신의 정서를 상위 인지적으로 운용할 수 있도록 발전하기 위해 치유적 독서를 목적으로 할 때, 제시되는 시 텍스트가 독자 자아의 정서와 긍정적으로 작용하기 위해 갖추어야 할 정서적 필요조건'으로 보았다. 그리고 세부적 내용으로 '심미성, 방향성/변화성, 건강성, 접근성/친밀성, 가독성'을 들고 시 작품의 분석을 예로 들어 설명하였다.

텍스트의 '정서적 상황 요건'들은 독자 일반의 삶과 직결된 정서적 양상을 드러내거나 감성적 상응을 유발하는 등의 텍스트-독자 간 직접적인 정서 관련성을 나타내는 것으로만 한정할 수 없다. 시 텍스트에 대한 일반 독자의 치유적 감상 혹은 수용 과정에 작동하게 되는 여러 차별적 요인들은 인지적 이해, 정서적 수용, 스키마와 관련한 개별적 감수 등 다양한 층위를 포섭하며 상호 작용하기 때문이다. 따라서 제시된 각 요건은 독자의 정서 변화에 긍정적으로 기여할 수 있는 간-텍스트적 요소들을 포함하는 것으로 보아야 한다.

또한 각 텍스트 요건들은 서로 배치되거나 한 텍스트에서 특정한 요건만 충족하는 것으로 나타나지 않는다. 가령, 시 〈귀천〉은 심미성과 접근성/친밀성, 건강성의 요소를 모두 만족하는 것으로 읽힐 수 있듯, 각 요건들의 다층적 결합은 독자의 텍스트 수용 조건에 따른 기대 지평에 따라 각기 다르게 평가될 수 있다. 같은 맥락으로, 한 텍스트가 모든 정서적 상황 요건을 충족하는 완결된 치유성을 가진 것으로 보는 것 역시 어렵다. 이는 각 요건들이 치유적 시 텍스트의 충분조건이 아닌 최소한의 필요조건으로 언급되는 이유이며, 동시에 치유적 시 텍스트의 독자 수용 프로그램을 통해 텍스트-독자 간 작동 및 영향 관계가 증명되어야 하는 과제를 제시한다.

개인의 정서는 과거와 현재, 그리고 미래를 연결하는 인지적 생명체의 핵심적 동인으로 작용한다. 개인의 책무가 확대된 현대사회에서 시가 개인의 정서와 경험을 어떠한 과정과 원리로 촉발하게 되는지에 대한 이해, 즉 시 텍스트와 독자 간 작동 양상에 대한 이해는 가히 실용적이다. 이러한 평가는 응당, 인간의 정서에 대한 복잡다기한 연구 문제의 점검으로부터 기대 가능하다. 가령, 시 치료의 처방전이라 할 수 있는 '정서 상황별 시 목록'은 텍스트 구성의 근거로 독자 일군의 정서적 작동 양상과 정서 반응 효과가 제시되어야 할 필요가 있다. 이와 같은 문제의식은 '시 텍스트와 독자 간의 정서적 작동 양상과 정서 반응 효과를 입증하는 연구 실험과 결과물의 축적'으로 이어져야 할 것이다.

제3부

시의 정서적 환원:

시를 쓰고(書), 쓰다(用)

기억과 정서의 역학적 구조

‖ 관점의 상대성, 기억의 재구성

기억은 구성 과정과 방식에 있어 다분히 의도성을 지닌다. 기억은 '사회적 맥락'[1]을 매개로 저장되고 인출되며, 인출되는 과정에서 쉽게 변형되기도 한다. 이것은 기억에서 비롯되는 정서의 결합관계가 절대적이지 않음을 나타낸다. 동일한 대상에 관한 유사한 맥락에서도 정서 주체들은 상이한 정서와 결합하는 기억을 가지게 된다. 그것은 각자의 태도나 가치관이라 할 수 있는 기억과 정서의 결합 방식에 따라 달리 나타난다.

대상을 경험하거나 기억하는 일을 하나의 사건이라 할 때, 사건 이후에 그것을 떠올리는 일은 '기억 심상'[2]을 통한 '심적 표상'[3]의 과

1 기억에 대한 쟁점들을 집성한 프랑스 사회학자 알박스는 개인적 회상을 사회적 연대의 복합적 네트워크들의 교점으로 보았다. 다시 말해, 기억을 인지하고 재생하는 과정에는 사회적 맥락이 개입한다는 것이다. 기억이 이루어지기 위해 타인과의 관계 성립되고, 그 관계에 대한 이해가 필요하다는 것이 그가 말하는 집합기억collective-memory의 조건이다. 기억사회학적 연구는 그의 저서, 『기억의 사회적 틀』, 『집합기억』에서 결정적으로 나타난다. 김영범, 「알박스Maurice Halbwachs의 기억사회학 연구」, 『사회과학연구』 제6호, 대구대학교 사회과학연구소, 1999, 557~594쪽. 참고.

2 기억하고자 하는 대상은 자극과 부호화 과정을 거쳐 특정한 심상으로 저장된

정이다. 즉, 사건의 절대적 가치는 사건과 동시에 상실되고 사건에 대한 가치는 기억과 결합된 여러 조건들을 통해 평가된다. 따라서 자신에게 유리한 기억 조건을 선점하는 것은 매순간 일어나는 사건의 경험을 자아의 내부에 편입하는 과정에서 중요한 경쟁적 요인으로 작용한다.

개인의 태도나 가치관은 정서적 대상을 수용하는 일종의 거름망으로 기능하기 때문에, 자아의 긍정적 세계관은 보편적으로 유리한 기억 조건이다. 그러나 개인의 세계관은 다소 원천적으로 구성되어 있거나 삶의 통합적 영향 아래 있어 맥락에 따라 변화하거나 다양한 결과를 보이기 어렵다. 다소간 우리가 획득할 수 있는 기억의 유리한 조건은 편린의 사건을 바라보는 관점의 이동에 있다.

가령, 내가 사건 또는 정서적 대상, 그리고 내 자신을 보는 관점은 경우의 수만큼 관점 이동의 기회를 갖는다. 우선, 사건에 대한 인식은 정서 주체의 관점을 통해 자아 내부에서 이루어지므로 하나의 관점은 하나의 사건을 다루게 된다. 즉, 개인의 인식 속에서 사건에 대한 상이한 관점은 동시적으로 나타나지 않는다. 따라서 이때 사건에 대한 관점은 경우의 수의 합으로 나타날 수 있다. 즉, '나'와 '타자'를 기억 조건으로 할 때 관점에 대한 경우의 수는 '나'의 두 경우(m=2: '나→나', '나→타자')와 '타자'의 두 경우(n=2: '타자→타자', '타자→나')의 합(m+n=4)으로 제시될 수 있다.

다. 이 과정의 각 결합이 빈번하거나 강력할 경우에 이전의 자극이 없어도 그 특정한 심상이 기억을 쉽게 재생할 수 있는데, 기억 심상memory image은 시각적으로 부호화된 이 재생 표상을 가리킨다.

3 여기서 심적 표상mental representation은 인지하는 혹은 소통하고자 하는 대상을 자아 내부에 조직하는 내용 자체와 저장 방식을 모두 포함한다.

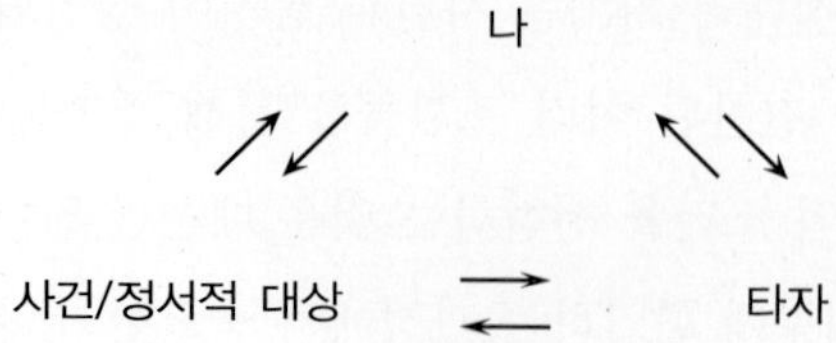

〈그림 1〉

즉, 관점은 사건을 둘러싼 기억 조건의 각 경우를 합한 수만큼 확장될 수 있다. '나'와 '사건/정서적 대상', 그리고 '타자'를 기억 조건으로 할 때 각각의 조건은 나머지를 향한 두 가지 이상의 관점을 갖는다. 따라서 이 상황에서 가능한 관점의 경우는 위 그림의 화살표가 가리키는 방향과 개수만큼 제시될 수 있다.

관점에 대한 경우의 수는 기억과 정서의 결합을 해체하거나 재구성할 수 있는 가능성을 시사한다. 우리가 타인과의 담화 또는 이해를 경험한 후 불쾌한 정서를 정화하게 되는 것은 사건에 대한 관점 이동 또는 사건의 재수용을 통한 정서적 변전[4]의 한 예이다. 이밖에도 소설, 신문 사설, 기사, 영화, 노래 등 관점과 사건의 재편성을 심적 표상의 소통 수단으로 삼고 있는 예는 다양하다.

시 텍스트의 수용 역시 관점 변화의 원리를 탐구하는 과정으로 볼 수 있다. 그리고 그 과정은 시 텍스트의 사건과 정서의 메커니즘 분석하는 것으로 실현될 수 있다. 가령, '나'의 관점에서 '정서적 대

---

4 정서는 환경을 인지하고 반응하도록 유도하는 동력으로 작용한다. 즉, 특정 행위의 결과이자 다음 행위의 계기가 되어 인간의 내면을 불안정하게 유지한다. 따라서 인간은 평정을 찾기 위한 일련의 과정으로 삶을 지속하게 되는데, 한 행위로부터 다음 행위에 이르는 각 매듭 안에서 이루어지는 정서의 '기승전결'을 본고에서는 정서의 '변전'이라 이르고 있다.

상/사건'에 대한 서사—사건을 통해 환기되는 회상의 내역이나 스키마로서의 정보—가 존재하고 이를 '서사A'라 할 때, '시적 화자'가 서술하는 시적 화자 자신, 사건의 내용과 방식은 타자의 관점에 의한 '서사B'라 할 수 있다. '서사B'가 서술 방식에 있어 반복과 재현을 통해 사건의 공유, 몰두, 무감각화, 재수용, 승화 등의 효과를 거두고 있다면 '나'는 '서사B'라는 타자적 관점에서 사건을 수용하는 방식을 경험하는 것이다. 단, '서사B'의 과정은 '서사A'의 데이터 위에서 다시 쓰이는 것이므로 '서사B'의 수용은 수용이라는 사건과 동시에 '서사B'가 아닌 '서사A-1' 또는 '서사C'로 변현하게 된다.

이 글은 이처럼 정서적 대상으로서 기억 심상, 그리고 결합된 정서를 분리하여 바라보는 관점에서 기억의 재구성이 정서적 변전을 도출할 수 있다고 가정한다. 이를 전제로, 당면한 문제로서의 기억을 어떻게 표상하고 재구성 또는 재인식하느냐에 따라 삶의 관계망에서 발생하는 슬픔을 다종의 방법으로 극복할 수 있다고 본다.

따라서 이 글은 비애시를 통해, 극한 슬픔 또는 그러한 비한의 극복이 기억과 정서의 어떠한 역학적 체제를 통해 제시되고 있는지, 그 의미 표상의 구성 방식을 제시하고자 한다. 이는 사회를 구성하는 세포단위의 정서적 안정을 기대하며, 슬픔에 의한 삶의 전복 대신 슬픔의 합리적 통제를 유도하는 시적 방안을 제시하기 위해서이다. 이러한 논의는 불안정한 정서의 안정 또는 치유를 위해 텍스트 앞에 선 독자가 던지는 질문, '무엇을 할 수 있는가', '어떻게 해야 하는가'에 향응하는 과정이 될 것이다.

‖ 기억, 정서, 시의 관계망

부정적 정서를 환기시키는 자아의 내부망을 개선 혹은 재설계할 수 있는 가능성은 기억에 대한 여러 각도의 연구에서 찾을 수 있다. 그 내용은, 기억은 조정과 변화가 가능하며, 이로써 단기적 혹은 반복적으로 결부되던 정서 반응 형태를 재구성할 수 있다는 것이다.

정신의학자 존 레이티는 경험과 기억의 방식이 다양한 원인에 따라 변화할 수 있음을 언급하며 두뇌 신경 네트워크의 가소성을 증명한다. 그의 설명에 따르면 기억은 두뇌의 중심적인 수용기에 기록되지 않고 각 신경 네트워크를 통해 분산되어 저장되는데 두뇌의 해마는 나름의 활동 지도를 만들고 이를 통합한다. 새로운 경험은 기억을 구성하는 언어, 믿음, 정서, 행동의 단위들의 교점을 날마다 교정하는 것이다. 그러므로 기억의 형성과 회상이 당시 분위기나 주변 상황, 시기 등의 영향을 받으며 시간에 따라 우리 자신과 기억, 그리고 기억하는 방식도 변한다는 것이다.[5]

신경학자 조셉 르듀 역시 개인의 기억이 정서적 불안정과 연관되는 경우, 기억의 변화에 대한 가능성과 필요성을 언급하고 있다. 그는 기억이 선택적이며, 경험의 불완전한 재구성이라는 것을 언급한다. 그의 다음 글에서는 '기억되는 것'이 아닌 '기억하는 것', 즉 기억의 의도성에 대해 인식할 필요가 제시된다.

> 외현기억의 경우 실제 경험이 있는 그대로 기억되는 것이 아니라 단지 회상을 통해 재구성된 것에 지나지 않는다. 경험의 학습을 통해 외현기억이 생성될 때 단순화, 첨가, 정교화 그리고 합리화 기제가 사

---

5 John Ratey, 김소희 역, 『뇌, 1.4킬로그램의 사용법』, 21세기북스, 2010, 254~259쪽. 참고.

용되며 또한 어떤 부분들은 생략되기도 한다. 기억은 바틀렛Bartlett, F.이 인지도식cognitive schema이라고 명명했던 맥락에서 만들어지는 것으로, 이러한 기억 속에는 개인적인 기대와 편향이 포함되어 있다. 기억은 형성된 이후에 발생하는 새로운 사건에 의해서 공격을 받아 쉽게 변형된다.[6]

기억의 변화성과 상대적 성질은 사회학적 논쟁 속에서도 확인할 수 있다. 『기억의 사회적 틀』과 『집합기억』의 저자, 모리스 알박스는 개인의 기억이 사회적 관계 속에서 얻어지고 또한 사회적 관계의 교점으로 재생됨을 지적한다.[7] 기억사회학적 관점에서 역시 기억하는 행위는 여러 관계 속에서 얻어진 기준과 맥락에 의해 상대적으로 이루어진다. 따라서 저장된 기억은 특정한 결과를 나타내는 하나의 사실이라기보다 '기억주체'의 이해와 요구, 타인과의 관계, 정서적 맥락 등에 따라 재구성할 필요가 있는 행위 원인으로 보아야 한다.

이처럼 자아가 소유하고 있는 기억을 재구성할 수 있음은 삽화 또는 인지적 형태로 저장된 정서적 자극체 자체 뿐 아니라 그에 따르는 반응 형태를 재설계할 수 있음을 시사한다. 즉, 기억을 재구성할 수 있다면 정서의 변전 또는 통제가 가능하다는 것인데, 이를 위한 근거로 다음, 기억과 정서의 역학적 관계를 검토하는 과정을 제시한다.

첫째, 기억은 정서를 비롯한 여러 요소–태도, 지식, 상황적 맥락,

6 Joseph LeDoux, 최준식 역, 『뇌가 들려주는 신비로운 정서이야기 느끼는 뇌』, 학지사, 2008, 283~286쪽. 참고.

7 김영범, 앞의 글, 15쪽. 참고.

기억과 환기의 시기, 타인과의 관계 등-와 더불어 자아의 행로에 역동적으로 작용한다. 바틀렛의 다음 언술은, 살아있는 유기체처럼 조직적으로 통합되어 있으며 끊임없이 자아의 활동에 관여하는 기억의 근본적 속성에 대해 요약하고 있다.

> 기억이라는 것은 단지 셀 수 없이 많은 고정된, 생명력 없는, 단편적인 형태들을 재-활성화시키는 것이 아니다. 그것은 조직화된 과거의 반응들 또는 경험에 대해 활성화된 전체적 덩어리와, 이미지나 언어의 형태로 흔히 나타나는 다소 두드러진 세부사항에 관련된 우리의 태도와 연관되어 세워지는 재구성, 또는 구성인 것이다.[8]

즉, 정서와 기억은 상호 불가결의 조건으로, 어떠한 상황이나 사건에 대한 기억에는 이미 개인에 따라 다른 정서적 반응이 포함되어 있으며, 다시 기억은 특정한 정서 유발의 자극원이 된다.

둘째, 정서는 다양한 방법으로 기억에 영향을 미침으로써 기억 재구성의 수단이 될 수 있다. 정서심리학에서는 정서가 기억의 형성과 강도를 증진시키는 데 강력한 영향력을 가진다고 본다. 즉, 정서적 각성이 기억을 강화 또는 약화함으로써 기억의 과정—부호화, 저장, 재생—에 영향을 끼친다는 것이다. 가령, 강렬한 정서적 각성은 부신에서 에피네프린과 코티졸 호르몬 분비를 증가시킴으로써 미주신경을 자극하며, 이 자극이 편도핵의 자극을 활성화시킴으로써 기억력을 향상시킨다. 반면, 정서적 각성과 관련된 호르몬 분비를 억제하는 베타차단제는 편도핵 활동을 제한하여 정서적 정보가 기억력을

8 Frederick Bartlett, *Remembering* Cambridge: Cambridge University Press, 1932, p.213.

향상시키는 것을 막는다.[9]

이러한 관계는 특정한 의도 아래, 정서가 기억의 수단이 됨을 나타내는 한편, 정서적 자극체로 쓰일 수 있는 텍스트의 도구적 활용 가능성을 시사한다. 예를 들어, 특별하고 강렬한 기억이 공포, 불안과 같은 부정적 정서를 유발하는 경우에는 정서적 각성을 약화시킴으로써 기억의 저장을 약화시킬 수 있다. 반면, 긍정적 정서를 유발하는 기억의 경우에는 단독 강화 혹은 부정적 정서에 대한 기억과 대치시켜 강화함으로써 정서적 변전을 의도할 수 있다. 이때 의도하는 정서의 유발을 기억 또는 기억을 환기하는 외부적 자극체–특정한 시어 또는 시 텍스트의 의미 구조 등–로 시도한다면 '…기억→정서→기억→정서…'로 이어지는 순환적 작동의 사슬을 확인할 수 있을 것이다.

셋째, 기억과 정서는 모두 자아의 고차원적인 표상 활동에 이바지하는 하위 단위이다. 즉, 기억과 정서는 보다 고차원적인 표상 단계로 이입되거나 표상단계에서 수정을 거쳐 변화된 채 다른 기억 활동 또는 정서적 반응의 자극체로 환원될 수 있다. 조셉 르두는 두뇌 신경의 정보 처리 과정을 통해 감각과 개념의 단계적 심화가 궁극적으로 고차원적 표상 활동에 이르고 있음을 다음과 같이 설명한다.

> 해마와 신피질 간의 주요한 연결고리는 해마 주변에 있는 중계 피질transition cortex이다. 이 지역은 주요 감각 영역으로부터 고차단계의 신피질 정보처리를 거친 입력정보들을 받아들인다. 그래서 피질의 감각 시스템이 빛이나 소리와 같이 받아들인 모든 자극을 처리하게 되

9 James W. Kalat, Michelle N. Shiota, 민경환 외 역, 『정서심리학』, 시그마프레스, 2009, 315~319쪽. 참고.

면, 자극은 정보로 변형되어 중계 피질로 전송된다. 이곳에서 서로 다른 감각 영역에서 온 정보들이 섞이게 된다. 이것이 의미하는 바는 중계 회로에서는 더 이상 시각, 청각 또는 후각적인 요소에 국한되지 않은 표상이 형성되기 시작한다는 것이다. 정보들은 순수한 지각의 범주를 뛰어넘어 뇌의 개념적인 영역으로 들어간다. 그러고 나서 이들 중계 회로는 개념적인 표상을 해마로 전달해 한층 더 복잡한 표상들로 변형시킨다.[10]

이러한 표상 활동의 단계성은 소위, '가치 판단'이라 부를 수 있는 관념적 활동의 재료가 다양한 원천을 두고 있음을 나타낸다. 다시 말해, 1차 감각 'a,b,c,d,e…'는 결합적 지각 또는 해석을 통해 또 다른 감각이나 정보로 변형되고, 이는 다시 'A,B,C,D,E…'의 개념으로 이어질 수 있다. 이때 'A+B','C+D','E+…' 혹은 이 밖의 결합이나 소실, 변환이 최종적으로 'A′'라는 표상을 구성한다면 'A′'는 1차 감각 'a'와 절대적 관계가 아닌 것이 된다. 즉, 표상 결과 'A′'는 다양한 원인을 가지며, 이는 특정한 상황 또는 그 상황을 받아들인 국부적 지각, 정서, 관점 역시 절대적이지 않다.

예를 들어, 친구와 축제 거리를 걷다 자동차에 치이는 사고를 당한 후, 경적 소리에 공포 반응을 보이는 사람에게 '경적소리'는 자동차 사고, 부상, 고통 등의 개념들이 종합적으로 작용한 표상 결과이다. 이 과정에서 새로운 경험과 시간의 축적에 따라 '친구, 축제의 거리, 인파, 자동차' 또는 그 외의 감각 자극은 소실되거나 결합하여 '경적소리'로 축소 이입되었을 것이다. 불특정한 감각 자극이 최종적 표상 결과로 이어지는 것은 이들의 관계가 필연적이지 않다는 것,

10 Joseph LeDoux, 앞의 책, 270쪽.

즉 관계의 가소성을 나타낸다.

관계 재설정의 층위는 단순한 지각이나 해석 이상, 고차원적인 표상 활동의 단계에 있다. 바로 여기서 '꿈'[11]이나 '상상' 이외의 표상 공간에 대한 필요성과 중요성이 대두된다. 시 텍스트는 고차원적 표상 활동이 이루어지는 관념적 공간 또는 '기억의 틀'로서 그 의미 공간을 활용할 수 있다.

시는 대상을 다른 곳에서 다르게 바라보는 방식과 그 사례로서 형상을 제시하는 정제된 양식이다. 다시 말해, 가치 있는 표상 활동의 심화된 경험 공간이다. 시 텍스트는 자극 정보를 공감각적으로 환기시킬 뿐 아니라 독자로 하여금 개념 해석과 의미 구조 도출을 거쳐 시적 대상을 표상하도록 유도한다. 또한 정서적 구성과 의미 표상의 합리적 통제 방식을 관찰하게 함으로써 시적 화자와 독자 자아 간의 유의미한 소통을 이끌어낼 수 있다.

요약하자면, 기억은 재구성할 수 있으며 기억과 정서는 서로 긴밀한 방식으로 관여되어 있다. 그러므로 기억을 재구성할 수 있다면 정서의 변전이 가능하다. 시 텍스트는 시적 화자를 내세워 기억 재구성과 관련한 정서의 합리적 통제 방식을 제시하는 유의미한 표상 활동 공간이다. 따라서 독자는 시 텍스트의 시적 화자가 기억을 재

11 알박스에 의하면, 인간 경험의 영역 가운데 사회적 맥락 및 사회 구조에 뿌리를 두고 있지 않은 것은 꿈이 유일무이하다. 꿈은 구조, 연속성, 순차적 진전성, 규칙성, 조직성의 결여를 특질로 가지며, 이러한 특질은 꿈꾸는 자 이외의 다른 행위자는 그 꿈에 동참할 수 없다는 데서 생겨난다.(김영범, 앞의 글, 572쪽.) 또한, 기억의 표상 이론에서는 '어떻게 상상과 기억을 구분해낼 수 있는가'를 설명하는 문제가 반복되는 난제로 지목된다. 자아의 불안정을 야기하는 대상에 대한 해결 모색이 정서적, 심리적, 관념적이면서도 현실적이며 사회적인 양상을 갖기 위해서는 꿈과 상상의 양가적 특질을 포함하는 공간 매체 활용이 필요하다.

구성하는 과정을 분석함으로써 정서의 합리적 통제를 위한 시적 기술을 차용할 수 있을 것이다. 다음 장은 이러한 차용의 실제를 위해, 시 텍스트의 1차 감각적 자극부터 의미 표상 단계에 이르는 일련의 과정을 분석한 내용이다.

‖ 비애시의 정서적 변전

슬픔과 서러움의 정서를 가리켜, 또는 견디기 어려운 체험 뒤에 발생하는 정서적 반응이나, 삶의 연속성이 파괴되었을 때마다 경험하는 고통을 비애悲哀라 한다. 비애는 단순한 슬픔의 상태가 아닌 복합적 인지, 정서, 사회적 어려움들의 총체로 나타난다.[12] 이 장에서는 비애 반응의 대상과 시적 화자의 관계 또는 비한悲恨의 총체적 양상을 나타내는 서정시의 일종을 가리켜 비애시悲哀詩라 부르고 있다.

비애시는 '애도하는 행위'와 '애도를 넘어서기 위한 행위'의 성격을 동시에 가진다. 이러한 양면성은 '슬퍼하기'의 한 방법으로서 울음이 울음 이전 상황을 단절하는 슬픔의 정화를 가져오는 것에서 쉽게 확인할 수 있다. 특정한 정서는 특정한 행위 양상들과 결부되어 다음 정서로 이어지며 유기체를 지속적으로 살아 움직이게 한다. 생성과 소멸의 반복적 결합이 삶의 특성이라면 현재 느끼게 되는 비애의 정서는 그러한 정서가 향유됨과 동시에 스스로 변화를 의도하며

12 비애 반응은 두려움, 외로움, 죄책감, 슬픔, 불안, 무력감, 분노를 포함한 정서적 혼란과 주의집중, 결정의 어려움, 신념의 와해, 사회적 철회와 고립 등으로 나타나는 행동의 변화 등 다면적 양상으로 나타난다. 황선희, 「사별에 따른 지속된 비애 증상과 심리적 부적응의 관계에서 부정적 인지의 매개효과」, 이화여자대학교대학원 심리학과 석사논문, 2011, 5~6쪽.

생성된 즉시 변화하고 있다고 보아야 한다.

이러한 관점에서 볼 때, 비애시에서는 당면한 문제적 정서 극복을 선행한 시적 자아의 기술을 원천적으로 포함하고 있다. 그렇다면 독자의 시 수용은 정서의 합리적 통제를 위한 정제된 기술을 확인하거나 차용할 수 있는 과정이 될 수 있다. 비애시에서는 기억의 재구성을 통한 비애적 정서의 변전이 다음과 같은 단계적인 양상으로 나타난다.

첫 번째, '기억과 정서의 분리' 단계이다. 우리는 특정한 기억에 결부된 정서를 자동적으로 환기하는 경험을 하곤 한다. 이 때문에 기억과 정서의 결합 관계를 절대적인 것으로 인식하고, 한번 각인된 정서적 대상과 반응 관계에서 좀처럼 벗어나지 못한다. 예를 들어 '자라'라는 자극이 '놀람'의 정서를 유발했을 때 '솥뚜껑'이라는 유사자극은 자동적으로 '놀람'이라는 동일한 정서 반응으로 이어진다.

그래서 기억과 정서 반응이 상호 결합되어 있는 단일한 양상인 것으로 생각할 수 있다. 그러나 실상 이들의 관계는 분리되어 있으며 변화와 조정이 가능하다. 인간의 정서 메커니즘을 연구하는 신경과학자 조셉 르두는 기억과 경험의 결합 관계에 대해 다음과 같이 설명한다.

> 의식적, 선언적 또는 외현적 기억은 해마와 이와 연결되어 있는 피질영역에 의해서 조절되는 반면에, 여러 가지 무의식적 암묵적인 기억 형태는 서로 다른 시스템에 의해 각각 조절된다. 외상적 경험에서 암묵 및 외현기억 시스템은 동시에 기능한다. 이 시스템들은 동일한 자극에 의해 활성화되고 동시에 기능하기 때문에 두 종류의 기억들은

> 단일 기억 기능인 것처럼 보인다. 그러나 동물 실험 연구나 인간을 대상으로 한 사례연구를 통하여 두 시스템을 서로 분리해보면 우리는 이 시스템들이 서로 독립적인 기억 기능으로 어떻게 작용하는지 이해할 수 있게 된다.[13]

즉, 기억은 뇌의 특정 시스템을 통한 단일한 구조로 재생되지 않으며 서로 다른 종류의 기억을 담당하는 다중 기억 시스템이 있다는 것이다. 따라서 정상적인 뇌에서는 외현적 기억과 암묵적인 정서 기억 체계가 동시에 작용하며 각자의 고유한 기억을 형성한다. 이때, 암묵적이고 조건화된 기억을 '정서 기억emotional memory', 외현적이고 선언적인 기억을 '정서에 대한 기억memory of an emotion이라 한다.[14]

시적 화자는 텍스트의 진술 과정을 통해 비애의 대상에 대한 '정서기억'과 '정서에 대한 기억'을 분리한다. 이를 위한 방법은 비애의 대상을 현재 체험하고 있는 것이 아닌 '돌이켜 기억하고 있는 것으로 나타내는 것'이다. 이것은 보통 시적 화자가 진술을 시작하는 동시에 자동적으로 성립된다. 그래서 시적 화자는 사건의 현상과 직면한 상태가 아닌, 사건을 떠나온 전달자의 역할을 수행한다.

대상과 시적 자아 사이에 시공간적 거리감을 부여하는 것은 비애의 정서를 보다 객관적으로 다룰 수 있게 한다. 현재를 독자와 동시에 체험하고 있는 형태로 시적 진술이 이루어진다고 해도, 선행된 화자의 진술을 독자가 수용한다는 데 텍스트의 회상적 성격이 드러난다. 이처럼 원천적으로 기억과 분리된 정서를 가지고 객관적으로

13 Joseph LeDoux, 앞의 책, 274쪽.

14 위의 책, 245~249쪽. 참고

슬픔의 환부를 다룰 수 있다는 것은 시 텍스트에 나타나는 정제된 정서능력을 증명하는 것이기도 하다.

정서적 변전의 두 번째 단계는 '기억 심상의 반복적 환기'이다. 시적화자는 반복적 묘사를 통해 '섬광기억'[15]에 대한 이미지를 재구성하여 축적한다. 슬픔의 감정에 대한 반복적 묘사와 토로는 감정의 실체를 있는 그대로 또는 남김없이 드러내는 정화의 과정이다. 즉, 슬픔의 대상에 대한 이미지와 반복적으로 직면함으로써 고통의 정도를 확인하는 것이다.

이는 막연히 슬픔 속에 빠져 있는 것이 아닌, 감정의 실체를 '알아가는' 과정이라 할 수 있다. 또한 대상을 아름다운 이미지들의 둘레에 포함시킴으로써 대상과 자신을 위로하는 행위 과정이다. 반복적 묘사를 통해 정서적 주체는 감정의 갈무리를 경험하게 된다.

세 번째, '기억에 대한 총체적 재평가' 단계이다. 새로 축적된 비애대상 이미지 자체, 대상과의 관계, 관망하는 시적 자아에 대한 재평가를 통해 시적 화자는 긍정적 기억을 공고히 하게 된다. 이때 텍스트 진술 말미에는 기억에 대한 재평가의 상징으로 정서적 극복을 나타내는 표지가 흔히 나타나고 있다.

재평가의 또 다른 특징은 비애의 원인이 되는 사건에 대해 직접

15 심리학자들은 정서가 포함된 확실하고 자세한 기억을, 선명하고 사진 같은 기억이라는 측면에서 섬광기억flashbulb memory이라고 한다. 섬광기억은 매우 자세하고 마치 살아있는 것 같은 기억이 들어 기억의 정확도에 대해 확신을 가지게 한다. 강한 정서는 이미지화된 기억 형성을 이끈다. 정서적인 사건에 대한 섬광기억은 고도로 생생하고 자세하지만 때로 부정확하다. 그 원인은 사건에 대한 이야기의 빈도, 자신의 기억과 타인의 기억의 차이, 신념과 진실에 관한 주관적 확신 등 다양할 수 있다. James W. Kalat, Michelle N. Shiota, 앞의 책, 319～321쪽.

적, 구체적으로 말하기보다 담담한 어조로 '돌려 말하는 진술을 사용하는 것'이다. 이는 시적 은유나 알레고리로 나타나면서 시적 화자 자신을 비애의 원인이 되는 사건 이후의 풍경에 포함시켜 관망하는 태도를 드러낸다. 여기서 관망하는 태도의 '참아내기'는 '억눌러 참기'와 다른 것으로, 의연한 견딤과 수용의 양상을 띤다.

다음 시들은 비애의 정서를 주된 시적 분위기로 삼고 있다는 점 외에 애도 과정 또는 비한悲恨의 변전과 관련한 몇 가지 면에서 공통점을 드러낸다. 그리고 그 공통점들은 모두 기억과 정서의 결합 관계를 재구성하는 방향을 지향하고 있다.

> 유리에 차고 슬픈것이 어린거린다.
> 열없이 붙어서서 입김을 흐리우니
> 길들은양 언날개를 파다거린다.
> 지우고 보고 지우고 보아도
> 새까만 밤이 밀려나가고 밀려와 부디치고,
> 물먹은 별이, 반짝, 보석처럼 백힌다.
> 밤에 홀로 유리를 닦는것은
> 외로운 황홀한 심사이어니,
> 고흔 폐혈관이 찢어진 채로
> 아아, 늬는 산ㅅ새처럼 날러 갔구나!
>
> – 정지용, 「유리창」[16] 전문

위 시의 화자는 '차고 슬픈 것', '새까만 밤', 물 먹은 별', '산새'로 나타나는 대상을 잃은 사건으로부터 상실감에 고통스러워한다. '고

16 정지용, 『정지용시집』, 시문학, 1935.

흔 폐혈관이 찢어진' 것은 상실된 대상의 연약한 실체이자 시적 화자의 심중이다. 그러나 시적 화자에게 이 찢어지는 듯한 상실의 고통은, 정서가 비롯되는 사건의 시기와 동일하게 나타나지 않는다. 사건을 진술하는 행위는 사건 이후에 재구성된 인식을 바탕으로 할 때 가능하다. 사건과 대면하는 자아는 그저 정서를 느끼고 있거나 탄식에 가까운 표현을 나타낼 것이다. 대상과 나, 그리고 사건의 맥락을 인식하는 것과 그 인식을 언어적 구조로 나타내는 것은 사건 자체와 정서가 분리되고 있음을 드러낸다.

'지우고 보고 지우고 보는' 행위는 고통으로부터 생존하기 위한 자구책이자 화자의 정서적 무두질이다. 이를 통해 시적 화자의 '기억 정서'는 차츰 '기억에 대한 정서'로 변현해간다. 이는 슬픔의 대상을 다시 떠올리고 재차 호명하며 나와 대상의 거리를 재확인하는 과정이다. 즉, '돌이켜 바라보는 것'으로 사건과의 시공간적 거리를 넓히고 있다. 이러한 거리 확보는 고통의 원인이 되는 분리 자체의 의미를 상쇄한다.

'열없이 붙어서서 입김을 흐리우'는 시적 화자의 행위는 사건을 관망하게 된 냉정한 심사로 산새를 길들이는 쓸쓸한 놀이에 가깝다. 사건과 정서가 동일한 시기에 진행될 때는 어떠한 표현도 나타나지 않거나 가능하지 않을 수 있다. 이때는 기억과 정서가 동전의 양면처럼 동일하게 나타나며 이는 사건으로부터 멀어진 시공간에서도 동일한 양면으로 묶여 저장될 수 있다. 그러나 '돌이켜 바라보는 것'을 통한 반복적 호명 또는 대상에 대한 이해는 대상 뿐 아니라 비통한 정서 자체에 객관적 거리를 두게끔 한다.

이러한 정서적 대상에 대한 반복적 호명과 대면은 김소월의 「초혼」을 통해서도 확인할 수 있다.

산산이 부서진 이름이여!
허공 중에 헤어진 이름이여!
불러도 주인 없는 이름이여!
부르다가 내가 죽을 이름이여!

심중에 남아 있는 말 한마디는
끝끝내 마저 하지 못하였구나.
사랑하던 그 사람이여!
사랑하던 그 사람이여!

붉은 해는 서산 마루에 걸리었다.
사슴이의 무리도 슬피 운다.
떨어져 나가 앉은 산 위에서
나는 그대의 이름을 부르노라.

설움에 겹도록 부르노라.
설움에 겹도록 부르노라.
부르는 소리는 비껴 가지만
하늘과 땅 사이가 너무 넓구나.

선 채로 이 자리에 돌이 되어도
부르다가 내가 죽을 이름이여!
사랑하던 그 사람이여!
사랑하던 그 사람이여!

– 김소월, 「초혼(招魂)」[17] 전문

17 김소월, 『진달래꽃』, 매문, 1925.

초읽기를 통해서 보면 위의 시에서 반복해서 호명하는 행위는 비탄의 직접적 토로인 것으로 보인다. 그러나 시적 화자는 대상을 명명하는 과정을 통해 대상과 거리를 확보하는 데 성공하고 있다. 시적 화자의 비통한 정서는 정서적 대상에 대한 인식을 스스로 확인하면서 구체화된다.

1연에서 '산산이 부서진 이름, 허공 중에 헤어진 이름, 불러도 주인 없는 이름, 부르다가 내가 죽을 이름'으로 호명되며 불붙듯 일어나는 감정의 전복은 '허공'에서 '서산 마루'로 하강하는 시선의 이동과 함께 차츰 잠잠해진다. '사랑하던 그 사람이여!/ 사랑하던 그 사람이여!', '설움에 겹도록 부르노라/ 설움에 겹도록 부르노라'의 행간 반복은 요동하는 자아의 반응이 정서의 하강하는 진전에 대해 무력할 수밖에 없음을 강조한다. 하강의 진로는 '선 채로 이 자리에 돌이 되어' 있는 가장 낮고 안정적인 지대를 향한다. 마지막 연에서 '사랑하는 그 사람이여/ 사랑하는 그 사람이여'의 행간 반복은 1연의 호명 행위나 2연의 동일한 표현과 사뭇 다른 어조로 나타난다.

반복적 호명과 대상과의 대면을 통해 시적 화자는 감정을 흘려보내고 있으며, 화자는 분리된 대상 앞에 무력해지는 변화의 과정을 경험한다. 바로 이 때문에 이 시는 더욱 슬프다. 그러나 정서의 변화는 사건과 정서가 분리되고 있음을 나타내며, 정서의 객관적 거리 획득은 곧 사건에 대한 수용과 초연함으로 이어질 수 있는 가능성을 나타내고 있다.

다음 시는 비애적 정서와 결합된 기억 심상을 아름다움의 범주에 시 반복적으로 환기하며 자기 위로에 성공하고 있는 경우다.

막차는 좀처럼 오지 않았다
대합실 밖에는 밤새 송이눈이 쌓이고
흰 보라 수수꽃 눈시린 유리창마다
톱밥난로가 지펴지고 있었다
그믐처럼 몇은 졸고
몇은 감기에 쿨럭이고
그리웠던 순간들을 생각하며 나는
한줌의 톱밥을 불빛 속에 던져 주었다
내면 깊숙히 할 말들은 가득해도
청색의 손바닥을 불빛 속에 적셔두고
모두들 아무 말도 하지 않았다
산다는 것이 때론 술에 취한 듯
한 두릅의 굴비 한 광주리의 사과를
만지작거리며 귀향하는 기분으로
침묵해야 한다는 것을
모두들 알고 있었다
오래 앓은 기침소리와
쓴 약 같은 입술 담배 연기 속에서
싸륵싸륵 눈꽃은 쌓이고
그래 지금은 모두들
눈꽃의 화음에 귀를 적신다
자정 넘으면
낯설음도 뼈 아픔도 다 설원인데
단풍잎 같은 몇 잎의 차창을 달고
밤열차는 또 어디로 흘러 가는지
그리웠던 순간들을 호명하며 나는
한줌의 눈물을 불빛 속에 던져 주었다

— 곽재구, 「사평역에서」[18] 전문

화자는 '밤새 송이눈이 쌓이는' 겨울에도 '한줌 톱밥을 불빛 속에 던져' 기침을 달래야 하는 가난한 군상들에 익숙하다. 그들은 '오래 앓은 기침소리'를 내면서도 '입술 담배'를 쓴 약처럼 물고, 추위에 '청색 손바닥'을 톱밥난로에 녹이며 침묵할 뿐이다. 그들의 삶에 낯설음과 아픔이 가득해도 '한 두릅의 굴비 한 광주리의 사과'는 생계임과 동시에 고향을 떠올리는 일종의 위로다.

이들의 모습은 안락함과 거리가 멀기 때문에 쓸쓸하다. 그리고 구구절절한 하소연이 없기 때문에 쓸쓸함에 대한 주목을 지속시킨다. 대합실 안에 모인 이들의 장면은 분명 쓸쓸함과 인생의 비애에 관한 것이다. 그러나 시적 화자의 묘사는 비애 자체에 침잠되는 것이 아니다. 화자의 진술은 오히려 아름답고 서정적인 이미지의 결합으로 이루어지고 있다.

대합실 밖에는 눈이 꽃송이처럼 내려 쌓이고, '흰 보라 수수꽃 눈시린 유리창'은 대합실을 비추는 하나의 액자로 보인다. '청색의 손바닥'은 소박하지만 따뜻한 톱밥난로의 붉은 기운에 녹아내리고 '귀향'은 명절의 왁자한 분위기나 설렘을 떠오르게 한다. '싸륵싸륵' 쌓이는 '눈꽃의 화음'과 '단풍잎 같은 몇 잎의 차창'은 노랫소리와 함께 떠나는 단풍놀이를 연상하게 한다.

이들 이미지는 분명 긍정적으로 화합하는 정서의 안정과 이어진다. 가난과 고향 상실의 설움이 궁색하고 불쾌한 기억 심상을 가지고 있다면 위 텍스트에서 시적 대상과 결합한 반응으로서 진술 양상은 분명 혼란스러운 것이다. 이 텍스트에서 시적 대상이 가지는 설움의 정서는 자동적인 재생 표상으로 나타나는 부정적 이미지와의

18 곽재구, 『사평역에서』, 문학과지성, 1983.

결합 관계를 차단하거나 변화시키고 있다. 이러한 과정은 정서 주체로서 시적 화자가 시적 대상에게 느꼈던 정서적 반응을 스스로 위로하며 갈무리하는 과정으로 볼 수 있다.

정서적 갈무리는 불안정한 정서를 다루기 위한 시도의 성공적 결과로서, 종종 비애시의 텍스트 말미에는 극복의 상징으로서 강인함이나 안정, 수용, 인내, 희망 등을 나타내는 표지가 등장한다.

> 당신의 손끝만 스쳐도 소리 없이 열릴 돌문이 있습니다. 뭇사람이 조바심치나 굳이 닫힌 이 돌문 안에는, 석벽 난간石壁欄干 열두 층계 위에 이제 검푸른 이끼가 앉았습니다.
>
> 당신이 오시는 날까지는, 길이 꺼지지 않을 촛불 한 자루도 간직하였습니다. 이는 당신의 그리운 얼굴이 이 희미한 불 앞에 어리울 때까지는, 천 년千年이 지나도 눈 감지 않을 저희 슬픈 영혼의 모습입니다.
>
> 길숨한 속눈썹에 항시 어리운 이 두어 방울 이슬은 무엇입니까? 당신의 남긴 푸른 도포 자락으로 이 눈썹을 씻으랍니까? 두 볼은 옛날 그대로 복사꽃 빛이지만, 한숨에 절로 입술이 푸르러 감을 어찌합니까?
>
> 몇 만리 굽이치는 강물을 건너와 당신의 따슨 손길이 저의 목덜미를 어루만질 때, 그때야 저는 자취도 없이 한 줌 티끌로 사라지겠습니다. 어두운 밤 하늘 허공 중천虛空中天에 바람처럼 사라지는 저의 옷자락은, 눈물 어린 눈이 아니고는 보이지 못하오리다.
>
> 여기 돌문이 있습니다. 원한도 사무칠 양이면 지극한 정성에 열리

지 않는 돌문이 있습니다. 당신이 오셔서 다시 천 년千年토록 앉아 기다리라고, 슬픈 비바람에 낡아 가는 돌문이 있습니다.

– 조지훈, 「석문」[19] 전문

위 시에서는 비탄의 정조가 점진적 상승과 점진적 하강의 구조로 나타낸다. 3연은 그 구조의 정점으로, '길숨한 속눈썹에 항시 어리운 이 두어 방울 이슬'과 '한숨에 절로 푸르러 가는 입술'로 묘사되는 슬픔의 재생 표상이 자리한다. 3연의 이 표상은 사건과 정서가 동일시되는 정서 기억으로서, 시적 화자는 슬픔에 침잠되어 어찌할 수 없는 단계를 토로하고 있다.

그러나 이것 역시 현실에서 체현되고 있는 슬픔과 비애라 할 수는 없다. 시적 화자는 '석벽 난간石壁欄干 열두 층계 위에 이제 검푸른 이끼가 앉'을 때까지 시공간을 지나온 상황이며, 정서에 대한 기억은 '한 줌 티끌'이나 '바람처럼 사라지는 옷자락'으로 나타나는 해소의 말미를 향해 변화하는 과정에 있다.

정서적 극복을 향한 전개는 종연의 '돌문'에서 결정적으로 암시된다. 시적 화자의 슬픔을 잠재우는 것은 희미한 불꽃 앞에 어리는 님의 얼굴에 대한 그리움이나 복사꽃 두 볼을 바라보는 애상이 아니다. 정서적 극복은 천년을 버티는 '돌문'의 근성과 '슬픈 비바람에 낡아 가는' 원한을 통해 정리된다. 시상 전개를 통해 오히려 잔뜩 위축되고 도사린 채로 참기 어려운 정서의 변전을 꾀하는 자아의 극복 양상이 비애를 사무치게 한다. 즉, '돌문'은 극복 아닌 극복으로 정리된 시적 화자의 자아를 나타내는 표지이다. 이와 비슷한 표지의 양

19 조지훈, 『풀잎단장』, 창조, 1952.

상이 다음 시에서도 나타난다.

노을이 지는 언덕 위에서 그대 가신 먼 곳 머언 나라를 뚫어지도록 바라다보면 해가 저물어 밤은 깊은데 하염없어라 출렁거리는 물결 소리만 귀에 적시어 눈썹 기슭에 번지는 불꽃 피눈물 들어 어룽진 동정 그리운 사연 아뢰려하여 벙어리 가슴 쥐어뜯어도 혓바늘일래 말을 잃었다 땅을 구르며 몸부림치며 궁그르다가 다시 일어나 열리지 않는 말문이련가 하늘 우러러 돌이 되었다.

– 김관식, 「석상의 노래」[20] 전문

시적 화자는 노을 지는 저녁 어스름부터 밤을 지나기까지 정서적 대상을 '뚫어지도록 바라다보'거나 '벙어리 가슴 쥐어뜯'거나 '땅을 구르며 몸부림치며 궁그르'는 등, 자신이 처한 상황과 심정에 걸맞는 표현을 찾아내고 반복적으로 마음을 드러낸다. 시적 화자는 슬픔과 괴로움에 관한 정서 단어 대신, '얼마나, 어떻게 슬프고 괴로운가'에 대한 진술들을 찾아낸다. 이는 시적 은유나 알레고리를 통해 비애의 원인이 되는 사건을 '돌려 말함'으로써, 화자 자신을 묘사해야 할 사건의 풍경의 일부로 포함시키는 것이다.

시적 화자는 사건에 완전히 귀속되지 않은 채 자신의 상황을 새로운 맥락 속에 이입시키는 과정에서 담담함을 획득하게 된다. 하늘을 우러른 '돌'은 정서적 대상에서 자유롭지 못하나 의연하고 관조적인 관점, 즉 수용을 획득하게 된 자아의 표상이다. 여기서 '수용'은 대상과 자아의 관계적 구도를 인식하고 정서적 변화를 충분

20 김관식, 『김관식시전집』, 창작과비평, 1976.

히 경험한 후에 얻어진 결과물이다. 이것은 부정적 단념이나 편향된 분출, 날조된 안정 등을 도출할 수 있는 '억눌러 참기'와 구별되는 것이다.

(1～3연 생략)
문 한번 열지 않고
반추동물처럼 죽음만 꺼내 씹었다.
나는 누워서 편히 지냈다.
사랑하는 사람을 잃어버린
이 겨울.

– 문정희, 「겨울 일기」[21] 종연

(1연 생략)
피부의 바깥에 스미는 어둠
낯설은 거리의 아우성 소리
까닭도 없이 눈물겹고나
(3연 생략)
내 어디로 어떻게 가라는 슬픈 신호기
차단한 등불이 하나 비인 하늘에 걸리어 있다.

– 김광균, 「와사등」[22] 2연, 종연

「겨울일기」의 '반추동물'이나 「와사등」의 '차단한 등불' 역시 비애 앞에 살아남아야 하는 시적 화자의 분투를 거친 전리품이다. 위 텍

21 문정희, 『어린 사랑에게』, 미래사, 1991.
22 김광균, 『와사등』, 남만서고, 1939.

스트는 각 시의 종연으로, 사랑하는 사람을 잃고 난 「겨울일기」의 화자는 '염주알을 굴리는 독백'도 사라진 채 침묵 속에서 '반추하기' 만을 계속한다.

이 '반추' 행위는 '나'를 사건 당시로부터 흘러가게 하는 거리두기의 방법이자 대상과 '나'의 관계를 재구성하는 반복적 시도이다. '나'는 여전히 비애의 연장선에 있는 동시에, '누워 지냈던 겨울'을 반추할 수 있는 거리에 자리한다. '반추' 행위에는 '염불'과 같은 탄식과 진통의 소리가 사라져있다. 즉, '반추'는 아직 자신이 지나간 사건에 붙들려 있거나 그것을 붙들고 있음을, 그리고 사건과의 지속적인 대면에서 살아남을 수 있는 내성을 얻고 있음을 보여준다.

「와사등」 역시 심연을 드러내는 소리와 이미지가 종연에 이르러 사라진다. '낯설은 거리의 아우성 소리'도, 어둠으로 진행되던 빛의 잔상도 없다. 시적 화자는 방음된 암전 속에서 고립된 상태다. 고단한 삶에서 살아남은 결과는 미지未知의 기회로 주어진다. 그러나 이는 분명 패배가 아닌 기회의 획득이다. 시적 화자는 '공허한 군중의 행렬' 속에 지고 왔던 '무거운 비애' 대신 '슬픈 신호기' 앞에서 주체적 삶의 방향을 획책할 수 있다.

그러나 이후의 행로 역시 외로움을 동반하며 쉽지 않은 일이다. 비애를 다룬 시들은 비애의 극적인 변화나 탁월한 극복의 기술 대신, 우리의 비애가 녹록하지 않은 것임을 보여준다. 그래서 우리는 분명 우리 삶의 일부인 비애의 본질에 한결 다가설 수 있다. 참기 어려운 정서의 실체와 사건의 본질을 알게 하는 것, 역설적이게도 비애시는 이러한 점에서, 슬픔을 통제하는 합리적이고 정제된 기술을 제시하고 있는 것으로 보인다.

‖ 정서 주체의 내면에서 출발하기

'기억을 어떻게 재구성할 것인가?' 기억의 재구성이 문제적 정서의 변전과 긴밀한 결합관계를 가진다면 이 물음에 대한 다각적인 구안은 불가결하다. 이러한 구안의 중심력은 물론 정서 주체의 능동성이다. 시적 화자의 문제가 무엇이며 어떻게 해결하고 있는가를 발견하는 시적 탐색 역시 정서 주체의 능동성에서 출발한다. 정서적 변전을 꾀하는 독자는 시 텍스트와 독자 사이에서 작용할 수 있는— 또는 반응을 촉발하는 데 유효한— 기억 심상이 무엇이며, 무엇을 표상하고 있는가 혹은 표상할 수 있는가에 대한 정서적 촉각을 민감하게 유지해야 한다.

심적 표상은 신체 상태 즉, 느낌과 정서 그리고 지각과 관념이 다각적으로 결합되어 행위와 가치관을 구성하는 과정으로 볼 수 있다. 시 텍스트는 이러한 심적 표상 활동을 경험할 수 있는 무제한적 탐색 공간이다. 독자는 실제적 경험의 범주를 넘나들며 독자에게 유효한 자극과 정서적 반응의 관계를 발견할 수 있다. 그 발견의 양상은 정서 주체의 심적 표상 활동을 이해하거나, 시적 이미지 자극과 정제된 정서의 결합을 수용하는 것, 또는 이미지 표상 방식의 재구성에 관여하는 기술적 방식을 차용하는 것에서 나타난다.

이러한 양상이 독자에게 활발하게 나타날 수 있도록 조력하는 것이 시 텍스트를 실용적으로 활용하기 위한 연구의 지향점이다. 그리고 이 글은 시 텍스트를 정서의 합리적 통제를 위한 유용하고 효율적인 도구로 바라보는 관점의 방법론적 제언이다. 이러한 제언이 실효성을 지니기 위해서는 정서적 주체에게 유효한 자극, 즉 동일한 자극에 대해 다른 반응을 유발하는 이미지 표상을 확인하는 기준이 필요하다. 그것은 텍스트와 독자 내부에서 일어나는 정서적 반응 양상을 점검하는 도구이다. 구체적으로, 기억과 정서를 능동적으로 환기하고 텍스트 표상과 반응의 결합, 그리고 해체를 적극적으로 경험하게끔 지원하는 피드백으로서의 평가 기준이다.

이 기준은 독자의 정서에 대한 자기 보고나 객관적 측정 지표 등으로 제시되어 왔다. 시 텍스트의 정서적 수용은 실제적으로는 번다하고 산발적으로 이루어진다. 그런데 독자의 표상 방식을 재평가하고 조정하기 위해서 독자-텍스트의 상대적 관점이 아닌 제3자로서 타자의 관점과 대면한 장시간적 접촉과 분석 단계가 이어진다. 적용과 평가 기준의 비합리성은 시 텍스트의 실용적 활용에 있어 가히 모순적이다.

오히려 독자에게는 자기 표상 활동에 대한 타자의 이해적 접근을 제시하기보다 표상 반응을 주체적으로 확인하도록 함이 유리하다. 심적 표상의 풍부한 데이터를 결합 또는 인출하는 방식은 독자 자아의 내부에서 가장 신속하고 효율적으로 진행될 수 있기 때문이다. 독자의 자아는 표상 방식에 대해 인지하고 그것을 기억 저장하며 다음 표상 활동에 반영하는 과정을 거의 자동적으로 수행한다. 이 과정에서 독자의 정서적 탐지와 심적 표상의 재평가를 활발하게 하기 위해서는 보다 자율적이고 단출하게 쓸 수 있는 평가 도구와 기준이 필요하다. 이를 포함한 프로그램을 설계하고 독자 수용 과정에서 검증하는 것이 이후 진행되어야 할 연구 과제이다.

심적 표상 활동과 정서의 변전

‖ 유기체와 정서

이 글은 인간의 정서를 유기체의 세포 단위와 같은 생멸生滅과 활동의 소-개체로 본다. 인간의 정서가 삶의 각 맥락에서 비약적으로, 혹은 급작스럽게 직면하듯 나타나는 것이 아니라, 타당한 구성 맥락을 배경으로 가지며 안정과 균형을 유지하고자 하는 필요에 의해 생성되는 자구적 보상 기제라는 것이다. 이것에는 기분 좋은 정서뿐 아니라 공포, 슬픔, 분노, 혐오 등과 같이 자아의 안정을 위협하는 것으로 보이는 부정적 정서 역시 해당한다. 이러한 관점은 부정적 정서가 부정적인 것이 아니며, 개인이 처한 문제적 맥락 또는 원인을 알아차릴 수 있는 신호이자 실마리로 보아야 한다는 의도를 함의한다.

가령, 슬픔은 안정과 균형으로 이동하는 방향성을 가진 자아와 그러한 방향으로 이동하는 에너지를 상실한 현실의 간극을 지속적으로 심적 표상하는 과정에서 나타나는 부정합의 행위이다. 슬픔은 지속적으로 불안과 고통을 야기함으로써 문제적 정황 해결을 위한 자아의 시도를 추동한다. 슬픔에 대한 리브의 다음 언술에서 역시 슬픔의 유익하거나 긍정적인 측면을 확인할 수 있다.

슬픔은 슬프게 하는 상황 이전의 상태로 환경을 복구시키도록 개인을 동기화시킨다. 슬픔은 불편한 정서이므로 이것을 예상하고 피하고자 하는 사람들의 의도가 사회적 집단의 응집을 간접적으로 촉진한다.[23]

즉, 이 글에서는 유기체의 모든 활동은 의식의 유무를 막론하고 유기체의 회복과 재생산에 이바지하는 측면에서 이루어진다고 본다. 인간의 정서, 그 중에서도 '위협과 피해'[24]를 야기하는 것으로 보이는 부정적 정서 역시 예외로 볼 수 없다. 부정적 정서 역시 유기체의 생존에 이바지할 정당한 생성 이유와 역할을 가지고 있음은 다음 견해와도 입장을 같이 한다.

인생은 해결해야 할 도전, 스트레스, 문제들로 가득 차 있다. 정서는 이들에 대한 해결책으로서 존재한다. 감정, 각성, 목적, 표현을 조정하고 편성함으로써, 정서는 우리의 환경에 비추어 우리의 위치를 설정하고 우리에게 신체적·사회적 생존 문제에 맞춘 구체적이고 효율적인 반응을 하도록 준비를 갖추어 준다.[25]

여기서, 생멸하는 정서가 각 행위의 장에 걸쳐 완전히 새로운 형태의 것들로 나타나는 것일까. 아니다. 다시 말해, 정서적 변환은 'A

---

23 Reeve, Johnmarshall, 『동기와 정서의 이해』, 정봉교 외, 박학사, 2011, 383~384쪽.

24 인간의 기본 정서를 부정적 기본 정서(공포, 슬픔, 혐오, 분노)와 긍정적 기본 정서(기쁨, 흥미)로 나누고 그러한 평가의 이유를 각각 '위협과 피해', '동기 몰두와 동기 만족'으로 본다. 위의 책, 380~386쪽. 참고.

25 같은 책, 390쪽.

→B'와 같은 전혀 다른 양상 간의 전환이 아니다. 오히려 유기체의 반응 한계에 도달한 정서, 즉 소기의 효능이 멸한 일종의 정서가 새로운 반응 대상으로 유입되는 이종 정서에 의해 점차적으로 대체되는 양상으로 나타날 가능성이 높다. 정서적 변환은 주로 개인의 외부적 자극에 의존하여 이루어지며 외부적 자극에 대한 선택과 반응은 비교적 일관된 개인의 성질과 관점을 통해 나타나기 때문이다. 한 개인이 한 대상에 대해 'A' 또는 'B'의 정서 반응을 동시에 즉각적으로 보인다면 이는 정서적 불안이나 관점의 혼종을 나타내는 것으로, 이는 일반적인 것이라 할 수 없다.

모종의 정서는 개인이 인식하지 못할 지라도 구성적 맥락이라는 타당한 배경을 가지고 나타나기 마련이다. '삼단 같은 머리처럼 아름다운 보리밭, 살진 젖가슴과 같이 부드러운 흙'이 마냥 아름답지 못하고 '푸른 설움과 어우러지는' 까닭은 그 들이 빼앗긴 것(이상화, 〈빼앗긴 들에도 봄은 오는가〉)이기 때문이다. 정서가 행위의 맥락을 무시한 비약적 변전이 아닌, 개인의 행로에 타당한 구성 배경을 가지고 나타나는 것은 정서적 변전이 전혀 새로운 정서들의 착종으로 이어지지 않는 이유이다.

다음 정서의 특질에 관한 논의는 인간의 정서를 유기체의 자구적 보상기제로서 보기 위한 근거이다.

첫째, 정서는 자신과 타인의 행위를 평가하거나 추동함으로써 자아를 내외부적 안정에 접근하게끔 한다. 각 행위의 장에서 사고의 무시간적 흐름과 역동적 행위 변환을 가능하게 하는 인간의 심리적 기제는 단연 '정서'다. 정서는 각 행위의 장에서 생멸의 단위로 나타나며 멸의 보상으로 새로운 정서와 행위를 요구한다.

가령, 슬픔은 개인이 자리한 사회구조적 또는 자기-서사적 맥락 속에서 수정, 변환되어야 할 어떤 요구–충족 관계를 표상한다. 충족되지 못한 요구는 개인의 감성적 네트워크 속에서 상실감과 함께 슬픔의 정서로 나타나고 곧 자아의 안정적 행로를 위해 정서적 변환을 위한 행위들을 실현할 것이다.

둘째, 정서는 환기와 전이의 특성을 지니며 연쇄적 감응을 통해 유기체의 변화를 유도한다. 정체된 정서는 곧 병인病因이다. 우울증의 진단은 부정적 정서와 신체적 증상의 정체가 2주 이상 지속됨을 전제로 하고, 해소되거나 전환되지 않는 분노는 화병火病으로 현현한다. 반면, 건강한 정서는 자아 내부 또는 외부적 맥락 속에서 끊임없이 환기되고 전이 활동을 수행한다.

정서의 환기는 새로운 정서를 만들어내는 것으로서, 개인의 자아 활동을 통한 인지변화, 신체적 활동을 통한 호르몬 생성, 외부 표출을 통한 정서 정화, 경험과 기억의 재–표상 등 다양한 경로를 통해 이루어질 수 있다. 정서의 전이는 감화 또는 동의를 통해 만들어지는 정서의 연쇄적 변화로서, 개인 내부의 성장 또는 변화 전후, 개인과 개인, 개인과 집단, 개인과 세계 등, 다양한 접점에서 이루어질 수 있다. 이러한 특질은 정서가 언제든 변화가 가능하고 어떠한 정서든 새로 유입될 수 있음을 나타낸다.

셋째, 정서는 감수반응과 표현 능력의 쇠퇴, 소멸, 강화가 가능하다. 만성화 또는 정서를 처리하는 유효한 방식 습득을 통해 특정 정서에 대한 감응과 표현이 쇠퇴하기도 하며, 특정한 연습 방식을 통해 정서를 다루는 능력이 강화되기도 한다. 이것은 '정서능력'[26]의

---

26 정서능력은 정서를 능력적 측면으로 보고 있다는 점에서 정서지능과 병용되기도 한다. 정서능력은 자신의 정서 상태를 아는 능력과 자신의 문화권 내에서 통상적으로 사용되는 용어로 정서를 표현하고 정서 단어를 사용하는 기술

'가변성'[27]을 의미한다. 이러한 능력은 "타인으로부터 사회적 지지를 획득하게 하는 역할을 하며 심리적 안녕감과 연결"[28]되어 있다는 점에서 자아의 안정과 밀접한 관계에 있다.

이 같은 논의에 따르면, 유기체로서 인간의 항상성 유지를 위해서는 정서를 자유롭게 향유하면서 이를 활용하는 것이 유익할 것이다. 특히 부정적 정서의 경우, 그 정서를 부정적인 것 자체로 볼 것이 아니라 정서 자체를 받아들이고 긍정적으로 활용할 필요가 있다. 부정적 정서는 다음과 같은 이점 역시 가질 수 있기 때문이다.

- 자아의 불안정을 야기하는 자극원 또는 내부적 문제 발견
- 자기 삶에 영향을 미치는 외부유입 기제의 성격(조력 관계와 정도) 판단/변별
- 개인 삶의 맥락 재구성의 기회, 동기화
- 극복, 성장, 강화의 과정
- 정서적 문제 해결을 중심으로 한 참여자 간 화합 유도

생명의 존재는 그 자체로 이미 어떠한 부정적 정서라도 변전을

을 의미한다. 효과적인 정서적 의사소통을 수행하기 위해 자신의 정서에 대한 인식, 타인의 정서에 대한 인식, 자신의 문화권에서의 정서 개념과 정서단어 목록에 대한 능숙한 사용, 타인의 정서적 어려움에 대한 동정적인 반응, 사회 상황에서 전략적으로 정서적 표현하는 방법을 아는 것이 필요하며 효과적인 정서적 의사소통을 통한 정서적 유능감은 사회적 유능감 발달에 결정적인 요소가 된다. 최은실, 「정서인식 및 표현능력 향상 프로그램의 효과연구」, 이화여자대학교 대학원 심리학과 박사학위논문, 2010, 7쪽.

27 최은실의 연구는 정서 단어 교육, 얼굴 표정 표현 연습, 언어적 정서 표현 연습 등 다양한 방법을 통한 정서 인식 및 표현 향상 프로그램이 정서능력 향상에 효과가 있음을 증명하고 있다. 위의 글. 참고.

28 같은 글, 16쪽.

이루어 내고 있음을 증명하는 것이다. 정서의 정당한 생멸 과정을 확인하는 것은 우리에게 합리적인 행로가 무엇인지, 정서적 난관에 봉착한 우리에게 그 방향을 찾게끔 도울 것이다. 다음은 부정적 정서의 변전을 꾀하는 탐색의 일환으로, 자아의 심적 표상 활동과 정서적 변전의 관계 속에서 시 텍스트의 매체적 활용 방안과 효과를 알아보는 과정이다.

‖ 인지와 정서의 순환 작용

'인지'가 판단을 한다면, '정서'는 평가를 한다. 한 개인이 정서적 각성과 문제적 인식을 제기하는 사건과 맞닥뜨렸을 때, 그 대상은 개인의 내면에 위기의식과 더불어 최선의 해결 방책을 모색하는 시스템을 가동시킨다. 해결의 실마리는 오랜 기간의 체험과 판단이 적층된 기억 세포에서 거의 본능적으로 나타나거나, 당면한 상황에서 얻을 수 있는 정보와 개인의 스키마를 조합 또는 분석하는 과정에서 얻게 된다. 여기서 객관적이며 외부적인 상황을 자아 내부에서 다시 구성하여 이해하는 활동을 자극원에 대한 '심적 표상'이라 말할 수 있다. 바로 이 개인의 심적 표상 활동은 신체적이며 외현적인 변화와 밀접한 영향 관계를 가진다.

즉, 심적 표상의 각기 다른 양상에 따라 신체적 발현 또는 행위 실현이 달리 나타나게 된다. 가령, 어떠한 판단이 최선이며 개인에게 최적의 결과를 가져오게 되는지 평가하는 것은 바로 정서적 감응을 통해 이루어진다. 삶의 외현은 행위와 행위의 연결로 나타나는데, 각 행위의 적절한 조정과 동기화가 개인의 정서적 감응, 즉 '상황을 어떻게 느끼고 어떻게 받아들이는가'에 달려 있는 것이다. 심적 표상 활동 역시 정서적 감응에 따라 다른 양상으로 나타나며, 결국 인간의 삶 속에서 정서가 차지하는 역할은 행위의 추동 또는 멈춤의 간극을 조절하는 것이라 할 것이다.

행위와 인지적 판단, 그리고 이에 파생되는 또 다른 상황은 정서의 역할에 힘입어 재귀적으로 다음 단계의 그것들에 영향을 미친다. 정서적 평가를 인지적으로 판단하고, 인지적 판단을 정서적으로 평가하는 것은 삶의 행로에서 인간의 자아를 안정적이면서 유연하게 이동시키는 중요한 방식이다. 정서의 역할 수행이 없다면 개인의 삶에 적절한 판단과 행위가 이루어지는 것은 거의 불가능할 것이다. 마찬가지로, 인지적 수행과 현상적 대면 활동은 다음과 같은 순환 구조를 통해 정서와 포섭 또는 매개적 관계를 이루며 삶을 진행시킨다.

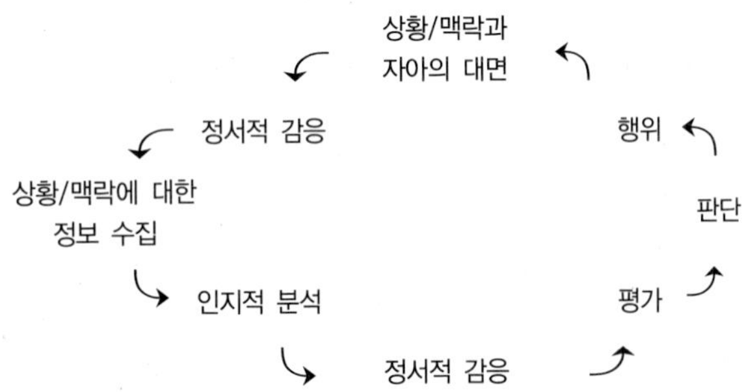

〈그림 2〉 정서와 인지의 순환적 상호 작용

위 그림에서 나타나듯이, 정서적 감응은 인지적 분석, 판단과 같은 내면적 활동과 외현적 행위 사이에서 평가의 기제로 작용하며 다음 단계의 수행을 추동한다. 개인과 대면하게 되는 문제적 정황을 '스트레스 유발 자극'으로 본 다음 연구 결과들에서는 정서적 감응을 스트레스 해소를 위한 매개변인으로 본다.

외부의 스트레스 유발 자극에 대하여 유기체는 일반 적응 증후군을 보이는데, 이 단계에서 스트레스를 효과적으로 극복하지 못하면 적응 에너지의 고갈로 질병이 발생하거나 심한 경우는 죽음에 이르게 된다.

인간이 경험하는 스트레스는 단순히 유발 자극에 대한 유기체의 생리적인 반응이 아니다. 스트레스에는 자극에 대한 유기체의 평가나 해석이 중요하게 관여한다. 따라서 스트레스를 단순히 자극이나 반응으로서가 아니라 자극과 반응, 그리고 자극과 반응 사이를 연결하는 인지적 평가 과정까지를 모두 포함하는 포괄적인 개념으로 정의하였다.[29]

즉, 문제 자체가 문제인 것이 아니며, 문제적 정황을 받아들이고 다루는 개인의 내면적 기제들의 상호 작용 활동이 문제의 여부를 결정한다는 것이다. 그 내면적 기제들을 문제적 정황(또는 스트레스 유발 자극)과 감수반응(신체화)의 '매개변인'이라 하며 이는 '성격요인, 자존감, 귀인 양식, 대처 방식, 사회적 지지, 역기능적 태도, 통제 소재, 보속성 인지[30]'와 같이 다양하게 나타난다. 개인의 심적 표상 활동 역시 유기체의 항상성 유지를 위한 기제이자 문제 해결의 매개변인으로 볼 수 있다. 이 매개변인에 유의미하면서도 긍정적인 영향을 미칠 수 있는 도구적 행위 개발은 정서능력의 계발 또는 향상과 더불어 삶의 질을 발전시킬 수 있다는 점에서 당위적이다.

---

29 박문규, 「스트레스의 신체화에 대한 걱정의 매개효과 및 주의와 기억의 편향」, 전북대학교 대학원 심리학과 박사학위논문, 2011, 5쪽. 재인용.

30 보속성 인지는 걱정, 반추와 같이 스트레스와 관련된 내용의 인지적 표상에 대한 반복적이고 만성적인 활성화를 말한다. 위의 글, 17쪽.

시문학, 미술, 음악, 드라마 등 문학예술을 통한 치유적 활동은 매개변인의 질적 향상을 위한 도구적 행위의 예이다. 시대를 소급하여 향유되어 온 문학예술에 담긴 의미와 구조는 인구회자를 통해 내용과 형식이 검증된 긍정성의 정수라 말할 수 있다. 그 중에서 시 텍스트는 도구와 매체 숙련에 대한 비교적 낮은 준비도에서도, 압축된 공감각적 심상에 대한 해석의 지평을 상상력의 범주로 넓힐 수 있는 효율적 매제로 꼽을 수 있다. 다음은 시 텍스트의 심상을 분석한 후, 독자의 주체적 참여 활동을 통한 긍정적 심상의 선별과 수용이 자아의 심적 표상 활동에 유의미한 영향을 미치는지 고찰하기 위한 내용이다.

‖ 시 텍스트의 심상 분석과 독자 수용 활동

'텍스트의 심상'은 "어떤 사물을 감각적으로 정신 속에 재생시키도록 자극하는 말"[31]이자, 인간의 "관념과 사물이 만나는 곳"[32]이다. 시 텍스트는 의도되어 선별된 심상의 배치를 통해 의미와, 의미전달의 탁월함이 주는 심미성을 독자에게 전달한다. 그런데, 독자의 자아에 대해 문제적 정서를 유발할 수 있는 시적 상황과 해석 의미는 독자의 수만큼 다양할 수 있다. '텍스트의 심상'[33]을 독자의 수용 활동 이전에 소기의 의도를 두고 성격별, 효용별 등으로 분류하는 것은, 독자의 자율적인 정서 영역을 미리 구획하여 단순화시킨 소치가 될 우려가 있다.

31 이상섭, 『문학비평용어사전』, 민음사, 1988, 185쪽.

32 김준오, 『시론』, 삼지원, 1988, 101쪽.

33 시 텍스트는 의도되어 선별된 심상의 배치를 통해 의미와, 의미전달의 탁월함이 주는 심미성을 독자에게 전달한다.

이러한 점에서 독자의 텍스트 수용 프로그램을 계획하고 텍스트 수용 전후의 유의미한 정서적 변전 양상을 고찰해볼 필요가 있다. 따라서 이 장은 독자의 심적 표상 활동에 긍정적 심상을 환기 또는 전이할 수 있을 것으로 보이는 시 텍스트를 선별하여, 독자의 수용과 정서적 변전 양상을 관찰하는 과정으로 한다.

먼저, 독자 자아의 정서와 긍정적으로 작용하기 위해 갖추어야 할 정서적 필요조건을 '심미성, 방향성/변화성, 건강성, 접근성/친밀성, 가독성'으로 보고, 이러한 '정서적 상황 요건'을 기준으로 텍스트를 선별한다. 독자에게 긍정적 의미 해석을 유도하기 위해서는 이 같은 요건들이 필요조건이 될 것이다. 그렇지만, 시적 화자에 의해 구성된 텍스트 의미 수용이 다음 활동에서 독자의 주된 혹은 최종의 목표가 되지 않는다는 점에서, 이 같은 요건들을 일부 혹은 최소한 충족하는 텍스트를 포함하기로 한다. 즉, 텍스트에 드러난 각 심상의 성격을 위와 같은 정서적 상황 요건에 비추어 판단하는 것에 선별의 주안점을 둔다.[34]

텍스트에서 오성의 심상은 시적 의미 구조를 통해 얽혀있는 시어들에 얹혀 나타난다. 이러한 시각적, 청각적, 후각적, 미각적, 촉각적 감각의 발로는 이것을 표상하는 자아 내부적 활동을 통해 시적 의미를 해석하는 데 원용된다. 또는 독자에게 시의 해석과 다른 제2, 제3의 정서적 환기와 의미 산출을 유도하기도 한다. 김춘수의 「꽃」은 인간의 존재론적 의미 탐구가 아닌, 연인의 사랑을 희구하는 연시로 흔히 읽혀왔다. 심상에 대한 표상 활동은 의미 구조 분석을 통한 시

34 '정서적 상황 요건' 제시의 기준과 근거, 이를 위한 텍스트 분석의 예는 다음 논문을 참고. 최혜경, 「치유적 시 텍스트의 판독을 위한 정서적 상황 요건」, 『문학치료연구』 19집, 한국문학치료학회, 2011, 75~111쪽.

〈표 1〉 시 텍스트 수용 활동 과정

<table>
<tr><th>순서</th><th>참여자</th><th>매개자</th></tr>
<tr><td rowspan="2">자아–1</td><td rowspan="2">① 자신에게 부정적 느낌을 주는 그림을 고르고
② 이유 말하기</td><td>①′ 긍정적 또는 부정적 정서 단어 목록을 참고로 제시</td></tr>
<tr><td>②′ 제시하는 그림은 판단의 여지가 균등하며 중성적일 것</td></tr>
<tr><td rowspan="4">자아–2</td><td rowspan="3">③ 그림 카드 한 장을 고르고,
④ 뒷면에 있는 내용 중 자신에게 긍정적 느낌을 주는 것 고르기</td><td>③′ 그림 카드는 분석한 시 텍스트의 심상 중 대표적인 한 가지를 나타낸 것</td></tr>
<tr><td>④′ 뒷면의 그림은 분석한 시 텍스트의 여러 심상을 그림 또는 문장 형태로 나타낸 것(매체를 사용하는 경우, 오성을 충족하는 형태 제시 가능)</td></tr>
<tr><td>⑤′ 원작 시는 대중적 용례를 통해 용기와 희망을 주는 따뜻한 내용을 담고 있을 것(독자의 상대적 의미 해석 가능성 무시)</td></tr>
<tr><td>⑤ 고른 내용으로 ‘짧은 이야기/시’(p–1) 말하거나 쓰기</td><td rowspan="3">⑥′ 독자의 자발적 선택과 참여 중시.
⑦′ 무반응, 회피, 거부 등의 비참여 반응 역시 수렴 후 고찰
⑧′ 매개 변인이 될 수 있는 상황적 요소 관찰 기록</td></tr>
<tr><td rowspan="2">자아–3</td><td>⑥ 다른 사람他者이 만든 ‘짧은 이야기/시’(p–2) 듣거나 읽기</td></tr>
<tr><td>⑦ 타자의 입장에서 ‘자아–1’에게 조언하기</td></tr>
<tr><td>자아–1</td><td>⑧ 자신에게 부정적 느낌을 주는 그림 다시 고르고
⑨ 이유 말하기</td><td>⑨′ 자아–1～3에 이르는 회기의 동일 반복 여부, 상이한 텍스트로 순차 반복 여부, 단독 혹은 집단 참여자 여부, 음성/문자 활동을 통한 수용 과정의 참여자 간 공개/비공개 여부 등은 참여자와 매개자의 논의를 통해 결정.</td></tr>
</table>

텍스트의 해석과 다른, 독자 자아의 정서적 요구와 개별적 스키마에 의해 자율적으로 이루어지기 쉽다. 이러한 점에서, 시 텍스트의 의미 구조에서 해방된 심상의 선택적 활용이 유효할 것으로 기대되며, 다음과 같은 독자 수용 프로그램을 제시할 수 있다.

요컨대, 시적 화자의 시선에서 한 차례 관찰된 시적 대상과 이미 표현된 감응 내역을 의미 산출의 구조로부터 분리시키는 것이다. 즉, 조각난 심상들을 역으로 독자 자아의 정서적 감응에 따라 선별하고 선택하여 재구조화하게 한다. 텍스트와 독자를 멀리 떨어뜨려 놓고 독자의 자율적 선택과 접근을 의도하는 것은, 시 텍스트를 통해 정서적 변전을 경험하는 활동에서 텍스트의 획일적 의미 산출과 주입 형태의 수용 활동을 경계하기 때문이다. 구체적인 활동 과정은 앞의 〈표 1〉과 같다.

〈표 1〉의 활동에서 참여자는 텍스트를 수용하는 독자이며, 매개자는 텍스트와 독자 사이에서 심상의 심적 표상 활동을 조력하는 안내자이자 이 활동의 진행자이다. '자아-1'에서 '자아-3'으로 진행되는 과정은 독자가 시의 긍정적 이미지에 몰입하게 되는 과정을 의도하고 있다. 그리고, '짧은 이야기/시 말하거나 쓰기'는 참여자의 충분한 수용과 반응을 이끌어내기 위한 장치이다. 텍스트의 주된 심상이 나타나 있는 '그림 카드'를 고르는 것은 참여자가 자신의 정서적 반응을 객관적으로 확인하기 위한 장치이다.

〈표 1〉의 매개자 활동 내역은 진행과 관련하여 고려할 점들이다. 우선, 매개자는 시작 전에 활동 과정을 안내하며 〈표 2〉[35]를 참고

35 다음 표는 이준웅 외, 「정서 단어 분류를 통한 정서의 구성 차원 및 위계적 범주에 관한 연구」, 『한국언론학보』 52권 1호, 한국언론학회, 2008, 103~105쪽. 참고

로 ①′을 제시한다. 참여자는 제시된 정서 단어 군집을 참고로, 자신의 표상 대상과 연관된 자신의 정서를 객관적으로 선별하고 확인하는 경험을 할 수 있다.

②′에서 '판단의 여지가 균등하며 중성적'이라 함은 그림의 정서가 참여자의 정서적 감응 과정을 방해하지 않고 참여자의 자율적 참여를 강화하도록 하기 위한 것이다. 심상에 대한 참여자의 자율적 표상 활동은 중립적인 자극에서 시작해야 한다. 그러나 ⑤′에서 원작 시의 텍스트 의미가 '독자의 상대적 해석 가능성을 무시'하고 '정서적 상황 요건'와 '대중적 용례'를 기준으로 두는 것은, 독자의

〈표 2〉 남성과 여성의 긍정적 정서 표현 단어 군집

남성		여성	
기본정서	정서 단어	기본정서	정서 단어
기쁨	재미있다/즐겁다/신나다/유쾌하다/홍겹다/열광하다/환희를 느끼다/통쾌하다/기쁘다/열망하다/속 시원하다/후련하다/흥분하다	기쁨	유쾌하다/재미있다/즐겁다/흥겹다/신나다/기쁘다/열광하다/열망하다/속 시원하다/후련하다/통쾌하다
사랑+긍지	사랑스럽다/사랑하다/고맙다/반갑다/설레다/다행스럽다/안도하다/감격하다/감동하다/감탄하다/황홀하다/흐뭇하다/흡족하다/뿌듯하다/편안하다/긍지를 느끼다/성취감 느끼다/보람차다/자랑스럽다/영광스럽다/희망을 느끼다/행복하다/부럽다	긍지	감격하다/감탄하다/감동하다/황홀하다/행복하다/희망을 느끼다/흐뭇하다/흡족하다/긍지를 느끼다/자랑스럽다/뿌듯하다/환희를 느끼다/다행스럽다/안도하다/편안하다/사랑스럽다/사랑하다/고맙다/반갑다/설레다

〈표 3〉 남성과 여성의 부정적 정서 표현 단어 군집

남성		여성	
기본정서	정서 단어	기본정서	정서 단어
공포	섬뜩하다/소름끼치다/두렵다/무섭다/겁나다/절박하다	공포	섬뜩하다/소름끼치다/두렵다/무섭다/겁나다/놀라다
분노	약오르다/얄밉다/질투하다/반감을 느끼다/밉다/증오하다/혐오하다/신경질나다/화나다/역겹다/싫다/분노하다/분하다/경멸하다/격분하다/불쾌하다/배신감 느끼다/원망하다/불만이다/짜증나다/억울하다/실망하다/죄책감 들다	분노	역겹다/혐오하다/경멸하다/증오하다/환멸을 느끼다/싫다/불쾌하다/불만이다/약오르다/얄밉다/분노하다/화나다/격분하다/분하다/괘씸하다/밉다/반감을 느끼다/신경질 나다/짜증나다/배신감 느끼다/원망하다/질투하다/억울하다/실망하다/흥분하다
당황	당혹하다/당황하다/황당하다/놀라다	수치	당혹하다/당황하다/황당하다/부끄럽다/쑥스럽다/민망하다/창피하다/수치스럽다/죄책감 들다
수치	부끄럽다/쑥스럽다/민망하다/창피하다/수치스럽다		
연민	애틋하다/찡하다/그립다/불쌍하다/측은하다/애처롭다/안타깝다/연민을 느끼다/미안하다/아쉽다/걱정하다	연민	애틋하다/찡하다/연민을 느끼다/측은하다/애처롭다/불쌍하다/안타깝다/미안하다/걱정하다/그립다/부럽다
좌절	심란하다/착잡하다/답답하다/불안하다/비참하다/참담하다/불행하다/절망하다/괴롭다/좌절하다	좌절	불안하다/초조하다/절망하다/좌절하다/비참하다/참담하다/불행하다/괴롭다/답답하다/절박하다
후회	허무하다/허탈하다/허전하다/후회하다/체념하다/초조하다	야속	서운하다/속상하다/야속하다
슬픔	쓸쓸하다/외롭다/소외감 느끼다/우울하다/상실감 느끼다/지루하다/야속하다	슬픔	체념하다/허탈하다/허무하다/허전하다/쓸쓸하다/외롭다/소외감 느끼다/우울하다/상실감 느끼다/착잡하다/지루하다/아쉽다/후회하다

긍정적 정서 감응 활동에 대해 원작 시 의미의 역행 간섭을 방지하기 위함이다. ⑥′~⑨′의 고려 사항은 참여자의 상대적 변별성을 고려하여 정서적 변전 추이를 고찰하기 위한 입장을 견지한다.

다음은 곽재구의 시[36]를 심상 분석하여 ③′~④′의 활동 자료를 만드는 과정이다. 먼저 시 텍스트를 구성하는 심상을 다음과 같이 분석한다.

---

36 시 전문은 다음과 같다.

너를 사랑한다고 말할 수 있다면
굳게 껴안은 두 팔을 놓지 않으리
너를 향하는 뜨거운 마음이
두터운 네 등 위에 내려앉는
겨울날의 송이눈처럼 너를 포근하게
감싸 껴안을 수 있다면
너를 생각하는 마음이 더욱 깊어져
네 곁에 누울 수 없는 내 마음조차 더욱
편안하여 어머니의 무릎잠처럼
고요하게 나를 누일 수 있다면

그러니 결코 잠들지 않으리
두 눈을 뜨고 어둠 속을 질러오는
한세상의 슬픔을 보리
네게로 가는 마음의 길이 굽어져
오늘은 그 끝이 보이지 않더라도
네게로 가는 불빛 잃은 발걸음들이
어두워진 들판을 이리의 목소리로 울부짖을지라도
너를 사랑한다고 말할 수 있다면
굳게 껴안은 두 손을 풀지 않으리

– 곽재구, 「희망을 위하여」, 『사평역에서』, 창작과비평, 1983.

〈표 4〉 시 텍스트 심상 분석의 예〉 (곽재구, 『희망을 위하여』 1연)

시어	심상	심적 표상 의미	정서
너/ 사랑한다고 말/ 두터운 네 등/ 내 마음	연인의 뒷모습/ 사랑의 고백/ 포옹	연인에 대한 애틋한 사랑과 강한 그리움	사랑스럽다/ 사랑하다/ 설레다
굳게 껴안은 두 팔/ 감싸 껴안을/	포옹/ 붙잡음	소박하고 지고지순한 사랑의 태도	황홀하다/ 다행스럽다/ 열망하다/ 흠모하다
겨울날의 송이눈	함박눈/ 눈밭	연인과 맞닿을 기대와 사랑을 위한 희생 의지	희망을 느끼다
고요하게 나를 누일/ 어머니의 무릎잠	연인의 곁에 누움/ 어머니의 무릎에 누워 잠든 아이/ 어머니	사랑의 충족과 완성	평온하다/ 편안하다/ 행복하다

위의 분석을 바탕으로 ④′에서 제시할 수 있는 심상은 '연인의 뒷모습, 사랑의 고백, 포옹, 붙잡음, 함박눈, 눈밭, 겨울, 다정한 연인, 어머니 무릎잠 자는 아이, 인자한 어머니의 모습' 등이다. 매체 활용이 가능하다면, 그림 카드뿐만 아니라 배경 음악, 소리 파일, 영상 자료, 사진 자료 등을 하이퍼링크화 하여 제시한다. ③′의 대표적 심상은 ④′의 심상으로 접근하기 위한 과정에서 참여자를 주동적으로 끌어들이기 위한 대문 역할을 하므로, 대표성 여부에 크게 관여하지 않고 주로 심미성을 고려하여 선택한다. 참여자의 특성을 사전 관찰할 수 있다면, 유인성 있는 심상을 미리 배치하는 것이 유리할 것이다.

‖ 부정적 정서 다시보기

자연의 엔트로피는 증가한다. 삶이 지속되는 한, 자아의 안정을 유지하기 위한 에너지로서 정서의 흐름도 자연 법칙의 일부일 것이다. 어찌 보면 우리의 삶은 부정적 정서를 태워 없애는 열평형의 과정이다. 부정적 정서들은 진행되고 있는 삶이 유기체의 존립에 유리하지 않음을 매순간 변별하며 출현한다. 또한, 자아를 괴롭힘으로써 삶을 바로잡기 위한 단계로의 이동을 추동한다. 그렇다면 슬픔은 오히려 실컷 슬퍼하고, 분노는 억압하지 않으며, 공포는 직면하는 것이 이들 정서를 평형으로 이끄는 방법일지 모른다.

이 글은 인간의 부정적 정서를 다시 보기 위한 일종의 시도이다. 부정적 정서 역시 유기체의 정서적 안정을 위해 활용할 기제라는 것이 문면에 자리한 이 글의 전제이다. 2장에서는 자아의 심적 표상 활동과 정서적 변전의 관계성을 타진하고, 3장에서 시 텍스트의 매체적 활용 방안을 구상해보았다.

이 활동 과정의 의의는 정서의 변별적 감수 반응을 통해 참여자의 정서적 안정에 유리한 심적 표상을 자율적이며 주동적으로 구성해가도록 돕는 데 있다. 이 활동에서 텍스트의 의미 구조 틀을 제거하고 시의 심상으로부터 출발하는 역순의 텍스트 접근 방식은, 독자의 자율적 의미 구성과 정서적 감응력을 획득하는 데 유리할 것으로 보인다. 이는 또한 가독성 여부에서 비교적 자유롭게 시 텍스트를 대중적으로 활용할 수 있는 방법이 될 것이다.

치유적 텍스트의 개념과 자질에 관한 논의는 매번 독자의 기억과 정서에 대한 다양성 또는 가변성을 어떻게 표준화할 것인가에 대한 문제와 부딪힌다. 이것은 한 편의 시가 다양한 독자에게 특정한 방향의 치유 효과를 제시할 것으로 확신할 수 있는가에 대한 의구심을 포함한다. 이것은 독자가 대하게 될 그 한 편의 시에서 자신의 치유를 위해 필요한 성분을 스스로 선택하게 하는 것으로 해결될 수 있다는 것이 이 연구가 견지하는 관점이었다.

실상, 치유시 텍스트에 관한 연구는 치유라는 목표를 어떻게 달성할 것인가 하는 상위적 목표 층위 아래에 있다. 즉, 치유시의 정서 상황적 분류나 치유시의 개념 및 자질 정립 등은 모두 치유를 요구하는 독자의 문제 해결을 위해 필요한 것들이다. 착안의 필요성은 텍스트 분류의 표준화에 대한 것이 아니라, 독자가 시 텍스트에서 치유적 정서 변전을 어떻게 획득하며 그것의 정도를 어떻게 강화할 수 있는 것인가 하는 문제에 있는 것이다.

시 치유에서 자발적인 자기 몰입은 시적 화자의 정서적 상황이나 참여자의 기억에 접근하는 시간과 정도에 촉진적 영향을 미치게 된다.[37] 여기서, '치유적 텍스트성이 희박한 시 텍스트란 무엇이며, 그러한 텍스트가 독자의 긍정적 정서 변전을 상당 부분 이끌어내는 경우에 대한 유의미한 검증은 어떻게 진행할 것인가'하는 물음이 나타난다. 이것은 이들 프로그램의 진행을 위한 과제, 또는 정확성을 개선하기 위한 보완점으로서 얻게 되는 새로운 문제의식이다.

'나'의 치유를 위해 어떠한 시 텍스트를 선택할 수 있을 것인가, '나'는 시 텍스트의 어떠한 점에서 치유를 얻을 수 있을 것인가, '나'는 치유를 위해 시 텍스트를 어떻게 수용할 것인가. 치유적 시 텍스

37 이는 시 치유 프로그램의 적용 과정에서 주목할 만한 성과를 나타내는 요인으로서, 독자 맞춤형 진행 방식이 가져오는 '자기 끌어들이기 효과'로 설명되기도 한다. 최혜경, 「시 텍스트의 정서심리학적 치유에 관한 연구」, 전남대학교 일반대학원 국어국문학과 박사학위논문, 2013, 214쪽.

트의 연구는 불안한 자아를 지닌 독자가 시 앞에 이러한 질문을 던질 때 그것에 대한 이해와 요구를 충족시킬 수 있어야 한다. 창조적 텍스트의 치유적 활용에 있어 정작 소외되어 있는 문학적 매체 검증과 같이, 실용적 인문학 연구의 가능성은 문학적 현상이 내포하는 불확정성에 대한 탐구에서 얻어질 수 있을 것이다.

기본 정서이자 부정적 정서로 분류되는 공포, 슬픔, 분노를 오히려 거울처럼 활용한다면, 놀랍게도 우리는 이들 정서의 이면에 우리의 인식하거나 노력하고 있는 것보다 더 월등하게 우리의 삶을 바로잡아가는 자구적 에너지가 있음을 발견할 것이다. 유기체로서 인간의 몸이 자신의 삶을 가장 앞서 언제나 유리한 방향으로 이끌고 있음을 확인하는 것은 삶의 문제적 단면에서 일말의 희망과 조력을 제공할 것이다.

시의 정서 분석과 실용적 활용

‖ 시의 도구적 이해

이 연구는 '인간 삶의 실용적 매제로서의 문학', 그리고 그러한 문학 텍스트의 '구성 원리 분석과 도구적 적용 효과 창출'이라는 연구 방향을 가진다. 그리고 구체적인 문제의식은 '시 감상을, 의도된 정서 운용의 훈련 공간으로 활용할 수 있는가? 가능하다면 그 방법과 근거는 어떻게 제시할 것인가?'로 나타낼 수 있다. 특정한 인지와 감화를 통해 문제를 해결할 수 있다면 시 텍스트는 목적의식적 감상 행위를 통해 독자의 삶을 나선형으로 발전시키는 유용한 도구로 활용될 수 있을 것이다.

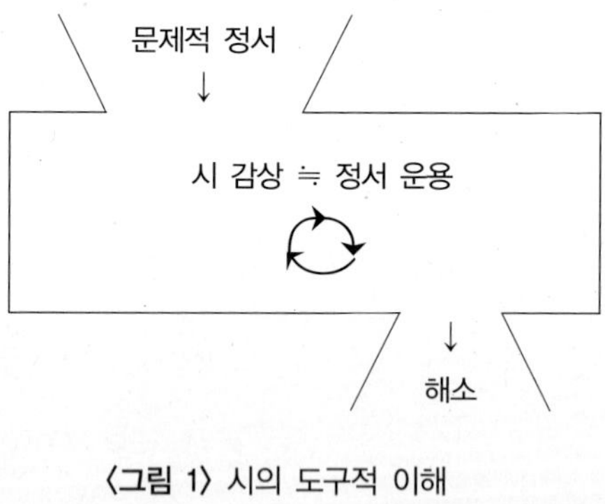

〈그림 1〉 시의 도구적 이해

이러한 기대로, 본 연구의 목적은 '시 텍스트의 정서적 메커니즘을 분석하여 독자 자아의 문제-해결 과정에 적용할 시詩 수용 프로그램을 개발'하는 것에 둔다. 이는 한 편의 시 텍스트를 특정한 정서를 유입, 구성, 양산하는 일종의 기계로 보는 관점에서 출발하는데, 여기에 먼저 두 가지 전제가 필요하다.

먼저, '독립된 개체'로서 텍스트의 정서적 의미 혹은 인지적 분석 내용과 수용 독자의 상호작용 결과를 '가정'하여 말할 수 있다는 전제이다. 두 번째, 모종의 텍스트가 치유적인 것으로 판독되기 위해서 가정된 일단의 효과를 기대할 수 있는 인지적 이해 성분이 '어떠해야 한다'고 결론하는 것 역시 가능하다는 전제이다. 이들 전제에 대한 설명은 다음과 같다.

첫째, 하나의 시 텍스트를 읽고 독자가 치유적 효과를 얻기 위해서는 텍스트와 독자의 인지 구조 사이에 모종의 긍정적 감성 발현이 이루어져야 한다. 독자의 인지 구조에 작동하기 위한, 혹은 작동하게 되는 인지적 요소는 몇 가지로 나누어 살펴볼 수 있다. 가령, 학습을 통해 시 텍스트를 감상하거나 연구 목적으로 분석하고자 할 때 살펴보는 구성 요소들로서, 다음과 같은 것들이다.

- 기분, 감각, 감정, 성격, 가치관, 감성, 성품, 인격 등에 관계되거나 교체 가능한 '시적 화자의 정서',
- '시적 화자의 문제와 그 해결 과정',
- '시적 화자가 사용하는 시어',
- '시어가 조성하는 이야기 또는 의미',
- 텍스트의 구성 요소로서 '이미지, 운율, 리듬, 시적 배경의 효과' 등

이러한 요소들이 독자의 인지 구조 속에서 작동하는 가운데, 한

편의 시는 독립된 개체로서 기능한다. 흔히 독립된 개체로서 '열린-텍스트'는 각 독자의 스키마나 수용 과정에 따라 무한대의 경우로 나타나는 감상의 총계에 대한 전제로 가정된다.

$$① \lim_{n\to\infty} \sum_{a=1}^{n} \text{(a = 텍스트에 대한 독자의 '감상'(appreciate))}$$

그러나 이 논문에서 '독립된 시/열린-텍스트'의 의미는 독자 해석의 기대지평[38]을 다양한 범주로 확장시키는 전제와는 별도로 이해되어야 한다. 감성/정서 혹은 인지적 행위의 변화를 이끌어내는 모종—치유적 텍스트와 같은—의 시 텍스트에 대해 일견 예상 가능한 정서적 작동 양상을 연구하기 위한 전제로서 '독립된 개체'는 다르다.

이러한 연구의 경우는 오히려 한 편의 시가 나름의 정돈된 정서적 구성 요소와 운용 장치를 소유하고 있으며 특정한 정서적 의미 전달을 먼저 의도하고 있음을 밝혀야 한다. 이에, 시 텍스트에 대

38 수용미학이나 독자반응 이론에서는 텍스트를 수용하는 주체로서 독자의 입지와 행위를 중요시한다. 작가의 창작물이 객관적 텍스트로부터 특정한 해석과 감화로 이어지려면 반드시 독자에 의해 수용되는 과정을 필요로 하는데, 여기서 문학 행위란 작가가 주체가 되기보다는 독자가 주체가 되는 행위, 즉 독자 또는 수용자 중심의 행위라는 인식이 가능하다. 따라서 문학 행위는 '작가→텍스트→독자→작품'의 네 단계로 구성되며, 텍스트를 받아들이는 독자들의 반응에 따라 '작품'은 다양한 모습을 가지게 된다. 기대지평이란 이러한 문학 행위의 세 번째 단계, 즉 독자(수용자)의 단계에서 설정된 개념이다. 즉, 수용자가 지닌 텍스트에 대한 이해의 범주 및 한계를 말하며, 수용자의 실제적 전제 조건으로서 선험·경험·의식·습관·취향·기호·상식·교육·심미규범 등은 모두 기대지평을 구성하는 요소들이다. 한용환, 『소설학 사전』, 문예출판사, 1999. 참고.

한 본 연구의 관점은 위 '①'의 정리보다 다음 '②'의 내용에 가깝다.

> ② t = 개별적 시 텍스트(poem)
> r = 개별적 독자(reader)
> a = 텍스트에 대한 독자의 감상(appreciate)
> {poetic diction, rhythm, image, mood, context, etc. …} $\in$ t
> {schema, experience, perception, emotion, situation, etc. …} $\in$ r
> $a = t \overset{\dashrightarrow}{\underset{\leftarrow}{}} r$

두 번째, '독립된 개체'인 시 텍스트 앞에서 독자는 1:1의 인격체와 같이 소통과 전이transference가 가능하다. 즉, 본고에서는 시 텍스트를 시어, 운율, 이미지, 정조 등의 의미 구성 장치들로 이루어져 모종의 정서를 동반한 의미를 생산하고 독자와 소통하는 개별적 총체로 본다.

그러나 '독립된 개체로서 텍스트(②)'의 정서적 의미 혹은 인지적 분석 내용과 수용 독자의 상호작용 결과를 가령, 시 치료에서 '정서 상황별 시 텍스트 목록'과 같이 단편적으로 제시할 수 있는 근거로 생각한다면 이는 순환논증의 오류에 해당한다. 이러한 경우, 텍스트에 대한 하나의 읽기 코드가 치유적인 효과에 기여하게 되는 각 단계를 검증하고 그 결과를 실용화할 수 있는 도구나 활용 공간/방안이 제시되어야 한다.

그렇다면 그 과정은 과연 '어떠해야' 하는가.

먼저, 내용면에서 개별 텍스트의 인지적 이해 성분은 텍스트의 무제한적인 의미 구성(위 '①'과 관련)의 보다는, 독자의 인지 구조에 작용하여 치유적 이행을 돕기 위한 수용자 측의 인지적 분석 내용으로

서술되어야 할 것이다. 가령, 〈오메 단풍 들겄네〉의 감흥은 전라도와 그 외 지역 독자에게, '오월시'들에 대한 이해는 광주와 그 외 지역 독자 혹은 1980년대와 이후의 세대별 독자들에게 변별적으로 전해질 수 있기 때문이다.

따라서 텍스트 검증의 과정에서는 가정된 효과와 수용 독자의 조건과 범위를 한정하고, 연구의 실용적 목적에 따른 방향성과 분석 내용이 드러나야 한다. 본고에서는 시 감상을 독자가 문제-해결의 동인과 동력을 얻을 수 있는 시뮬레이션의 장場으로 본다. 따라서 텍스트 분석에 있어 시적 화자의 문제의식과 해결 과정에 중점을 두고, 분석의 단서가 되는 시어와 시적 화자의 정서적 운용 과정의 결합 양상에 착안하기로 한다.

다음, 형식면에서 이 연구 과정은 구조 분석과 실험 설계의 성격을 가진다. 단, '가설-설계-실험-분석-검증'의 과학적 실험 설계 과정보다 '분석-설계-개발-실험-평가'의 ADDIE모형[39]에 기초한 단계로 진행할 것이다. 먼저 3장에서 '대의大義의 방향 설정을 통한 정서적 문제 해결' 양상이 나타나는 세 편의 시를 선정하고 정서적 치유의 목표 층위 아래 이 텍스트들을 분석한다. 다음 4장에서는, 어떠한 인지적 층위나 정서적 지점에서 치유의 효과가 가능한지를 가정하는 독자 수용 프로그램을 설계한다. 이 프로그램을 통해 도출한

---

39 교육공학의 교수체계설계에서 ADDIE 모형은 가장 기본적이며 널리 활용되는 모형으로, 투입-산출 효과를 극대화하려는 절차로 구성된다. ADDIE는 다섯 단계—분석Analysis, 설계Design, 개발Development, 실행Implementation, 평가Evalution—의 알파벳 첫 자로 구성된 약자이다. 각 단계는 선형적 혹은 순환적으로 이루어지며, 총체적 진행1st cycle에 대한 평가 결과는 이차적 진행을 위한 피드백 분석 자료로 활용될 수 있다. 임철일 저, 『교수설계이론』, 교육과학사, 2000. 참고.

1군群의 참여 독자 데이터—텍스트의 정서적 성분이나 독자의 수용 조건 및 상황 등—를 변별 독자 군群에 재검증하는 것('실험-평가'의 단계)이 이후 진행되어야 할 연구 과제이다.

텍스트와 독자의 정서 환기 과정에 대한 기계적 사고는 이 연구가 출발하는 착상인 〈그림 1〉 시의 도구적 이해의 근거가 되는데, 이어지는 2장에서 이에 대해 언술하며 논의를 진행하기로 한다.

‖ 정보 처리, 정서 환기, 상상력의 기계: 시

눈꺼풀을 닫아도 빛은 들어온다. 생물과 사물의 존재 인식 역시 눈을 통한 정보의 감응으로만 만들어지는 것은 아니다. 그러나 형체와 움직임의 선, 그것이 지닌 색깔, 정지와 변화 등이 전하는 메시지는 열려 있는 동공을 통한 빛의 감수와 이들 정보를 처리할 수 있는 뉴런의 활동이 있을 때 도착하곤 한다.

시 텍스트 앞에서 독자는 시각적 정보의 감수로써 감응의 제1단계를 시작한다. 먼저 비非선택적으로 입력된 시각적 정보는 곧 선택적 판별을 거쳐 각 정보의 관계 의미를 파악하기 위해 차곡차곡 저장된다. 저장된 정보는 처리자의 의식적 혹은 무의식적 선택에 따라 저장 기간과 활용 범위를 달리하게 된다.

물론 여기에 단지 시각적 입력 정보만 존재하는 것은 아니다. 그렇지만 시에서 발견되는 다양한 감각 이미지는 일반적으로 우리 삶 속에서 향유하게 되는 오감의 경우와 다르다. 시 텍스트에서 나타나는 오감五感의 향유는 다분히 의도된 방향성을 가질 뿐만 아니라 텍스트의 시각적 인식, 그리고 뉴런의 움직임과 동시에 일어나는 '상상-이미지'[40]에 의한 것이다.

우리는 텍스트를 대할 때 딱히 눈앞이나 머릿속이라 말하기 어려운 곳에서 텍스트의 각 정보가 다양한 감각의 기억들을 이미지 형태로 빠르게 환기시키는 것을 알 수 있다. 이처럼 현실의 현재에 일어나고 있는 실제가 아님에도 각 정보가 주는 메시지에 마치 실제처럼 감응하는 양상은 콜리지가 '불신의 자발적인 중지'라 말한 다음 현상과 관련 있음직하다.

흑백 영화가 보여주는 화면의 세상은 컬러 영화 혹은 눈으로 직접 바라보는 모습에 비해 비실제적이다. 하지만 이러한 특성은 실제를 바라보는 데 있어 객관적 거리와 낯설음을 제공하여 이미지가 전달하는 메시지에 더욱 집중하게 만든다. 콜리지가 말한 현상은 흑백으로 바뀐 실제 세계의 그림을 사실에 충실하다고 받아들이는 '부분적 환상'[41], 즉 이야기꾼의 독특하고 비현실적인 세계를 받아들이는

40 미첼은 사물에 대한 이미지 지각과 이미지 인상의 차이를 언급한 바 있다. 시신경을 통한 빛의 감지 차원이 아닌, 사물의 부재 상태에서 이루어지는 대상의 인식이 '감각경험의 해석', '무의식의 발현', '경험의 환기' 등을 통해 이루어지는 것이 이미지 인상이라는 것이다. W. J. Thomas Mitchell, 임산 역, 『아이코놀로지 : 이미지 텍스트 이데올로기』, 시지락, 2005. 참고.
 본고의 '상상-이미지'는 이러한 경험적, 인지적 이미지의 범위를 포괄하여 형이상학적 실재를 사유하는 창조적 공간을 의미한다. 이미지에 대한, 혹은 이미지를 통한 인간의 사유가 경험적, 또는 인지적 사고를 통해 획득한 정보가 없는 경우에도 가능할 수 있음은 오늘날 판타지 세계를 이미지화 하는 각종 매체와 이들의 활발한 향유에서 증명된다. 본고에서는 시신경, 혹은 뉴런의 활동을 통한 감각적 지각이나 기억세포의 활동을 뛰어넘는 요인으로서 상상력이 이미지 창출 또는 향유 과정에 미치는 영향력을 예증하고 있다.

41 로버트 리처드슨은 그의 저서, 『영화와 문학』 중 「말로 된 언어와 시각적 언어」라는 글에서 흑백영화의 이러한 특성을 문학의 기법 측면과 연결 지어 언급하고 있다. 그러나 영화에 대해서는 시청각적 매제 기술 혹은 흑백 처리 효과의 활용이라는 면에서 접근하고 있는 데 비해 문학에서는 백색과 흑색의 교차로 인간의 사악함을 묘사하는 상징적 의미의 측면으로 접근하고 있어 비교가 용이하지 않다. Robert Richardson, 이형식 역, 『영화와 문학』, 동문선,

선택적 감응이라 할 수 있겠다.

시 텍스트 수용 과정에서 실제적 정보의 입력을 통해 비실제적 정보의 생산을 실행하는 처리자의 능력이 발휘된 후 얻어지는 결과를 일컬어 '작품의 이해와 감상'이라 할 수 있다. 이처럼, 의도된 정보를 처리하는 자가 자신이 소유하고 있는 다양한 기억정보를 환기시키는 과정이 작품의 이해와 감상의 중추적 활동이라 한다면, 한 가지 의문이 더해질 수 있다. 그것은 기억정보의 소유방식의 차이에 대한 것인데 예를 들면 이런 것이다.

가령, 날 때부터 앞을 보지 못한 사람은 어떠한 기억정보를 가지게 되는가. 그는 아버지의 얼굴을 실제와 다른 형태로 기억하고 있을지 모른다. 손으로 만지기 어려운 맹수와 같은 경우에 대해 감각에 의한 실제적 기억정보를 획득하기는 더욱 어려울 것이다. 시각, 후각, 청각, 미각, 촉각을 각각 혹은 모두 상실한 사람의 경우는 어떠할 것인가. 그들에게는 처음부터 실제적 기억정보가 없을 수 있다. 혹은 있다 하더라도 그것을 확인할 수 있는 방법을 검증하기 어렵다. 경험과 인식을 통해 우리가 소유하고 있는 기억정보를 환기시키는 과정이 과연 작품 이해와 감상의 핵심이라 할 수 있을 것인가. 혹은 환기 과정의 중요한 열쇠가 사람의 경험과 인식이라 할 수 있을 것인가.

또한 자기중심적 사고의 단계에 있는 아동기 또는 미숙한 학령기의 경우는 어떠한가. 역시 이들도 미경험과 미성숙으로 인해 감각 활용이 더디거나 특정하게 소유한 정보가 없을 수 있다. 하지만 이들의 실제적 경험과 인식 활동이 활발하다 하더라도 왜곡된 메시지

2000. 참고.

를 가지게 될 가능성을 배제할 수는 없다.

수용할 정보에 대한 환기 대상의 소급활동이 어려운 치매환자, 정신적 질환을 가진 사람의 경우는 어떠한가. 시 텍스트가 이들에게 감상이 아닌 치료의 차원에서 활용되고 있다 하더라도 부정적 증상의 개선이나 완화를 위한 작용이 되고 있는 것은 모종의 메시지 전달과 처리가 이루어지고 있다는 의미가 된다. 시 텍스트의 이해와 감상이 사람의 경험과 인식으로 저장된 정보로 구성되는 활동이라면 이러한 활동이 순수하게 이루어졌다고 보기 어려운 이들에게 명백히 작용한 정서적 변화를 설명할 수 없다.

따라서 텍스트에 대한 감응에 있어 우리가 소유하고 있거나 새로이 소유하게 될 정보들을 환기하고 처리하는 작업은 필수적이나, 이것이 우리가 경험을 통해 기억한 정보에 의해 이루어지는 것은 아니다. 논지를 좁혀 감수와 감응, 즉 작품을 통한 정서환기는 흑백영화를 볼 때 나타나는 '부분적 환상'처럼 작품 속 정보를 현실의 내가 경험하는 '그럴 듯한 정보'로 바꾸어내는 상상력에 의한 것이라 하겠다.

작품의 '의도된 정보'를 수용하는 실제적 감각은 곧 약속되거나 혹은 예기치 않은 정보를 환기하게 된다. 환기된 정보란 경험을 통해 기억된 것일 수도 있고, 텍스트가 주는 주변 정보에 의해 가늠하거나 이해할 수 있는 것이 될 수도 있다. 우리가 떠올릴 수 있는 많은 이미지들은 실제 경험에 의한 것만은 아니다. 판타지 문학의 가상적 공간에서 겪게 되는 환상성의 향유는 존재하지 않거나 소유하지 않은 정보의 활용이 가능함을 보여준다. 또한 프로이트가 말한 무의식과 꿈의 세계는 인간의 상상력이 실제 세계에 작용할 수 있는 거대한 범위를 보여준다.

작품의 이해와 감상은 자극과 수용, 그리고 반응이라는 현실적 정보 처리 과정과 비슷하게 이루어진다는 점에서 실제적 감각 면에 치우쳐 생각하기 쉽다. 그러나 시 텍스트가 내어놓는 자극적 정보는 상상한 결과를 의도하고 있으며—시어를 통해 압축된 방대한 심상을 풀어헤치기 위해서는 시적 의미 혹은 이미지 간 비약을 연결하는 해석 과정이 필요하며, 이는 독자의 내면에서 상상의 형태로 진행된다—기억, 이해, 예측, 유추 등 이를 수용하는 인지적 과정 역시 재빠른 상상력을 통해 이루어진다.

즉 경험과 인식은 무의식적 상상의 지배 아래 놓이는 단위 정보가 된다. 실제적 변화를 야기하는 오감의 작용에서도 역시 신체적 발현이 우선하지 않는다. 일어나는 즉각적 처리는 각각의 감각과 연결되는 '상상-이미지'의 생성이다. 자신이 소유한 감각 안에서 일어나는 불연속적 이미지와 환기되는 정서를 그와 가장 비슷한 모종의 형태로 나타내고 이 메시지를 자신이 소유한 감각을 통해 다시 소통하려 할 때, 무한정한 상상력 외에 뉴런의 한계를 뛰어넘는 것은 없다. 인간은 자신의 신경을 통해서 자신만의 오감을 느낄 수밖에 없기 때문이다.

이로 추단하여, 시 텍스트를 매개로 하는 감성의 소통은 메시지를 전하고 받는 자에게 '상상'의 영역을 넓혀주는 데 가치와 성패의 관건이 있다. 소통의 과정에서 시 텍스트는 원활한 상상력의 융통에 의존하여 인지적 정보 처리와 정서적 환기의 '기계'[42]처럼 작동한다.

---

42 여기서 '기계'는 시 텍스트에 대한 다분히 실용적 관점을 나타낸다. 이는 일률적 생산물을 양산하는 도구, 또는 특정한 모형이나 성질을 의도한 억압적 틀에 대한 비판적 관점과 구분된다. 치유적 경험이 시 텍스트를 향유하는 다양한 방식 중 하나일 때(치유적 효과∈텍스트 감상) 문학 텍스트의 실용성은 군

중요한 것은, 시 텍스트에 대한 기계론적 사고가 작품 창작에 있어 정제된 아름다움과 통찰력을 감쇄하거나 단순화하는 것이 아닌, 고아한 시적 세계관과 시 의식을 폭넓게 향유하도록 조력하는 방법론으로 이해되어야 한다는 것이다. 수용하고 반응하는 자로 하여금 질 높은 상상의 경험을 제시하는 것은 자아, 무의식, 초자아 간의 대화를 가능하게 하는 초인지적 사고를 가능하게 하며 자아 계발의 성과를 끌어낼 수 있을 것이다.

‖ 시 텍스트의 정서 직조

가. 한용운, 〈님의 침묵〉: 부정적 정서 긍정과 깨달음을 통한 새 자아 구성

다음은 불교 승려이자 독립 운동가였던 만해 한용운의 시 〈님의 침묵〉이다.

> 님은 갔습니다 아아 사랑하는 나의 님은 갔습니다
> 푸른 산빛을 깨치고 단풍나무 숲을 향하여 난 작은 길을 걸어서 차마 떨치고 갔습니다
> 황금의 꽃같이 굳고 빛나던 옛 맹세는 차디찬 티끌이 되어서 한숨의 미풍(微風)에 날아갔습니다.
> 날카로운 첫 키스의 추억은 나의 운명의 지침(指針)을 돌려놓고 뒷걸음쳐서 사라졌습니다

이 겨냥할 필요가 없다. 그러나 문제적 자아가 접근할 수 있는 다양한 방법 중 하나로 시 텍스트를 향유하는 경우에는(텍스트 감상∈치유적 효과) 텍스트를 도구적으로 활용하기 위한 천착이 필요하다. 따라서 이 글의 '기계'는 시 텍스트가 독자의 정서적 문제해결 과정에서 부정적 정서 차단, 상황에 대한 인지적 접근을 위한 정보 처리, 정서적 환기 등 모종의 정서적 작동 방식을 통한 기능적 매체가 되고 있음을 대변한다.

나는 향기로운 님의 말소리에 귀먹고 꽃다운 님의 얼굴에 눈멀었습니다.

사랑도 사람의 일이라 만날 때에 미리 떠날 것을 염려하고 경계하지 아니한 것은 아니지만 이별은 뜻밖의 일이 되고 놀란 가슴은 새로운 슬픔에 터집니다

그러나 이별을 쓸데없는 눈물의 원천을 만들고 마는 것은, 스스로 사랑을 깨치는 것인 줄 아는 까닭에 걷잡을 수 없는 슬픔의 힘을 옮겨서 새 희망의 정수박이에 들어부었습니다

우리는 만날 때에 떠날 것을 염려하는 것과 같이 떠날 때에 다시 만날 것을 믿습니다.

아아 님은 갔지마는 나는 님을 보내지 아니하였습니다

제 곡조를 못이기는 사랑의 노래는 님의 침묵을 휩싸고 돕니다

– 한용운 〈님의 침묵〉 전문[43]

위의 시에서 시적 화자는 사랑하는 대상인 '님'과의 이별이라는 삶의 문제를 해결하는 과정에 있다. 시적 화자인 '나'는 삶의 복판에서 자신이 감당하기 어려운 문제와 맞닥뜨리는 순간의 혼란에 싸인 채 독자에게 처음 발견된다.

1연에서 '나'는 '님'이 존재하던 공간에서 부재한 공간으로 타의적으로 이동한 상태이다. 상황의 고락을 막론하고 인간에게 있어서 삶의 자발적인 운용은 자아의 안정을 가져온다. 그러나 자신이 바라거나 선택하지 않은 변화는 준비되지 않은 상태에 대한 적응을 위해 곧 혼돈과 불안을 통해 자아를 재구성하게끔 유도한다. '나'는 이별

43 한용운, 〈님의 침묵〉, 『님의 침묵』, 서울: 열린책들, 2004, 15쪽. 이 시는 1926년 5월 20일 발행된 『님의 침묵』(회동서관)을 원전으로 한다.

뒤의 상실감과 불안함이라는 자극 요인을 통해 기존의 자아를 흐트러뜨림으로써 '님'의 부재라는 타의적 변화의 문제 해결을 시도하고 있다. 이 때 '나'의 기존 자아가 흐트러지는 양상은 격렬한 슬픔과 공황으로 나타난다.

'님'의 존재는 '나'에게 '황금의 꽃'이나 '향기로운' 혹은 '꽃다운' 님으로 인식되어 있었다. '님'과의 이별, 사랑의 상실을 인지한다는 것은 점차 '나'에게 봄을 잃고 진행되는 사계와 같은 것으로 다가온다. 봄날의 꽃처럼 다가온 '님'의 존재는 '푸른 산빛'과 '단풍나무 숲'을 거쳐 '차디찬 티끌'로 사라져간다.

'님'과의 키스는 '님'이 내 삶 속에 존재하기 전의 삶으로부터 '나'의 운명을 바꾸어 놓았다. 본디 '님'은 내 삶 속에 부재했던 것이다. 그러나 '님'에 대한 사랑은 '나'의 눈과 귀, 즉 삶 속 자신의 존재를 은폐시켰다. '나' 스스로가 아닌 '님'에 대한 사랑으로 삶 속에 존재하게 된 '나'에게 타의적인 이별에 의한 '님'의 상실은 '키스의 추억'을 날카로운 비수로 만들기 충분하다.

'나'에게 있어 봄은 이미 상실된 것이고 '황금의 꽃'이나 '님'과의 사랑은 어느 한 순간 가벼운 한숨에도 티끌로 사라져버릴 수 있는 허무한 것이 되었다. 생의 가운데 의연히 자신을 지키고 있을 '나' 자신이 없다면 생멸하는 삶의 모든 것들은 결국 의미의 유무를 순환하는 찰나의 존재인 것이다. 그것은 시적 화자의 '님'이거나 봄날의 향기, 푸른 산, 단풍, 차갑거나 날카로운 그 어떤 것, 심지어 '나' 자신이 될 수도 있다.

'나' 자신이 아닌 찰나의 어떤 존재에 눈과 귀가 멀어버린 '나'에게 삶의 변화란 참을 수 없는 고통으로 자신을 번민 속에 빠뜨려 놓는다. 하지만 '나'는 만남과 이별, 존재와 부재, 생과 멸의 변화가 본디

'사람의 일'이자 삶의 순리임을 이미 인식하고 있다. 사랑의 상실에서 터져 나오는 슬픔은 삶의 순리를 따르는 극복 과정 속의 또 다른 순리다. '나'의 사랑이 준비되거나 의도한 것이 아니었듯이 이별을 선택하거나 슬픔을 이기는 것 또한 자의성의 범주에 들지 못하는 것임을 받아들이는 것이다.

마찬가지로 이별의 슬픔을 거두는 것 역시 '나' 스스로 선택한 것처럼 보이지만 슬픔의 자리를 대신 파고드는 새 희망의 유도된 결과이다. '나'는 사계에 속한 자연과 만물 뿐 아니라 만남과 이별, 사랑과 경계, 슬픔과 새 희망 등 삶에 속한 모든 것에서 생멸과 변화, 그리고 순환의 이치가 관통하고 있으며 '나'의 삶 역시 그러한 이치 속에서 운영되는 것임을 확인한다. '나'에게 있어 삶의 복판에서 타의적으로 맞닥뜨린 문제는 '나' 자신의 문제이되 '나'만의 문제가 아니며, '나' 자신이 자아의 안정을 좇아 해결하고자 움직이게 되지만 '나'만이 해결할 수는 없는 것이다.

'나' 자신의 영육 속에서 번민이 스스로 찾아오고 들끓어 곧 사라지는 때를 관조하는 것은 '나' 자신을 사랑하지만 사랑하지 않는 것처럼 보이는 모순으로 보인다. 이러한 점에서 시적 화자의 노래는 역설적이다. '님은 갔지만' 내 사랑의 노래는 '님'을 휩싸고 움직인다. '나'의 사랑 안에는 '님'이 존재하지만 그 '님'은 침묵하는 '님'이며 현실적으로 부재한 님이다. 그럼에도 불구하고 '나'에게서는 사랑의 노래가 흘러나온다. 그러나 이 또한 자의가 아닌 '제 곡조를 못 이겨' 흘러나오는 사랑의 노래다. 모순적으로 보이지만 삶의 순리를 알고 있는 '나'로서는 지극히 당연한 언술이 된다.

시적 화자는 결국 인간의 전형으로서, 삶의 운용 영역이 '나' 자신에게 속해있는 듯 보이나 본디 삶이 생멸과 순환, 그리고 우연이라는 이치에 따라 '나'의 영육을 통해 드러나는 것임을 보여주고 있다. 단, '나'의 문제 해결을 삶의 운용을 포기한 채 무력하게 정체하거나 삶의 이치를 표방하여 고통 앞에 타협하는 것으로 이해해서는 안 된다. '나'에게 삶의 이치란 타의적 복종이 아닌, 깨달음을 통한 자발적 감수의 대상이다.

'나'와 '님'의 이별이 '나'에게 있어 타의적 변화이자 고통이라면 '님'에게 '나'와의 이별 역시 우연하고 순환적인 삶의 일면일 수 있다. 이때 '나'와 '님'은 같은 차원의 삶 속에 존재하고 그 삶의 동일한 원리에 따라 순환하고 있다. 그러나 '나'가 국권을 잃고 격렬한 슬픔과 상실감에 젖은 조선민일 때, 비탄 속에 정체해 있거나 무력에 편승하는 등 타의적으로 삶에 복종하는 무리는 '나'와 다른 삶의 차원에 속한다. 잃어버린 국권과 그들이 각기 다른 차원의 삶에 속하는 대상이라면 국권회복의 가능성은 미지수이다.

이별의 정한과 함께 터져 나오는 고통은 '나'와 이별을 마주하게 함으로써 이별의 다음 단계로 이입을 가능하게 한다. 이별의 고통이 자의가 아니었다면 슬픔의 눈물은 '나'가 어찌할 수 없는 현실을 붙들어두는 무용한 소비가 된다. 삶이 우연과 순환의 산물이라도 '나'와 '님'이 재회하는 공간은 이별의 공간에 머물러 있는 '나'와 다른 지점에 있기 때문이다. '나'는 맞닥뜨린 문제의 혼돈 속에서 긍정과 희망이라는 분명한 방향을 견지하고 있다. 그리고 문제의 시작과 과정을 거친 모든 단계를 거부하지 않고 살아낸다. 이러한 과정을 통해 삶의 이치란 삶이 지속되며 정화되는 속에서 적용되는 것임을 보여주는 것이다.

나. 심 훈, 〈그날이 오면〉: 고통의 무력화와 분한의 정화

다음은 식민지 조국의 광복과 근대 조선의 개명을 소망한 시인이자 소설가이며 영화인이었던 심훈의 시, 〈그날이 오면〉이다.

그날이 오면 그날이 오며는
삼각산(三角山)이 일어나 더덩실 춤이라도 추고
한강(漢江)물이 뒤집혀 용솟음칠 그날이,
이 목숨이 끊치기 전에 와 주기만 하량이면,
나는 밤하늘에 날으는 까마귀와 같이
종로(鐘路)의 인경(人磬)을 머리로 들이받아 울리오리다.
두개골(頭蓋骨)은 깨어져 산산(散散) 조각이 나도
기뻐서 죽사오매 오히려 무슨 한(恨)이 남으오리까.

그날이 와서 오오 그날이 와서
육조(六曹) 앞 넓은 길을 울며 뛰며 딩굴어도
그래도 넘치는 기쁨에 가슴이 미어질 듯하거든
드는 칼로 이 몸의 가죽이라도 벗겨서
커다란 북(鼓)을 만들어 둘처메고는
여러분의 행렬(行列)에 앞장을 서오리다.
우렁찬 그 소리를 한 번이라도 듣기만 하면
그 자리에 꺼꾸러져도 눈을 감겠소이다.

– 심훈 〈그날이 오면〉 전문[44]

44 심훈, 〈그날이 오면〉, 『그날이 오면』, 서울: 정음사, 1974, 41~42쪽. 1930년 3월 1일에 쓰인 이 시는 1949년 7월 30일 발행된 『그날이 오면』(한성도서)을 원전으로 한다.

위의 시에서는 감정 표현의 절제나 시어의 의도된 배치, 공간적으로 대립되는 구도나 방향성 활용, 운율의 기교 등이 거의 드러나지 않는다. 오히려 격하게 치닫는 시적 화자의 심적 상태를 쏟아내듯 적나라하게 보여주고 있다.

시적 화자인 '나'는 '그날'을 기다리는 자이며 '그날'은 나의 모든 것을 바치더라도 아깝거나 괴롭지 않을 절절한 열망의 순간이다. '나'는 먼저 '그날'의 객관적인 가치를 '삼각산'과 '한강 물'의 의인화로 확립하고 있다. '그날'의 선행된 가치 증명으로 '나'는 이어지는 표현에 있어 낭비된 감정의 토로가 아닌 희열과 환희의 자연스러움을 획득한다.

'그날'을 열망하는 주객관적 가치는 산이 일어나 춤추고 강물이 하늘로 솟구치는 것만큼이나 절절한 '나'의 기다림에서 이어 확인된다. '나'의 기다림은 머리로 종을 들이받아 죽거나 몸의 가죽을 벗겨 북을 만들더라도 '그날'이 온 기쁨에 벅차 가슴이 미어질 정도이다. 인파 속에서 '울며 뛰며 딩굴어도' 부끄럽기는커녕 벅찬 환희가 가라앉지 않는다. '그날'의 기다림 앞에 '나'의 부끄러움, 고통, 슬픔, 죽음에 대한 두려움 등은 무력한 것들이 되고 있다. 자신을 제압할 어떠한 부정적 자극도 대립하지 못할 '그날'의 기다림이 이 시를 관통하는 주제이자 의미이다.

시적 화자는 '기다림'의 객관적 가치 획득 이후, 주관적 가치 검증을 위한 열망의 표현을 점층적으로 드러내고 있다. '나'의 열망의 대가는 '종로의 인경을 머리로 들이받아 울리기→육조 앞 넓은 길을 울며 뛰며 뒹굴기→몸의 가죽을 벗겨 북을 만들어 메고 행렬에 앞장서기'의 순서를 거쳐 결국 죽음으로 귀결된다. 이러한 순서는 곧, '그날'이 도래한 순간 '나'가 취할 행동의 순서이기도 하다. '나'는 '종로의 인경을 머리로 들이받아' 드디어 '그날'이 도래했음을 세상에 알리고 '육조 앞 넓은 길'에서 곧 행렬을 이룰 사람들과 함께 기쁨을 누리며 우렁찬 행렬의 환호 속에서 죽음을 맞이할 것이라고 선언한다. 이러한 결의는 '그날'이 오기 전까지는 이 자리에 거꾸러져 쓰러질 수 없음을, 그렇지 않으면 언젠가 목숨이 끊긴 뒤에라도 눈을 감을 수 없음을 나타낸다. '그날'에 대한 열망이 '나'의 기다림 속에서 자신의 삶을 지속시키는 한恨이 되어 있기 때문이다.

이처럼 이 시에서는 기다림의 설렘을 강조하는 구절인 '그날이 오면'과 '그날이 와서'의 반복, '하오체'로 이어지는 기품 있고 강건한 남성의 어조, 극한의 고통을 무화시키는 환희의 표현 정도가 시적 화자를 조력하는 소박한 장치이다. 기교의 소박함은 '그날'이 나타내는 의미의 절대적 가치에서 연유할 것이다.

비유로 쓰인 시어들과 시 전문의 구성을 살펴보아 유추할 수 있는 '그날'의 의미망은 그리 넓은 범주에 걸쳐 있지 않다. 시적 화자는 조선의 수도에 위치한 '삼각산'과 '한강', '종로의 인경', '육조'를 배경으로 말하고 있다. 삼각산이 일어나 춤이라도 추고 한강물이 기쁨에 넘쳐 용솟음치며 '나'의 기쁨이 '육조 앞'에서 터져 나오는 것이라면 '그날'은 조선의 수도와 '나'를 비롯한 조선 사람들이 함께 기뻐할 수 있는 순간이다. 이 공통된 희열은 '나'와 조선의 국권을 되찾는 조국 광복의 날에 가능하다.

어떠한 시적 기교나 의미 표현의 장치에 앞서는 절대적 가치로서 이 시의 조명은 국권회복의 '그날'로 집중되는데 여기서 '그날'이 도래한 순간의 환희와 희열은 '나'의 기다림과 그 가치를 강조하는 데 쓰인다. 시적 화자가 존재하는 순간은 바로 '그날'이 아닌, '그날'을 기다리고 있는 지금이기 때문이다. '나'는 결국 터뜨릴 수 없는 가슴 속에 그러한 환희의 열망을 가둬두고 견뎌야 하는 지금으로 회귀하게 된다. 바로 이러한 점에서 시적 화자는 낭비된 감정의 토로 대신 열망의 압도를 극한까지 끌어올리는 효과를 거두고 있다.

다. 윤동주, 〈서시〉: 극한 대립의 균형과 현실의 충실 의지

다음은 일제 강점기 조선의 운명과 지식인의 삶을 고뇌했던 윤동주의 시, 〈서시〉이다.

> 죽는 날까지 하늘을 우러러
> 한점 부끄럼이 없기를
> 잎새에 이는 바람에도
> 나는 괴로워했다.
> 별을 노래하는 마음으로
> 모든 죽어가는 것을 사랑해야지
> 그리고 나한테 주어진 길을
> 걸어가야겠다.
>
> 오늘 밤에도 별이 바람에 스친다.
>
> – 윤동주, 〈서시〉 전문[45]

위 시의 시적 화자는 밤이라는 시간과, 하늘과 땅 사이의 거대한 공간을 확보한 채 별과 밤하늘, 그리고 밤바람을 감지하는 육적 감각 속에서 자신의 사유를 독백조로 읊어내고 있다. 시적 화자인 '나'

---

45 윤동주, 〈서시〉, 『하늘과 바람과 별과 시』, 서울: 열린책들, 1948, 23쪽. 1941년 11월 20일에 쓰인 이 시는 1948년 1월 30일 발행된 『하늘과 바람과 별과 시』(정음사)를 원전으로 한다.

의 사유는 시간적 순서부동으로 진행되는데, 그 구성은 '과거/회상→미래/의지→현재/의지 강화'로 나타난다.

우선 '나'에게 '오늘밤'은 어떤 다른 이들과의 대화나 상호 작용이 일어나지 않는 반성적 사유의 시공간이다. '나'는 오롯이 땅 위에 서서 자신의 삶을 정돈하고 있는 중이다. 그리고 '나'가 발 딛고 서 있는 땅은 '부끄러움', '괴로움', '사랑'과 같은 인간적 정서가 혼재하는 삶의 공간이다. 반면에 '나'가 우러러 바라보는 하늘은 '나'의 모든 정서의 생멸을 내려다보는 절대적 이상의 공간이다. '나'와 '하늘'이 각각 졸렬한 현실과 청고한 이상을 나타내고 있다면, '별'과 '모든 죽어가는 것들' 역시 그 대립적 위치에 함께 자리한다. '나'는 하늘을 바라보며 지고지순한 이상을 읊고자 하나, '나'가 자리한 위치는 하늘과 가장 먼 거리에 마주한 땅 위이다.

땅 위에서 하늘을 향하고 있는 것은 단지 '나' 뿐만이 아니다. 땅 위에 있는 얇고 가녀린 '잎새'에서조차 하늘로 향하는 '바람'이 인다. 여기서 바람은 땅 위의 작은 것에서부터 일어나 하늘의 별을 스칠 때까지 상승한다. 이처럼 땅 위 현실 속의 모든 것이 하늘의 이상을 향하고 있을 때, 졸렬한 삶을 사랑하는 것은 '나한테 주어진 길'이자 서글픈 운명이다.

이 시 속에서 '나'는 하늘과 같은 이상적 시공간을 소유하고 있으나 땅 위의 육신과 혼재된 정서 속에 살아가는 실존적 인간이다. 그러므로 '나'는 바람처럼 일어나 하늘로 상승하지 못하고 땅 위에 난 길을 걷는 것이다. '나'에게 주어진 숙명의 괴로움은 '잎새에 이는 바람에도/나는 괴로워했다'에서 알 수 있듯이, 과거에도 있었고 '오늘밤'에도 이어지며 '죽는 날까지' 지속될 것이다.

'오늘밤'은 하늘의 별에 도달한 바람이 서로를 희롱하는 것을 묵묵히 지켜보며 제 자리를 지켜야하는 '나'의 괴로움이 극대화된 순간이다. 하지만 '나'는 하늘에 속한 영원불멸한 것들과 대립되는 땅 위의 유한한 삶, 즉 '모든 죽어가는 것'을 사랑하겠노라고 결연하게 독백하고 있다. '나'는 가장 괴로운 순간에 의지를 되새김으로써 그 결연한 정도를 강화한다. '하늘', '별' 그리고 '땅', '모든 죽어가는 것'으로 대별되는 영육의 번뇌를 각각에 대한 동등한 비중의 사랑으로 균형 잡고 있는 것이다. 이상과 현실의 괴리에 죽는 날까지 괴롭더라도 자신의 삶을 사랑하겠노라는 결연한 의지가 바로 시적 화자의 자아가 무게중심을 잡고 하늘 아닌 땅 위에서 버틸 수 있는 동력이 되고 있는 것이다.

시적 화자가 처한 문제적 상황이 일제 식민 치하에 속한 것으로 볼 때, 부끄러움에 대한 '나'의 경계는 참혹한 수탈과 억압에 신음하는 조선의 지식인 모두에게 해당하는 것이었을 수 있다. 이상과 현실 사이에 서서 양극의 거대한 간극에 괴로워하면서도 시적 화자인 '나'는 끝끝내 자신이 발 딛고 살아가는 식민지 현실을 외면하지 않고자 반성을 거듭한다. 이것은 '나'의 자아 속에서 독백처럼 행해지는 삶의 조용한 분투로서, 삶이 끊임없는 자기반성과 다짐의 과정임을 보여주는 것이다.

‖ 시적 화자의 정서적 상황 분석

시적 화자의 문제의식과 해결과정은 시적 화자의 상황 분석에 단서가 되는 핵심적 시어들과 그것들의 의미 배경, 그리고 의미를 구성하는 시적 장치 등의 조합 속에 내재되어 있다. 독자는 시 텍스트에 내재된 시적 화자의 문제의식을 판별하기 전, 1차 독서를 통해 텍스트에 대한 공감, 전이, 호응, 동화, 호기심, 의문, 불일치 등의 정

〈표 1〉 시적 화자의 정서적 상황 분석 – 〈님의 침묵〉

시적 화자의 정서		시적 화자의 상황				시적화자의 문제와 해결	
시적 표현	정서 단어	단서 시어	의미 배경	시적 장치		문제	해결
				형식	내용		
님은 갔습니다	곤혹스럽다/괴롭다/그립다/기막히다/놀라다/눈물겹다/당혹하다/비참하다/사무치다/상실감 느끼다/서글프다/서럽다/슬프다/애달프다/애타다/어쩔 줄 모르다/좌절하다/착잡하다/참담하다/충격받다	나	불교적 세계관을 가진 자아/국권상실의 통한을 겪는 일제 치하 조선민/사랑하는 님과 이별한 고통과 맞닥뜨린 자	시적 화자의 문제인식과 해결과정을 이별의 슬픔과 맞닥뜨린 시적 자아의 정서가 격렬하게 상승하고 하강하는 과정에 따라 표현	불교의 순환적 세계관, 연기설, 우연론에 의한 삶의 이치를 격심한 고통의 이별에 적용	사랑하는 대상인 '님'과의 이별로 인한 격정적 슬픔과 혼란	문제에 대한 정서 반응→격렬한 슬픔과 공황의 정서 표출→자아가 처한 상황(문제발생 이전과 이후) 인식 문제발생이전의 자아를 흐트러뜨림에 의해 새 상황을 위한 새 자아 구성을 시도→삶의 방향성과 의지 재정립/순리의 깨달음을 통한 삶의 감내와 긍정
차마 떨치고 갔습니다		님	나에게 평안과 행복을 주는 대상/조국/사랑하는 대상/내 삶의 타의적 고통과 상실감의 원인				

<table>
<tr><th colspan="2">시적 화자의 정서</th><th colspan="4">시적 화자의 상황</th><th colspan="2">시적화자의 문제와 해결</th></tr>
<tr><th rowspan="2">시적 표현</th><th rowspan="2">정서 단어</th><th rowspan="2">단서 시어</th><th rowspan="2">의미 배경</th><th colspan="2">시적 장치</th><th rowspan="2">문제</th><th rowspan="2">해결</th></tr>
<tr><th>형식</th><th>내용</th></tr>
<tr><td>~차디찬 티끌이 되어서 한숨의 미풍에 날아갔습니다</td><td rowspan="3">기막히다/막막하다/맥빠지다/배신감을 느낀다/분하다/불행하다/상실감느끼다/속타다/암담하다/야속하다/어이없다/억울하다/외롭다/우울하다/좌절하다/충격받다/착잡하다</td><td>이별</td><td>님이 존재하던 공간에서 부재한 공간으로 타의적으로 이동한 상태</td><td rowspan="4">시적 화자의 문제인식과 해결과정을 이별의 슬픔과 맞닥뜨린 시적 자아의 정서가 격렬하게 상승하고 하강하는 과정에 따라 표현</td><td rowspan="4">불교의 순환적 세계관, 연기설, 우연론에 의한 삶의 이치를 격심한 고통의 이별에 적용</td><td rowspan="4">사랑하는 대상인 '님'과의 이별로 인한 격정적 슬픔과 혼란</td><td rowspan="4">문제에 대한 정서 반응→격렬한 슬픔과 공황의 정서 표출→자아가 처한 상황(문제발생 이전과 이후) 인식 문제발생이전의 자아를 흐트러뜨림에 의해 새 상황을 위한 새 자아 구성을 시도→삶의 방향성과 의지 재정립/순리의 깨달음을 통한 삶의 감내와 긍정</td></tr>
<tr><td rowspan="2">~뒷걸음쳐서 사라졌습니다</td><td>황금의 꽃</td><td rowspan="2">영원불멸하며 아름다운 것/평안을 얻기 위한 나의 담보/순환적 방향이 아닌 직선의 단방향</td></tr>
<tr><td>맹세</td></tr>
<tr><td>~귀먹고 ~눈멀었습니다</td><td>겁나다/걱정하다/눈물겹다/답답하다/막막하다/불행하다/암담하다좌절하다/참담하다/한심스럽다/허탈하다</td><td>푸산른빛</td><td>사랑과 행복의 무르익음/시간의 흐름/ 봄의 상실</td></tr>
</table>

시적 화자의 정서		시적 화자의 상황				시적화자의 문제와 해결	
시적 표현	정서 단어	단서 시어	의미 배경	시적 장치		문제	해결
				형식	내용		
		단풍나무숲	사그라져가는 삶의 순리/소멸의 예고	시적 화자의 문제인식과 해결과정을 이별의 슬픔과 맞닥뜨린 시적 자아의 정서가 격렬하게 상승하고 하강하는 과정에 따라 표현	불교의 순환적 세계관, 연기설, 우연론에 의한 삶의 이치를 격심한 고통의 이별에 적용	사랑하는 대상인 '님'과의 이별로 인한 격정적 슬픔과 혼란	문제에 대한 정서 반응→격렬한 슬픔과 공황의 정서 표출→자아가 처한 상황(문제발생 이전과 이후) 인식 문제발생이전의 자아를 흐트러뜨림에 의해 새 상황을 위한 새 자아 구성을 시도→삶의 방향성과 의지 재정립/순리의 깨달음을 통한 삶의 감내와 긍정
		차디찬 티끌	황금의 꽃과 대립/영원불멸함과 단방향적 믿음에 대한 허망함/언젠가 가벼운 바람에 사라질 수 있는 영육의 존재				
이볕은 뜻밖의 일이 되고~ 슬픔이 터집니다	놀라다/눈물겹다/사무치다/서럽다/성나다/슬프다/야속하다/억울하다/심란하다/원망스럽다/	키스	이별의 허망함과 타의적 괴로움을 상기시키는 기억				

시적 화자의 정서		시적 화자의 상황				시적화자의 문제와 해결	
시적 표현	정서 단어	단서 시어	의미 배경	시적 장치		문제	해결
				형식	내용		
~새 희망의 정수박이에 들어부었습니다	담담하다/시원섭섭하다/아련하다/안정되다/애틋하다/찡하다/홀가분하다/희망을 느끼다	사람의 일	만남과 이별, 존재와 부재, 생과 멸의 변화/삶의 순리와 순환의 이치/결국 나와 님 모두가 자의적으로 선택하지 못한 이별과 삶	시적 화자의 문제인식과 해결과정을 이별의 슬픔과 맞닥뜨린 시적 자아의 정서가 격렬하게 상승하고 하강하는 과정에 따라 표현	불교의 순환적 세계관, 연기설, 우연론에 의한 삶의 이치를 격심한 고통의 이별에 적용	사랑하는 대상인 '님'과의 이별로 인한 격정적 슬픔과 혼란	문제에 대한 정서 반응→격렬한 슬픔과 공황의 정서 표출→자아가 처한 상황(문제발생 이전과 이후) 인식 문제발생이전의 자아를 흐트러뜨림에 의해 새 상황을 위한 새 자아 구성을 시도→삶의 방향성과 의지 재정립/순리의 깨달음을 통한 삶의 감내와 긍정
~다시 만날 것을 믿습니다		사랑의 노래	부재한 님을 나의 가슴 속에 존재하게 하는 실천				
아아 ~나는 님을 보내지 아니하였습니다	담담하다/아련하다/애틋하다/설레다/평온하다	제곡조를 못이겨	부재한 님을 가슴 속 사랑으로 존재하게 하는 일조차 삶의 타의성에 속하는 것				

시적 화자의 정서		시적 화자의 상황				시적화자의 문제와 해결	
시적 표현	정서 단어	단서 시어	의미 배경	시적 장치		문제	해결
				형식	내용		
~사랑의 노래는 님의 침묵을 휩싸고 돕니다		님은 갔지만 나는 님을~	자의적으로 자신의 삶을 운용(삶의 타의성이 삶의 이치임을 이해하는 것)하는 나의 행위 인식/이별의 긍정과 부재한 님과의 재회 희망 의지/삶의 방향 설정	시적 화자의 문제인식과 해결과정을 이별의 슬픔과 맞닥뜨린 시적 자아의 정서가 격렬하게 상승하고 하강하는 과정에 따라 표현	불교의 순환적 세계관, 연기설, 우연론에 의한 삶의 이치를 격심한 고통의 이별에 적용	사랑하는 대상인 '님'과의 이별로 인한 격정적 슬픔과 혼란	문제에 대한 정서 반응→격렬한 슬픔과 공황의 정서 표출→자아가 처한 상황(문제발생 이전과 이후) 인식 문제발생이전의 자아를 흐트러뜨림에 의해 새 상황을 위한 새 자아 구성을 시도→삶의 방향성과 의지 재정립/순리의 깨달음을 통한 삶의 감내와 긍정

〈표 2〉 시적 화자의 정서적 상황 분석 – 〈그날이 오면〉

시적 화자의 정서		시적 화자의 상황				시적화자의 문제와 해결	
시적 표현	정서 단어	단서 시어	의미 배경	시적 장치		문제	해결
				형식	내용		
그날이 오면 그날이 오며는	그립다/긴장하다/답답하다/뭉클하다/서글프다/설레다/아련하다/애달프다/애타다/조마조마하다/애잔하다/찡하다	나	그날을 기다리는 자/시적 화자/국권을 상실한 조선민	'그날'의 객관적 가치 획득→주관적 가치 증명a 순서에 의한 주관적 열망의 정당화→절대적 가치로서 '그날'을 집중 조명→열망의 압도를 극한으로 끌어올리기/점층법에 의한 '기다림'의 주	'삼각산'과 '한강물'의 의인화에 의한 '그날'의 객관적 가치 확립/열망과 고통의 대립과 견주기에 의한 고통의 무력화와 열망의 가치 고조/환유와 설화 적 상징물(조선을 의미하는 삼각	조선의 수도와 산과 강, 조선민의 국권을 잃어버린 현실 속에서 시적 화자의 국권회복에 대한 열망 압도가 극한으로 치닫게 하는 상황	열망의 감정 쏟아내기를 통한 분한의 정화/고통을 무력화시키는 그날의 희열과 환희를 통한 일제 저항 의지 표명
이 목숨이 끊기 전에 와 주기만 하량이면	갈망하다/그립다/눈물겹다/답답하다/뭉클하다/비장하다/사무치다/속타다/열망하다/절박하다/한맺히다	그날	절절한 열망의 순간/국권회복의 날				

<table>
<tr><th colspan="2">시적 화자의 정서</th><th colspan="4">시적 화자의 상황</th><th colspan="2">시적화자의 문제와 해결</th></tr>
<tr><th rowspan="2">시적 표현</th><th rowspan="2">정서 단어</th><th rowspan="2">단서 시어</th><th rowspan="2">의미 배경</th><th colspan="2">시적 장치</th><th rowspan="2">문제</th><th rowspan="2">해결</th></tr>
<tr><th>형식</th><th>내용</th></tr>
<tr><td>종로의 인경을 머리로 들이받아 울리오리다</td><td rowspan="6">/달가워하다/비장하다/감격하다/긍지를 느끼다//의기양양하다/자신만만하다/자부하다/홍분하다</td><td rowspan="2">삼각산/한강</td><td>조선 수도를 대표하는 큰 산/현재의 북한산</td><td rowspan="6">관적 가치 증명('종로의 인경을 머리로 들이받아 울리기→육조 앞 넓은 길을 울며 뛰며 뒹굴기→몸의 가죽을 벗겨 북을 만들어 메고 행렬에 앞장서기→죽음으로 귀결')/기품 있고 강건한 남성의 어조, '하오체', '그날이 오면'과 '그날이 와서'의 반복에 의한 설렘의 강조</td><td rowspan="6">산, 한강, 종로의 인경, 육조/은혜 갚은 까마귀 설화의 보은주체로서 까마귀와 보은 행위로서 종을 머리로 들이받는 것) 시어로 사용</td><td rowspan="6"></td><td rowspan="6"></td></tr>
<tr><td>~커다란 북을 만들어 둘처메고는~행렬에 앞장을 서오리다</td><td>조선을 상징</td></tr>
<tr><td rowspan="4">그 자리에 꺼꾸러져도 눈을 감겠소이다</td><td>춤</td><td rowspan="2">조선에 속한 만물이 요동할 만한 국권회복의 격렬한 기쁨</td></tr>
<tr><td>용솟음</td></tr>
<tr><td>밤/하늘</td><td>광복의 날이 밝아옴을 서둘러 알리기 위한 질주의 시간적 배경</td></tr>
<tr><td>인경</td><td>조선의 상징물/통행금지와 해제를 알리던 조선시대의 종</td></tr>
</table>

시적 화자의 정서		시적 화자의 상황				시적화자의 문제와 해결	
시적 표현	정서 단어	단서 시어	의미 배경	시적 장치		문제	해결
				형식	내용		
기뻐서 죽사오매 오히려 무슨 한이 남으오리까	감격하다/기쁘다/뿌듯하다/살맛나다/성취감 느끼다/속시원하다/신명나다/안도하다/애틋하다/열광하다/쾌감을 느끼다/통쾌하다/환희를 느끼다/희열을 느끼다/홀가분하다/흥나다	육조	조선의 상징물/고려·조선시대의 정무 관부				
그래도 넘치는 기쁨에 가슴이 미어질 듯 하거든		북	행렬의 선두/국권회복의 기쁨을 널리 알리는 도구				
우렁찬 그 소리를 한번이라도 듣기만 하면		꺼꾸러져 눈감음	국권상실의 분한 해소/광복 전에는 죽어도 눈감을 수 없는 분한 강조				

〈표 3〉 시적 화자의 정서적 상황 분석 – 〈서시〉

<table>
<tr><th colspan="2">시적 화자의 정서</th><th colspan="6">시적 화자의 상황</th><th colspan="2">시적화자의 문제와 해결</th></tr>
<tr><th rowspan="2">시적 표현</th><th rowspan="2">정서 단어</th><th rowspan="2">단서 시어</th><th rowspan="2">동위 개념</th><th rowspan="2" colspan="2">의미 배경</th><th colspan="2">시적 장치</th><th rowspan="2">문제</th><th rowspan="2">해결</th></tr>
<tr><th>구성</th><th>방향</th></tr>
<tr><td>죽는 날까지 하늘을 우러러 한점 부끄럼이 없기를</td><td rowspan="2">결연하다/의연하다/초연하다/강인하다/믿음직하다</td><td rowspan="2">하늘</td><td rowspan="2">별/바람</td><td>하늘</td><td>절대적 이상의 공간</td><td rowspan="3">'과거(회상)→미래(의지)→현재(의지 강화)'의 시간적 순서 부동에 의한 시적 화자의 사유 구성</td><td rowspan="3">땅→하늘(상승 이미지)</td><td rowspan="3">이상적 시공간을 향해 있으나 그곳에 속하지 못한 괴리/ 땅 위의 모든 것이 하늘의 이상을 향할 때 졸렬한 현실을 사랑해야 하는 서글픈 운명</td><td rowspan="3">영육, 하늘과 땅, 이상과 현실에 대한 동등한 사랑/ 균형과 조화/ 현실에 대한 충실한 의지</td></tr>
<tr><td>나한테 주어진 길을 걸어가야겠다.</td><td>오늘 밤</td><td>반성적 사유의 시공간/'나'의 괴로움이 극대화된 순간</td></tr>
<tr><td>잎새에 이는 바람에도 나는 괴로워했다</td><td>괴롭다/슬프다/고통스럽다/어렵다/혼란스럽다/힘들다/고민스럽다/아프다/나약하다</td><td>나(하늘과 땅 사이의 거대 공간에 위치)</td><td>하늘의 이상적 시공간과 땅 위 육신이 혼재된 정서</td><td>내가 존재하는 곳</td><td>인간적 정서가 혼재하는 삶의 공간</td></tr>
</table>

시적 화자의 정서		시적 화자의 상황						시적화자의 문제와 해결	
시적 표현	정서 단어	단서 시어	동위 개념	의미 배경		시적 장치		문제	해결
						구성	방향		
별을 노래하는 마음으로 모든 죽어가는 것을 사랑해야지	서글프다/측은하다/가엾다/쓸쓸하다/애처롭다/안쓰럽다/다정하다/진실하다/사랑스럽다/선하다/자비롭다/관대하다		/나의 사유						
오늘밤에도 별이 바람에 스친다.	차분하다/침착하다/쓸쓸하다/외롭다/허전하다/상쾌하다/잠잠하다	(땅)	나의 육신/잎새/모든 죽어 가는 것들/바람						

서를 갖게 된다. 따라서 시 텍스트에서 감지될 수 있는 시적 화자의 정서는 독자의 시 선택과 판독, 그리고 모종의 감상 효과를 이루어 내는 과정에 있어서 실마리가 될 수 있다.

세 편의 시에서 시적 화자들의 내적 상황에서는 공통적으로 '대의大義의 방향 설정을 통한 정서적 문제 해결'이 나타나고 있다. 삶 속 문제와 그것을 진실하게 다루는 시적 자아의 세계관을 음미하기 위해 시어 표현에서 나타나는 시적 화자의 정서적 상황을 앞의 표와 같이 정리할 수 있다.

위 시적 화자의 정서적 상황 분석은 크게 '텍스트 표현에 따른 시적 화자의 정서 유추', '시적 화자의 문제적 상황 분석', '시적 화자의 문제-해결 양상'의 층위로 나뉜다. 먼저 텍스트의 시적 표현에서 유추할 수 있는 시적 화자의 정서를 정서 단어 중에서 취택하였다. 정서 단어는 하나 혹은 그 이상이 되며 같은 표현에 속한 둘 이상의 단어는 유사한 범주나 성격에 해당하는 것이다.

다음, 시적 화자가 처한 문제적 상황이나 내적 갈등 양상을 분석하기 위한 단서가 되는 시어에 착안하였다. 각 시어가 가지는 시적 의미는 텍스트 표면으로 나타난 정서적 반응과 더불어 시적 화자의 문제의식을 찾아내는 데 근거가 된다. 단서 시어의 의미와 정서적 반응은 텍스트 구성에 있어 '시간적 순서부동, 점층적 고조, 상승 이미지, 어조 활용 등'과 같은 시적 장치와 더불어 나타나고 있다.

그리고 외부 세계에 대한 시적 자아의 인식과 정서적 반응 분석을 통해 문제적 의식, 즉 갈등의 결절 지점과 시적 화자가 표명하는 문제 해결 방식을 찾아보았다. 가령, 인식 대상에 대한 부정적 정서 반응이 확인되는 경우에는 시적 대상과 시적 화자의 거리가 멀다 할 수 있는데, 이때 시적 화자로부터 거리가 먼 곳에 집결되는 시적 대상 혹은 해석 의미가 시적 자아의 문제적 결절이 되는 것이다. 또한, 정서적 이완이나 변화의 추이가 나타나는 지점의 텍스트 의미망 분석을 통해 시적 화자의 핵심적 동인과 문제 해결의 기제를 확인할 수 있다.

위 텍스트들에서 시적 자아의 문제 해결 양상은 '〈님의 침묵〉-문제에 대한 정서 반응→격렬한 슬픔과 공황의 정서 표출→자아가 처한 상황(문제 발생 이전과 이후) 인식문제발생이전의 자아를 흐트러뜨림에 의해 새 상황을 위한 새 자아 구성을 시도→삶의 방향성과 의지 재정립/순리의 깨달음을 통한 삶의 감내와 긍정', '〈그날이 오면〉-열망의 감정 쏟아내기를 통한 분한의 정화/고통을 무력화시키는 그날의 희열과 환희를 통한 일제 저항 의지 표명', '〈서시〉-영육, 하늘과 땅, 이상과 현실에 대한 동등한 사랑/ 균형과 조화/ 현실에 대한 충실한 의지'로 나타난다.

여기서 세 시적 화자는 먼저 문제적 현상을 인정하는 가운데 의연한 해석 혹은 정서적 정돈을 경험하고 있다. 그 결과, 이들은 '조국, 범애汎愛, 순리'와 같은 대의大義의 방향을 선택하고 있으며, '개별적 자아의 세계로 침잠, 부정적 고립, 외부 차단, 경계 의식 강화, 패배적 수렴 등'과 같은 방어적 자세를 지양하고 있음을 알 수 있다.

‖ 독자 수용 프로그램과 기대 효과

이 프로그램이 가지는 의의는 무엇보다 시 텍스트에 대한 독자들의 충분한 의미 해석과 감상을 통해 그들로 하여금 긍정적 삶의 감화를 이루어낼 수 있도록 돕는 데 있다. 한국 근현대사에 있어서 가장 암울한 고난의 시기로 평가되는 일제 저항기를 극도의 인내와 극복 의지, 그리고 삶의 이치에 대한 구도적 자세로 살아낸 시적 자아의 모습에 대한 독자의 감화는 진실한 이해와 감상을 필요로 한다. 단지 시어의 지시적인 뜻과 상투적 주제의 판독을 조합하거나 무심하게 텍스트의 의미를 암기해서는 독자의 삶에 실제로 쓰이는 긍정적 스키마를 획득하기 어렵다. 따라서 한 편의 시가 텍스트 상태에서 독자에게 실질적으로 흡수되는 하나의 작품이 되기 위해서는 진실한, 즉 시적 상황에 적극적으로 참여하는 자발적 동화의 과정이 필요하다.

독자가 작품의 의미를 해석하게 되는 단계는 '텍스트 접근→지시적 의미 판독→내용적 의미 판독→의미 구성과 이해→텍스트 해석→간 텍스트적 해석'으로 나타낼 수 있다. 그 이후의 단계가 '독자의 세계관과 경험에 의한 수용과 적용'이라 할 때 독자의 해석 단계는 각각 다르게 머무를 수 있으며 독자의 삶에 적용되는 단계의 양상도 각각 다르게 나타날 수 있다. 그러므로 해석의 기대지평이 천차만별인 차별적 독자로 하여금 충분한 이해와 자발적 감화를 이루어 내도록 돕는 것이 시 텍스트를 수용하기 위한 본 프로그램의 방향이다.

그런데 이 프로그램에서 시의 이해와 감상은 시 작품 분석 내용을 수동적으로 습득하거나 혹은 분석 내용이 전무한 상태에서 각기 다양한 해석을 창출하는 것만을 의미하지 않는다. 독자 즉 프로그램 참여자는 시적 화자의 정서를 기준으로 모종의 정서가 야기되는 상황에 대한 분석 근거를 발견하는 위치에 있다. 시적 화자가 겪고 있는 시적 상황이란 독자가 창출해내는 것이 아니라 단서가 되는 시어들을 통해 텍스트에 나다니 있다. 독자는 시적 화자가 나타내는 정서를 근거로 시적 자아의 상황인식, 즉 부정적이거나 긍정적인 인식 상태를 감지하고 시적 화자와 대립되는 대상들을 좌표축 삼아 상황 속 화자의 위치를 알아차리는 것이다.

따라서 프로그램의 참여자는 판독된 시적 상황을 이해하고 비평하는 위치에 놓인다. 독자의 의미 해석은 판독 상황의 인식과 검증이 끝난 이후에 시도될 수 있다. 이 과정은 심리적 충격, 물리적 사고 등에 대처하는 인간의 반응이, 문제적 상황에 최초로 정서적으로 반응하고 나와 내 주변의 상황을 점검한 이후 수집된 데이터를 근거로 문제 상황과 문제 해결에 대한 구안을 진행하는 순서로 진행되는 것과 비슷하다.

이 프로그램의 시 텍스트 이해와 감상에 있어서 독자는 자신의 정서를 계속하여 확인하면서도 시적 상황을 논리적으로 파악하고 평가하는 적극적인 위치에 서게 된다. 작품 의미 해석의 주체인 독자에게 '텍스트→의미 해석'의 과정과 다르게 '텍스트→시적 상황 판독 비평→의미 해석'의 적극적 역할과 과정이 주어지는 것은 이 프로그램이 다른 시 수용 방법과 다른 특징이다. 프로그램 참여자에게 제공되는 시적 상황의 판독 과정 공유는 해석 초기 단계의 독자에게 시 구성단위의 지시적·내용적 판독과 이해가 가능하게끔 도울 것이다. 또한 시의 의미 구성과 이해가 가능한 단계의 독자에게는 비평적 이해와 체계적 의미 구성을 통해 실제적 삶의 효용을 창출하게끔 작용할 것이다.

우선 이 프로그램의 목적은 독자들의 문제해결을 정서적으로 조력하는 데 있으며 그 방안은 수용 효과로 가정하는 다음 결과들을 포함한다. 가정하는 수용 효과는 1)독자로 하여금 역사적 시대 상황과 문제적 현실에 관련한 자신의 위치와 관점을 이해하고, 2)개인과 집단의 포함 관계에서 발생할 수 있는 갈등 상황을 해결할 수 있는 동력을 수확하며, 3)문제 해결 과정에 있어서 대의적이고 이타적인 방향을 설정할 수 있게 만드는 것이다.

이러한 수용 효과[46]가 가령, '독자 자아 정서의 상위적 인지'나 '부정적 정서의 의지적 정화', '대의적이고 이타적인 사유 확대'로 이어진다면, 이들 텍스트는 독자의 문제적 정서를 해소하고 문제적 상황을 해결하는 능력 향상에 도움을 주는 일종의 '정서적 상황 목록'으로 제시될 수 있을 것이다. 그러나 독자의 정서와 상황에 대한 문제의식은 그가 개별적으로 느끼고 판단하는 절대적 기준에 의한 것이다. 이 프로그램은 보편적으로 체현될 수 있는 정서적 기대 효과를 가정하고 있지만, 변별적 독자의 문제의식에 접근하는 텍스트 소통 요인은 각자의 정체성과 실제적 삶에 상대적으로 작용할 수 있다.

따라서 본 프로그램의 대상은 삶의 질적 향상을 기대하는 절대다수의 독자가 되며, 텍스트 수용 후 기대 효과는 실상 텍스트 향유로서의 수용 과정에서 더욱 폭넓게 검증될 가능성이 있다. 여기서 텍스트의 향유란, 자신의 정서가 연유하거나 도출되는 상황적 근거를 삶 속에서 읽어내고 문제적 정서를 풀어내는 과정을 시 텍스트의 공간 속에서 유연하게 경험하는 것이다.[47]

46 여기서 제시한 수용 효과는 시 텍스트가 독자에게 정서적 치유를 위한 코드로 작용하는 경우에 가능한 일종의 해석 방향으로 보아야 한다. 실제 독자들이 시 텍스트를 향유하는 과정 또는 결과의 기대지평은 무한대에 가깝다. 이 글에서 모종의 효과로서 해석 방향을 정해두는 것은 프로그램의 타당한 접근 방식을 모색하기 위한 전제이며, 이는 독자에게 유도되거나 일방적으로 제시되는 감상 방식을 경계해야 한다. 더불어, 프로그램의 안내자는 예상하지 못한 다양한 해석 방향과 시 수용 효과를 최소한 인지하거나 역학 관계를 밝히기 위한 데이터를 수집할 수 있어야 한다.

47 단, 본고에서 독자의 문제의식 혹은 문제적 정서란 흔히 말하는 병리적 문제가 아니며, 본 프로그램 역시 모종의 '치료 과정이나 효과'를 전제하지 않는다.

이 프로그램의 참여자들은 시적 화자와 자신의 정서를 매개로 하여 삶에 대한 일종의 시뮬레이션을 경험하게 된다. 즉, 시적 화자의 정서적 상황과 그 상황에 처한 자아의 문제의식을 분석하고, 그 분석 결과를 자신의 실제적 삶에 수용하는 과정에 참여하게 되는데, 그 구체적인 활동 과정은 다음과 같이 구성할 수 있다.

〈프로그램 활동 과정〉

<table>
<tr><th>구분</th><th>시간</th><th>단계</th><th>범주</th><th>활동내용</th><th>활동방안</th><th>비고</th></tr>
<tr><td rowspan="4">1회차</td><td rowspan="4">40분</td><td rowspan="4">텍스트 접근</td><td rowspan="4">시적 화자 대상 활동</td><td>시 텍스트 읽기</td><td>▪ 소리 내어 읽기 또는 낭송 자료 듣기
▪ 시인과 시에 관한 자료(사진, 실물, 영상, 패러디 작품, 시적 정서를 떠올리는 음악 등) 경험하기</td><td></td></tr>
<tr><td>텍스트에 나타난 시적 화자 찾기</td><td>▪ 시적 화자 호칭 찾기
▪ 텍스트 상황을 재현한 모형물 속에서 시적 화자의 위치 찾기</td><td>모형물–참여자 모두가 확인 가능한 크기와 위치</td></tr>
<tr><td>시어를 통해 시적 화자의 정서 찾기</td><td rowspan="2">▪ 제시된 단어 목록에서 관련 정서 단어 고르기</td><td rowspan="2">정서 단어[48] 목록 제시</td></tr>
<tr><td>시어에 대한 자신의 정서 단어 고르기</td></tr>
</table>

여기서 언급하는 '치료'는 문학치료에서의 '치료'와도 구별되는데, 문학작품의 치료적 효과와 그에 대한 연구적 논의로는 김주완(2006), 박기석(2004), 변학수(1999, 2005), 정운채(2006), 최소영(2006) 등의 연구 자료를 참고할 수 있다.

구분	시간	단계	범주	활동내용	활동방안	비고
2회차	50분	텍스트 판독		시적 상황을 알아내는 단서 찾기	▪ 상황 이해의 단서가 되는 시어를 고르고 그 시어의 지시적 의미 찾기	사전 활용 또는 단어 자료 제시
				단서 시어에 대한 시적 화자의 정서와 상황적 근거 유추하기	▪ 단서 시어의 상황적 의미를 유추하고 시적 화자의 정서반응과 비교하여 확인하기	
				유추내용 공유하기	▪ 발표 및 토론하기	

48 박인조·민경환 외 10명의 연구원들은 언어정보개발연구원이 1998년에 제작한 『현대 한국어의 어휘 빈도 자료집』에 기초하여 정서 단어 목록을 추출했다. 연세대학교 자료집은 1980년대 중·후반 이후 10년간 출판된 신문·잡지·소설·수필·국어교과서 등을 조사해 수집한 빈도 7이상의 단어 64,666개를 수록한 것인데, 박인조·민경환은 이 단어들에서 434개의 정서 단어 목록을 추출했다. 이후 '이준웅 외(2008)' 연구에서는 대학생들을 대상으로 한 설문조사를 통해 434개의 정서 단어들에 대한 '전형성'과 '친숙성'을 기준으로 평정을 시도했는데, 평정결과(전형성 및 친숙성 모두 평균 4.0이상인 단어 249개와 동의어 검토를 통해 목록의 포괄성을 유지한다고 판단한 단어 16개를 추가), 총 265개의 정서 단어 목록을 정리했다. 본 프로그램에서 제시되는 '정서 단어 목록'은 이 265개의 정서 단어 목록을 활용한 것이다.
(– 이상섭, 서상규, 「현대 한국어 어휘 빈도의 종합적 연구(각종 국어 정보학적 빈도 사전의 구성)」, 한국학술진흥재단, 1999.
– 박인조, 민경환, 「한국어 감정단어의 목록 작성과 차원 탐색」, 『사회 및 성격』 19권 1호, 한국심리학회, 2005, 109~129쪽.
– 이준웅 외, 「정서 단어 분류를 통한 정서의 구성 차원 및 위계적 범주에 관한 연구」, 『한국언론학보』 52권 1호, 한국언론학회, 2008, 96~100쪽.)

구분	시간	단계	범주	활동내용	활동방안	비고
3회차	50분	텍스트 이해와 해석		시적 화자의 정서와 정서가 표현된 시어, 정서반응이 일어난 상황적 근거 연결하기	▪ <활동1> 참여하기(시적 화자의 정서적 상황 분석 활동[49])	
				시적 화자가 처한 상황, 시적 자아의 문제의식, 문제 해결 방식 확인하기	▪ <활동2> 텍스트 상황을 재현한 모형물 속에 세워진 '문제와 해결' 푯말 채워적기(또는 시적 화자의 문제와 해결에 관련된 생각 풍선 채우기(시적 화자와 독자 자아의 문제 해결 활동[50]))	

49 '시적 화자의 정서적 상황 분석 활동'은 '시적 화자의 풍선 나무 그리기'활동지를 참조(「정서적 치유를 위한 시의 실용적 활용」, 『문학치료연구』 제22권, 한국문학치료학회, 2012, 262쪽. 자료 예시1). 이 활동에서는 독자가 시 텍스트의 의미 해석에 단서가 될 수 있는 시어들을 찾아 나무의 풍선 속에 적어 놓고, 그 시어의 지시적 의미와 상황적 의미를 분별하여 적을 수 있다. 여기서 나무는 시 텍스트 전체이자 시적 자아의 사고가 시적 화자를 통해 시어로 표현되는 것을 나타내고 있다. 나무 열매를 풍선으로 나타내고 있는 것은, 시어를 통한 기표와 기의의 결합이 언제나 흩어질 수 있는 일종의 환상적 기호인 것으로 보고 있기 때문이다.

50 '시적 화자와 독자 자아의 문제 해결 활동'은 '독자 자아의 연리지 나무 그리기' 활동지를 참조(「정서적 치유를 위한 시의 실용적 활용」, 『문학치료연구』 제22권, 한국문학치료학회, 2012, 263쪽. 자료 예시2). '연리지 나무'란, 독자의 작품 수용이 곧 시적 화자를 통한 시적 자아와 독자 자아의 인지적이고 정서적인 교류와 감화의 과정임을 나타낸다. 물론, 이 활동의 초점은 시적 화자가 아닌, 시적 화자의 정서를 매개로 한 독자의 자아 탐색 과정에

구분	시간	단계	범주	활동내용	활동방안	비고
4회차	50분	자아접근과 이해	독자자아대상활동	텍스트의 단서 시어에 대한 자기의 정서 떠올리기	■ 제시된 단어 목록에서 관련 정서 단어 고르기	
				자신의 정서를 확인하고 그 정서의 이유 (견해의 일치와 불일치, 긍정적 혹은 부정적 경험의 환기, 연상되는 사물이나 이미지 등)떠올리기	■ <활동3> 참여하기(독자 자아의 정서적 상황 분석 활동[51])	
				자신의 정서와 그 정서반응이 일어나는 상황적 근거 연결하기		

있다.

51 '독자 자아의 정서적 상황 분석 활동'은 '생각하며 걷는 사람의 생각/말풍선 채우기' 활동지를 참조(「정서적 치유를 위한 시의 실용적 활용」, 『문학치료연구』 제22권, 한국문학치료학회, 2012, 262쪽. 자료 예시3). 이 활동지에서 '정지해 있는 사람'과 '걸어가는 사람'의 변화는, 문제적 상황 속에 자아의 인식과 행위가 정체되어 있는 상태에서 해결과 정서 정화의 과정을 통해 긍정적으로 진행해가는 '문제-해결' 과정을 나타낸다. 점선으로 표시된 '걸어가는 사람'은 문제 해결과 정서 정화 과정의 과도기에 있는 자아를 나타낸다.

구분	시간	단계	범주	활동내용	활동방안	비고
5회차	50분	해석과 적용		정서적 상황별 활동하기 ▸ 부정적 정서 반응과 문제적 상황: 자신의 문제적 상황에 시적 화자의 문제 해결 방식 적용하기 ▸ 긍정적 정서와 감화적 상황: 시적 화자의 문제적 상황에 자신의 긍정적 정서와 문제 해결방식을 적용하기	■ <활동4> ▸ 참여자에게 각각 시적 화자 또는 독자 자아의 입장을 부여 ▸ 독자 자아 입장의 역할자가 자신의 정서적 상황에 맞는 색깔의 모자를 쓰고 정서 상태와 그 상황적 근거, 자신의 문제의식을 표현 ▸ 시적 화자 입장의 역할자가 시적 화자의 정서 상태에 해당하는 색깔 모자를 쓰고 자신이 생각하는 시적화자의 문제해결방식을 제안 ▸ 시적 화자 입장의 역할자가 자신이 생각하는 시적 화자의 정서 상태의 색깔 모자를 쓰고 시적 화자의 정서 상태와 그 상황적 근거, 시적 화자의 문제의식을 표현 ▸ 독자 자아 입장의 역할자가 자신의 정서 상태에 해당하는 색깔 모자를 쓰고 자신이 생각하는 문제 해결 방식을 제안	'육색 사고 모자 기법'[52]을 적용한 활동(육색 사고 모자와 활동 방법, 활동 예시 안내)

52 '육색 사고 모자 기법'은 에드워드 드 보노Edward de bono가 창안한 사고 기술로, 육색 사고 모자는 두뇌의 특별한 화합물질을 유발시켜 사고에 영향을 주는

구분	시간	단계	범주	활동내용	활동방안	비고
6회차	50분	피드백 확인		시를 다시 읽고 시어에 대한 자신의 정서 단어 고르기	■ 제시된 단어 목록에서 관련 정서 단어 고르기	
				변화된 정서를 확인하고 소감 나누기	■ 피드백 공유 ‣ 소감 발표 영상 촬영하기 ‣ 자신의 정서와 상황에 근거한 패러디 시 작성하기 ‣ 시적 상황을 카툰으로 제작하기 ‣ 자신의 정서와 어울리는 사진을 찾아 한 줄 생각 적기 등	

조건화 신호로 작용한다. 즉, 모자를 뇌의 화학적 균형을 바꾸는 조건화 과정의 자극 물질로 간주하여 뇌 속의 화학물질이 다를 때마다 다른 두뇌를 가진다고 보는 것이다. 김미란, 「육색 사고 모자 기법을 통한 창의력 신장 학습」, 『교원연합회현장연구논문』 23권 8호, 2002, 1~15쪽. 참고. 육색 모자는 사고 양상을 분류해서 각각의 색깔(흰모자, 빨간모자, 노란모자, 검은모자, 초록모자, 파란모자)에 따른 사고의 차원을 설정하고 있다.

이는 각각 '좋은 것에 대한 긍정적이고 순수한 느낌, '싫다'의 부정적 직관과 감정', '맞다'에 대한 이성적인 긍정, '틀리다'에 대한 이성적인 부정, '옳다'에 대한 도덕적 사고, '그르다'에 대한 사고 과정의 통제'를 나타낸다. 이 기법은 아이디어와 개념의 평가 및 개선, 자기감정의 조절 및 평가, 논쟁 중인 논점의 해결, 새로운 아이디어와 개념의 도출, 사고의 다양한 변화 등에 효율적으로 쓰일 수 있다. (활용예시– 하얀 모자: '좋다'는 감정, 느낌은 어떤 것인가?, 가지고 있는 정보와 필요한 정보 탐색 /빨간 모자: '싫다'는 감정, 느낌은 어떤 것인가? 사람들의 반응과 현재 환경의 우호도 탐색 /노란 모자: '맞다'에 대한 논리성 추구, 아이디어에 유리한 요인과 지원 대상 탐색/ 검은 모자: '틀리다'에 대한 논리성 추구, 위험, 문제와 주의점 탐색/ 초록 모자: '옳다'에 대한 대안, 제안 및 아이디어 탐색/ 파란 모자: '그르다' 혹은 사용 중인 사고에 대한 논평, 사고의 통제, 결론) 김효순, 「육색 사고 모자 활동을 통한 '다양하게 생각하기'에 관한 반성적 실천 연구」, 경남대학교 교육대학원 석사논문, 2005. 5~10쪽. 참고.

시적 화자의 정서 인식과 정서가 만들어지는 시적 상황을 분석하는 과정은 독자가 실제적 삶 속에서 경험과 학습, 사회적 인간관계를 통한 소통을 유지하고 그 과정에서 모종의 의미와 스키마를 획득하는 방식과 일맥상통한다.

단, 의미 수용자의 실제적 삶에서는 경험 행위가 선행된 후 의미 해석과 획득이 가능하며 수용된 의미의 심화 역시 우연하게 이루어지지만, 시 감상의 경우에는 선행된 의미 해석이 시적 화자를 통해 재구성되어 있으며 독자는 이 판독 과정을 거쳐 자신의 경험 행위를 심화할 수 있다는 차이가 있다. 또한 텍스트의 의미 구성은 독자에게 정제되고 의도된 효용 성분으로 수용되게끔 범주화되어 있다. 이것은 해석의 기대지평이 무책임하고 방만하게 확장되는 것을 방지하는 것인데, 위 세 편의 시 텍스트 수용의 경우 기대되는 독자의 정서적 효과는 다음과 같다.

가. 역사적 상황과 문제적 현실에 대한 정서의 요인 판별

윤동주의 〈서시〉는 1948년에 발간된 그의 유고집 『하늘과 바람과 별과 시』를 통해 발표되었으며, 한용운의 시 〈님의 침묵〉은 1926년 시집 『님의 침묵』의 대표시로 발표되었다. 심 훈의 〈그날이 오면〉은 1930년 발표되었으나 일제의 검열에 의해 출판되지 못하고 그의 사후인 1949년에야 시집 『그날이 오면』으로 간행되었다. 모두 일제 식민 치하 암울한 시대 상황 속에서 쓰인 이 시들은 시인의 치열한 사유와 수난 속 시대의식을 보여준 삶의 정수라 할 만 하다. 독자는 이들 시를 통해 자신의 삶이 개인의 안정과 욕구를 넘어서는 목표의식과 그 치열한 사유를 엿볼 수 있다. 국권상실과 치욕적 억압의 고통 속에서 자신의 정체성을 찾고 삶의 주인이 되고자 했던 그들에게

눈앞의 공간에 몸을 숨기고 영육의 안녕을 꾀하는 것은 참다운 삶이 될 수 없었다. 이들의 시는 개인의 안녕과 욕구 이상의 것에 초점을 맞추고 있으며 시적 화자가 반응하는 정서란 역사적 상황과 문제적 현실에 반응하는 민감한 촉수였다.

〈서시〉의 시적 화자가 반응하는 정서는 '이상적 시공간을 향해 있으나 그곳에 속하지 못한 괴리, 땅 위의 모든 것이 하늘의 이상을 향할 때 졸렬한 현실을 사랑해야 하는 서글픈 운명'에 반응한다. 〈그 날이 오면〉에서는 '조선의 수도와 산과 강, 조선민의 구권을 잃어버린 현실 속에서 시적 화자의 국권회복에 대한 열망압도가 극한으로 치닫는 상황'이, 〈님의 침묵〉에서는 '사랑하는 대상인 '님'과의 이별로 인한 격정적 슬픔과 혼란을 통한 깨달음과 초월적 사유의 세계'가 정서의 반응 대상으로 나타난다.

시적 화자의 정서 반응은 시의 의미 해석이 가능하게 하는 첫 단계로 작용할 수 있다. 가령, 독자는 기쁨, 불쾌, 슬픔, 우울, 분노 등의 정서를 인식하고 그에 반응함으로써 정서가 야기되는 대상을 판독하는 과정을 통해 시적 화자의 문제인식이 무엇인지 알아차릴 수 있다. 그의 문제인식은 곧 정서가 만들어지는 요인이 되며, 독자는 정서가 구성되는 과정을 상위적으로 인지할 수 있게 된다.

자신의 정서를 상위적으로 인지하고 정서의 요인을 판독하는 것은 부정적 정서의 합리적 해소와 같이 정서 조절 능력에 긍정적 영향을 미칠 수 있다. 시적 화자가 처한 문제적 상황 인식과 시적 배경의 내용적 이해는 독자 자신이 살아가는 시대에 대한 거시적 안목과 역사적 이해를 도모한다. 뿐만 아니라, 개인적 욕구와 안녕 이상의 대상에 반응하는 정시 수용은 상생과 통합이 화두인 현재 위기에 있어 사회적 무관심과 개인이기주의를 극복할 수 있는 가능성을 시사한다.

나. 초극 의지 수용과 문제적 정서 정화

〈서시〉, 〈그날이 오면〉, 〈님의 침묵〉의 시적 화자는 모두 극한의 고통에 맞닥뜨린 현실에서 극복에 대한 의지를 포기하지 않는 강인함의 자세를 견지하고 있다. 〈서시〉에서는 '영육, 하늘과 땅, 이상과 현실에 대한 동등한 사랑, 균형과 조화, 현실에 대한 충실한 의지'로 현실을 극복하려는 자세가 드러난다. 〈그날이 오면〉에서는 '열망의 감정 쏟아내기를 통한 분한의 정화'와 '고통을 무력화시키는 그날의 희열과 환희를 통한 일제 저항 의지 표명'이 문제적 상황에 대처하는 시적 화자의 방법이다. 〈님의 침묵〉에서 시적 화자는 '순리의 깨달음을 통한 삶의 감내와 긍정'으로 격렬한 슬픔을 초월하고자 한다.

이들 시적 화자는 모두 자아의 궁극적 한계와 정면용투하고 있는데, '담담함', '평온함', '애틋함' 등으로 나타나는 내면적 평형 상태는 시적 자아의 문제가 해결되었음을 감지할 수 있는 정서 반응이다. 시적 화자의 이러한 강인한 자세와 초극 의지는 극심한 괴로움에 봉착한 독자 자아에게 긍정적으로 유입될 수 있는 정서로 시적 표현 속에 나타나며 문제 해결의 가능성을 증명한다.

일종의 정서가 충분히 표출되거나 향유됨으로써 해소되는 것을 정화catharsis라 할 때, 독자는 시적 화자와의 동일시를 통해 유입된 정서의 충만한 향유로 정화에 이를 수 있다. 시적 화자의 불안감은 무지, 위협, 대립, 거부, 불쾌, 두려움 등에서 야기되어 내면적 불평형 상태와 부정적 정서를 이룬다. 독자는 문제 상황에 대한 화자의 부정적 정서 반응을 공감하고 초극 의지와 심화된 사유를 통해 긍정적 정서를 유입하여 정화의 효과를 갖게 된다. 이는 시적 자아의 문제적 정서가 긍정적 정서를 함양하고 부정적 정서를 정화하는 과정에서 해소되는 면과 상통하는 것이다.

다. 문제 해결 과정의 대의적 방향 설정과 이타적 사유 확대

〈님의 침묵〉에서 시적 화자는 '문제에 대한 정서 반응→격렬한 슬픔과 공황의 정서 표출→자아가 처한 상황(문제 발생 이전과 이후) 인식→문제 발생 이전의 자아를 흐트러뜨림에 의해 새 상황을 위한 새 자아 구성을 시도→삶의 방향성과 의지 재정립'의 과정으로 문제적 상황과 정서를 풀어내고 있다. 즉, 시적 화자는 '이별의 부정, 임에 대한 원망과 분노, 사랑에 대한 냉소' 대신 고통을 계기로 삶의 이치를 깨닫고 초월적 사랑으로 자신을 평온하게 하는 문제 해결 방식을 선택하고 있다.

〈그날이 오면〉에서는 국권회복과 조국 광복을 나타내는 '그날'에 대한 열망을 자신이 자발적으로 선택할 수 있는 고통과 견줌으로써 고통을 무력화하고 열망의 가치를 고조시키고 있다. 여기서 '나'는 고통에 굴복하고 현실과의 타협을 합리화시키는 대신 정면용전을 통해 얻을 수 있는 성취와 환희를 선택하고 있다.

〈서시〉에서는 이상과 현실의 괴리에서 현실의지와 사랑을 선택하여 자신에게 주어진 현실을 사랑하는 시적화자의 태도가 드러난다. 이 시의 화자는 '잎새'처럼 '바람'에 회유되는 것을 경계한다. 즉 현실 외면과 안락한 타협 대신 졸렬한 현실을 내 것으로 인정하고 내 삶을 자부하며 존중하는 방향을 선택한다.

이들은 모두 문제적 상황 속에서 근시안적 타협 대신 대의적 방향을 설정함으로써 문제적 상황과 정서를 해결하고자 시도하고 있다. 독자는 시적 화자의 정서와 시적 의미를 수용하는 과정에서 대의적 방향으로 문제 해결을 시도하는 태도를 판독하며 이타적 사고와 행위에 대해 자기 점검을 경험할 수 있다.

현실의 문제를 문제로 인식하는 관점과 시대의식은 수동적 화자보다는 적극적이며 주동적인 화자에서 더욱 나타난다. 살펴본 시들에서 시적 화자의 문제 해결 태도는 시적 화자 내부에서 시작하여 외부로 확장되는 주체적 자세로 나타난다. 이러한 태도는 독자에게 나보다 나 이외의 것, 내가 존재하고 포함되어 있는 외부의 세계로 확장되는 이타적 사유로 전이될 수 있다.

또한 시 감상의 일부로서 심화적인 사고의 성립과 적용은 텍스트 의미 해석 과정에서 회귀적으로 이루어진다. 그 중에서도 초기 독서 이후 텍스트 의미 판독과 이해가 가능한 시기에 이르러 심화적 사고는 깊이와 범위를 더한다.[53] 따라서 이들 텍스트에 나타난 시적 화자의 주동적이며 이타적인 태도는 독자의 의미 해석 이후 회귀적인 사고에 따라 심화되고 확대될 수 있다.

‖ 정서 분석의 선결 과제들

작품의 의미 해석에 있어서 독자의 기대지평을 움직이는 요인은 실로 다양하다. 그 중에서도 정서는 '텍스트 접근, 판독, 이해, 해석'의 과정에서 독자에게 텍스트가 최초로 감지될 수 있는 유인책으로 작동한다. 또한 시 텍스트는 문학 작품 중에서도 세계에 대한 인간의 문제의식과 정서를 압축적이고 간접적으로 담고 있는 기억매체

53 이 때 독자 자아의 이타적 사유 확대 역시 시적 화자의 정서적 상황 분석을 통한 독자 자아의 문제적 정서 해소와 정서적 상황 분석 이후에 효율적으로 이루어질 것이다. 이는 독서 후 활동의 후과를 나타내는 것으로 텍스트와 독자 사이의 1차적 교류 외에 2차적 소통이 필요함을 시사한다.

로서 독자의 다양한 문제의식과 눈에 보이지 않는 정서의 왕래를 확인하기에 적절한 분야이다. 시적 화자의 정서와 정서를 야기하는 상황의 분석을 통해 독자는 정서가 구성되는 과정을 상위적으로 인지할 수 있는데, 이는 정서를 인식하고 조절하는 '정서 능력'과 관련된다. 뿐만 아니라 독자는 작품의 정서적 상황 분석을 통해 긍정적 정서를 유입하고 부정적 정서를 정화하는 효과를 얻을 수 있다. 인지적으로는 시적 화자의 문제의식과 세계관을 통해 문제적 정서를 해소하기 위한 문제 해결 방법을 습득할 수 있다.[54]

이처럼 시의 이해과 감상의 과정에서 시적 화자와 독자 자아의 정서는 작품 해석에 대한 기대지평을 확립하는 데 작용하는 하나의 중요한 요소이다. 그리고 작품의 내용적 이해에서뿐만 아니라 독자의 실제적 삶에 긍정적으로 작용하며 사회적으로 전이될 수 있는 실용적 기대효과를 낳는다. 이것은 우리가 우리의 정서에 주목해야 할 이유이기도 하다.

1장에서 언급하였듯이, 본 연구는 '분석-설계-개발-실행-평가' 단계의 ADDIE모형에 기초하고 있다. 본고의 프로그램을 실제 독자에게 적용하는 '실행-평가'의 단계에 앞서, 선결 과제로 다음과 같은 변인들을 예상할 수 있다.

우선, 개인의 정서와 정서 인식은 주관적인 것인데 텍스트 표면의 시어로 나타난 시적 화자의 정서를 일군의 독자가 어떻게 객관적으로 유형화할 것인가 하는 문제다. 시의 의미 해석은 무책임한 기대

54 이는 텍스트에 대한 '정서 분석적 접근'의 필요성을 제시하는 부분으로, '독자 수용 의미의 구체적 효용성'에 대한 상세 기술은 다음 논문 참고. 최혜경, 「치유적 시 텍스트의 판독을 위한 정서적 상황 요건」, 『문학치료연구』 제19집, 한국문학치료학회, 2011, 79~82쪽.

지평을 가져서는 안 되며 일정한 범주를 가지고 나타나지만, 텍스트의 역사적 상황과 시적 화자의 삶에 대한 경험과 인식이 부족한 참여자의 경우에는 텍스트의 최초 접근마저 어려울 수 있다. 그러므로 프로그램의 참여자는 어느 정도 공통된 삶과 인식을 기반으로 하는 참여 군에 속해야 할 것이다. 그러나 실제 참여자의 삶과 인식을 사전에 객관적으로 조사하거나 가늠하는 것은 참여자 자신에게나 프로그램 안내자에게 매우 어려운 일이다.

둘째, 독자의 의미 해석에 있어서 무분별한 기대지평의 확장을 어떻게 다룰 것인가 하는 의문이 제기될 수 있다. 독자의 감상이 시적 화자의 정서와 상황, 시 텍스트의 의미 해석에 긴밀한 관련이 없다고 하더라도, 그의 활동은 잠재적으로 독자의 의미 해석에 이어지거나 실제적 삶에 사유에 있어서 모종의 효과를 가져 올 수 있다. 제시된 시 텍스트와 무관한 부분적 향유나 예상하지 못한 정서 환기 혹은 경험의 재구성 등이 나타난다면, 안내자는 각각의 정서와 정서적 상황을 순발력 있게 통찰해 알려줄 수 있어야 한다.

이 과정에는 안내자의 시적 이해와 체화된 경험, 그리고 지혜가 필요하며 각각의 참여자들에 대한 삶의 이해와 공감대가 있어야 진정성 있고 효율적인 피드백이 가능하다. 그리고 참여자의 정서 뿐 아니라 자신의 정서를 상위적으로 인지하고 조절할 수 있는 정서 능력이 필요하다는 점에서 안내자에게 요구되는 자질적 요소는 전인적이며 방대한 것에 이른다. 이러한 안내자를 준비하거나 선별한다는 것 역시 매우 어려운 일이 아닐 수 없다.

셋째, 적절한 흐름과 시간 안배에 관한 문제다. 정서란 시시때때로 변화하며 정서적 상황이 되는 경험과 사고는 무의식 너머에 자리하는 경우가 대부분이다. 자신과 세계에 대한 상위 인지 능력과 정서 능력이 각기 다른 참여자가 프로그램 과정의 순간적 분위기나 구성원 조합의 영향 관계 등의 변인을 최소화하고 자신의 정서와 인지 내용에 집중한 수용 효과를 얻을 수 있을 것인가. 참여자 자신의 정서 상황 뿐 아니라 참여자 간 소통에 있어서 진정성 있는 교류와 공유의 여부는 그들의 적극성에 크게 의존하고 있다. 결과의 주요한 요인이 상황적 변인에 매우 민감한 참여자의 태도가 되고 있다는 것도 제기되는 한계이자 난점이다.

넷째, 정서를 환기시키기 위해 객관적으로 사용할 수 있는 감각적 매체 자료와 참여 도구의 개발이 필요하다. 끊임없이 변화하는 정서의 특징 상, 참여자는 회차별 간극이 클 때 정서적 몰입이 힘들어질 수 있다. 참여 시간이 오래 지속되는 경우도 역시 집중력을 떨어뜨리는데, 감성적인 정서를 이성적으로 인지하는 것이 참여자에게 낯설거나 불편한 작업이 될 수 있기 때문이다. 그러므로 정서 환기 도구의 개발은 이후 프로그램의 실제적 적용에 있어서 프로그램 구성의 효율적인 시간 안배와 흐름의 조절을 위해 반드시 필요한 요소이다.

이러한 변인과 난제들에도 불구하고 시 텍스트에 대한 정서 분석적 연구의 홍익弘益을 기대해 본다. 빛의 스펙트럼을 구분하거나 약초의 임상적 효능을 도출하는 등의 성과 역시 인간이 접하는 현상들에 대한 가설과 상황 설계, 실험 적용, 그리고 세부적 고찰의 연구 과정과 부단한 노력의 성과이다. 형이상학적 영역으로서 인간의 정서와 이에 작용하는 문학 작품 사이의 정서적 작동 양상에 대한 연구 역시, 인간의 삶에 유용한 성과로 그 적용의 범주를 확장해갈 수 있을 것이다. 이러한 가능성은 최소한 창조적 텍스트의 치유적 활용에 있어 소외되어 있는 문학적 매제 검증에 대한 의미심장한 반성에서 시작해야 한다.

찾아보기